COURS

DE DROIT CRIMINEL.

IMPRIMERIE DE RIGNOUX.

COURS

DE DROIT CRIMINEL

FAIT

A LA FACULTÉ DE DROIT DE PARIS,

PAR M. BERRIAT-SAINT-PRIX.

DEUXIÈME ÉDITION,

REVUE, CORRIGÉE ET AUGMENTÉE.

A PARIS,

CHEZ NÈVE, LIBRAIRE DE LA COUR DE CASSATION,
PALAIS DE JUSTICE, Nº. 9.

MDCCCXXI.

AVIS AUX ÉLÈVES

SUR LE COURS DE DROIT CRIMINEL.

I. *Rédaction*. Composé en 1807, sur les dispositions des lois en vigueur à cette époque (1), et rectifié successivement sur les Codes criminel, de 1808, et pénal, de 1810, et sur la Jurisprudence, ce Cours est, quant à une grande partie du texte, à-peu-près tel qu'il a été *dès-lors* enseigné à la Faculté de Droit de Grenoble (2). On y a ajouté beaucoup de notes composées d'après les motifs, et en suivant la méthode indiquée au Cours de Procédure, *avis aux élèves, page vij....* enfin on l'a publié (*première édition*) au mois d'octobre 1817.

II. *Citations*. Les observations présentées au même ouvrage (*d. p. vij, et Cours, p.* 727, §. 2), sont appliquables au Cours de Droit criminel.

III. *Abréviations et Autorités.* On s'est également servi des signes abréviatifs dont l'explication est donnée au Cours de Procédure, *p.* 725, §. 1, avec les différences suivantes :

Comme on n'a cité, quant à la Jurisprudence, que des décisions de la Cour suprême, la plupart, de sa section criminelle, les signes *arr. cass.* (arrêt de cassation), *arr. rej.* (arrêt de rejet), ou simplement *arr.*, indiquent les arrêts de cette section. Pour ceux de la section civile, on a ajouté

---

(1) Code pénal de 1791, Code de brumaire an 4, etc. (*voy. ci-apr. p.* 42, 43).

(2) Ainsi, l'auteur d'un savant ouvrage publié en 1816, sur la Législation criminelle, se trompe, lorsqu'en émettant, et avec raison, le vœu que le Droit criminel soit professé dans les Facultés de Droit, comme le prescrit l'article 2 de la loi du 22 ventôse an 12, il annonce qu'il ne croit pas que cet article ait été exécuté nulle part. Dans les diverses éditions de notre Cours de Procédure civile, dont la première a paru en 1808, nous avons toujours fait mention de notre Cours de Droit criminel.

cass. civ., ou *B-c. civ.* (cassation en matière civile, Bulletin civil).

Les arrêts criminels étant presque tous puisés dans le Bulletin officiel de la même Cour, on a indiqué leurs numéros pour en faciliter la recherche. Le signe *n.* (nº) désigne toujours un arrêt du Bulletin, et le signe *B-c.*, le Bulletin criminel (3).

Indépendamment de plusieurs des ouvrages désignés au Cours de Procédure (p. 728 à 731), on s'est servi des suivans :

1. Manuel d'Instruction criminelle, par M. Bourguignon, 1810, 2 v. in-8.

2. De l'Instruction criminelle, par M. Carnot, 1812 et 1817, 3 v. in-4.

3. Dictionnaire des Arrêts modernes (Paris, chez Nève), tome 2, ou partie criminelle, par M. Laporte, 1814, in-4.

4. Traité de Législation criminelle, par M. Le Graverend, 1816, 2 v. in-4.

Le Cours de Droit criminel faisant suite à celui de Procédure civile, et complétant les élémens des matières que le Professeur est chargé d'enseigner, on a jugé inutile d'y répéter beaucoup de règles et de décisions déjà exposées dans ce dernier Cours; on s'est borné à indiquer les passages où elles se trouvent, en citant les pages de sa 4e édition (1821).

---

(3) Quoique nous persistions dans l'opinion émise au même ouvrage (*d. avis, p. vij, note* 8), sur la jurisprudence et l'usage qu'on peut en faire, et que nous proposions, quelque fois, dans celui-ci, des objections contre divers arrêts de la Cour suprême, nous n'en pensons pas moins qu'ils sont les guides les plus surs qu'on puisse offrir pour l'interprétation des lois. La Cour de cassation est une des institutions les plus heureuses et les plus utiles qu'on doive à la législation moderne.

COURS
DE DROIT CRIMINEL.

OBSERVATIONS PRÉLIMINAIRES.

On nomme droit criminel, le système, l'ensemble des règles relatives aux délits. Il se divise en deux parties, la législation et la procédure criminelle.

La legislation criminelle a pour but de prévenir et de réprimer les délits.

La procédure criminelle détermine les règles qu'on doit observer lorsqu'il s'agit de parvenir au second de ces buts.

La législation et la procédure criminelle sont par conséquent deux branches différentes du droit, et par conséquent aussi il est naturel de diviser en deux parties le cours où nous devons traiter de l'une et de l'autre.

PREMIÈRE PARTIE.

LÉGISLATION CRIMINELLE.

L'objet de la législation criminelle étant la répression ou punition des délits, pour en bien saisir les principes, il faut examiner, 1.º les délits en eux-mêmes; 2º les peines dont on les punit : c'est ce qu'on va faire dans les deux sections suivantes.

SECTION PREMIÈRE.

DES DÉLITS.

Nous traiterons dans cette section, 1° des caractères des délits ; 2° de leurs espèces principales, ou de leur classification ; 3° de leurs résultats, c'est-à-dire des actions publique et civile auxquelles ils donnent lieu ; 4° des particuliers qui les commettent, ou qui sont passibles des mêmes actions ; 5° des lois d'après lesquelles ils doivent être punis ; 6° des Tribunaux qui sont chargés de l'application de ces lois.

CHAPITRE PREMIER.

Des caractères des Délits.

1. Le délit est une action ou une omission d'action (1) d'où résulte une atteinte directe à la sûreté des personnes ou des propriétés. C'est ce qui se déduit de l'idée que la loi nous en donne elle-même en ces termes : « faire ce que défendent et ne pas « faire ce qu'ordonnent les lois (2) qui ont pour objet « le maintien de l'ordre social et la tranquillité « publique, est un délit. » — V. *C-br.* 1. — V. *aussi ci-apr. ch.* 2, *p.* 7.

Nous indiquerons dans la suite les lois que désigne ce texte (3). Il suffit de remarquer à présent qu'elles

---

(1) *Une omission...* C'est que pour atteindre à leur but, les lois dont nous allons parler, ne se bornent pas à défendre des actions ; elles en ordonnent aussi sous diverses peines ; par exemple, la réparation des fours, le ramonage des cheminées, l'éclairage et le nettoiement des rues, la démolition des édifices qui menacent ruine. — V. *C-pén*, 471 , $\ast$ .. 1, 3 , 5 , 8. — V. *aussi arr. cass.* 5 oct. 1820, *n.* 135.

(2) Ainsi que les règlemens de police. — *V. ci-apr.*, *art.* 1, *p.* 8.

(3) V. ci-apr. chap. des lois criminelles.

sont connues sous le nom de lois *pénales*, parce que la peine qu'elles prononcent contre les actions ou omissions, dont on vient de parler, est ce qui les distingue surtout des autres sortes de lois (4). Ainsi l'on peut dire en général qu'*un délit est une infraction à une loi pénale* (5).

II. C'est ici le lieu d'exposer divers principes qui servent à compléter l'idée que l'on doit se former des caractères des délits.

1. « Aucun acte, aucune omission ne peut être « réputée délit, s'il n'y a contravention à une loi « promulguée antérieurement (6). » — *C-br.* 2. — V. *aussi C-pén.* 4; *C-cr.* 22 *et* 364. — On voit que c'est

---

(4) *Observations.* 1. A la vérité, les lois *civiles* prononcent aussi très-souvent des punitions contre ceux qui les enfreignent ; mais ces punitions telles qu'une déchéance d'un droit, une indemnité pécuniaire, et même une amende, ne sont pas proprement des peines, dans le sens que le droit criminel attache à ce mot ; aussi, les lois civiles n'ont-elles pas confié aux juges criminels, le soin de les infliger. — *V. ci-apr. p.* 5.

2. Dès lors, les amendes encourues par un notaire, pour des contraventions aux lois de l'enregistrement, devant être prononcées par le Tribunal civil, ne sont point considérées comme des peines, pas plus que ces contraventions comme des délits. — *V. arr. cass.* 30 *juin* 1814, *B-c. n.* 29, *et rép. xv,* 519, *avec le réquisit.*

(5) Il suffit que l'infraction existe, pour qu'il y ait délit. Il ne dépend pas d'un tribunal d'affranchir de l'action publique, sous prétexte que le fait imputé, tel que la conduite d'un char à travers un terrain *emblavé* (C-pén. 475, ⅄. 10, le punit d'amende), n'intéresse point l'ordre public. — *V. arr. cass.* 11 *juin* 1813, *B-c. n.* 126, *et (avec le réqu.) rép. xiv,* 207. —*V. aussi ci-apr., chapit.* 3, *note* 9.

(6) *Observations.* 1. *Exemples.* L'anticipation sur le lit d'une rivière non navigable ni flottable, l'écoulement, par filtration, de latrines dans un puits voisin, la morsure d'un chien fermé dans une cour, n'étant point indiqués dans les lois pénales, ne sont pas des délits. — *V. réqu. et* cass. 29 *juin* 1813, *rép. xij,* 274, *mot rivière,* § 2; *autres,* 7 *sept. et* 12 *fév.* 1809, *id. xiv,* 204, *et B-c. n.* 161. — *V. aussi d'autres exemples aux arrêts* 14 *pluv. xj, n.* 78, 31 *déc.* 1812, *n.* 277, *et* 9 *janv.* 1818, *n.* 5; *et ci-apr., chap.* 2, § 2, *n. ij, art.* 2, *et note* 26, *ib.*

2. Bien plus. un fait répréhensible, tel que l'*infraction* de ban, désigné comme délit, par la loi ancienne, et non désigné comme tel par la loi intermédiaire, ou le Code de 1791, et enfin désigné de nouveau par la loi actuelle, ou le code de 1810 (*art.* 33), ne peut être puni, quoique poursuivi sous la dernière de ces lois, s'il a eu lieu sous l'empire de la seconde. — *V. arr. cass. cr.* 9 *sept.* 1813, *n.* 204.

une conséquence de la maxime que la loi (*C-civ.*, *art.* 2) ne peut avoir d'effet rétroactif (7).

2. Nul délit ne peut être puni des peines qui n'étaient pas prononcées par la loi (8) avant qu'il fût commis. — V. *C-br.* 3 ; *arr. cass.* 6 *niv. xiv.* ; *C-pén.* 4. — C'est une deuxième conséquence de la même maxime (9).

---

(7) *Observations.* 1. L'action non caractérisée comme délit peut être fort répréhensible aux yeux de la religion et de la morale ; mais des considérations politiques ont pu aussi déterminer le législateur à en abandonner la répression à la religion même ou à l'opinion publique.

C'est peut-être pour cela que, dans sa nomenclature des délits, il a omis de parler du suicide (*V. arr. cass.* 27 *avr.* 1815, *n.* 28), et qu'il en a positivement retranché les soustractions entre époux et parens (v. *ci-apr. d.* § 2, *n.* 2, *et note* 29, *ib.*). — V. *aussi , id., note* 20.

2. Réciproquement, une action répréhensible aux yeux de la société , peut ne l'être pas à ceux de la morale ; et l'on conçoit qu'à plus forte raison, le législateur a pu ne pas la ranger au nombre des délits, et c'est aussi ce qu'il a fait quant au *recel* d'un criminel parent. — v. *ci-apr. d. art.* 2, *note* 18, *n.* 2, *et le* §. *de la complicité, note* 10, *n.* 2.

(8) Il ne faut pas en conclure qu'une action simplement défendue par un règlement de police (v. *ci-apr. art.* 1 , *p.* 8) , soit exempte de peines : elle est alors passible de l'une des peines prononcées par les lois générales de police, pour les contraventions. — *Arg. de L.* 24 *août* 1790, *tit, xj* , *art.* 5; *arr.* 3 *mai* 1811 *et* 24 *août* 1815 , *n.* 72 *et* 47.

(9) *Observations.* 1. On a donc, mal à propos, appliqué la peine de mort à des vols commis en l'an 4 , à force ouverte, avec violence, armes et blessures par plusieurs individus, dans l'intérieur d'une maison habitée, parce que le Code pénal de 1791 ne les punissait que de 14 ans de fers, et que la mort n'a été substituée à cette peine, que par la loi du 26 floréal an 5. — *V. d. arr.* 6 *niv.* ; *autre,* 9 *frim. x , n.* 59.

2. L'omission de la peine provient ou d'une inadvertance ou d'une volonté tacite du législateur. Si c'est d'une inadvertance, le prévenu doit en profiter ; si c'est d'une volonté tacite, comme si le législateur a pensé qu'une simple prohibition serait suffisante, à plus forte raison le prévenu ne peut-il alors subir de peine.

En vain objecterait-on que, comme il est improbable que le législateur ait voulu établir une règle inutile, telle qu'une loi prohibitive, non accompagnée de peines, il faut alors suppléer à son omission, en appliquant les peines qu'il a prononcées pour des cas de même genre : outre qu'on a eu en tout tems des exemples de ces sortes de règles qu'Ulpien appelle lois *imparfaites* (v. *ses fragmens, tit.* 1, §. 1 ; *et le répert.* *iij.*, 337, *mot déclarat. de coupe*), il est de principe rigoureux que le juge criminel « ne peut prononcer des peines par induction ou présomption, ni même sur des motifs d'intérêt public (*réqu. et arr. cass.* 8 *septembre* 1809, *n.* 152, *et rép. sup.*, 335) ».

3. *Exemple.* La loi du 9 floréal an 11 avait renouvelé la défense faite

Il résulte de là que, si un fait imputé à un particulier n'est susceptible d'aucune de ces peines , il ne peut être prononcé aucune condamnation. — V. *C-brum.* 432 ; *arr. cass.* 20 *niv. xiij* , 29 *janv. et* 13 *août* 1813, *n.* 64, 15 *et* 181 ; *arg. de C-cr.* 410 *et de C-pén. art.* 1 (10).

De ces règles et de celles qui attribuent à des Tribunaux particuliers le jugement des délits, il résulte également qu'aucune peine proprement dite ne peut être appliquée à un fait qu'autant qu'il est envisagé comme *délit* , et que la réparation en est poursuivie devant les Tribunaux criminels. — V. *arr. cass. civ.* 20 *juill.* 1812 , *et cr.* 30 *juin* 1814 , *n.* 82 *et* 29 (11).

3. On ne peut être déclaré coupable d'un délit qu'autant qu'il est constant. — V. *arr. cass.* 25 *fruct. xiij* , *n.* 209 ; *C-cr.* 345 , ⅴ. 1 (12).

---

par l'ordonnance de 1669, titre 26 , article 3, aux particuliers de couper leurs futaies sans une déclaration préalable à l'administration forestière ; défense abrogée tacitement par l'article 6, titre 1 , de la loi du 29 septembre 1791 , puisqu'il déclare qu'ils ne sont plus soumis à cette administration , et qu'il leur rend la libre disposition de leurs bois ; mais en la renouvelant, elle avait omis d'y joindre une peine... Donc l'on ne pouvait, en cas de contravention à sa défense , appliquer la peine de l'art. 3 de l'ordonnance : c'était au législateur , et non pas aux juges, à remédier à cette omission par une nouvelle mesure. —V. *d. arr.* 8 *sept.* — Et c'est aussi ce qui fut fait dans la suite, par le décret du 15 avril 1811. — V. ce décret et *rép. sup.* 339. — V. aussi *id. ix,* 341 , *et arr. cass.* 11 *déc.* 1812, *n.* 264 ; *surtout ci-apr., chap.* 3, *art.* 2, *note* 13, *n.* 2.

(10) *Observations.* 1. La loi du 4 août 1789 a défendu *l'ouverture* des colombiers , mais sans indiquer de peine ; il ne faut donc pas en appliquer dans ce cas : les propriétaires ont seulement la faculté de tuer les pigeons qu'ils trouvent laissés à l'abandon sur leur sol. — V. *réquisit. et arr. cass.* 29 *janv.*, 13 *août et* 30 *oct.* 1813 , n. 15 , 181 *et* 240 , *et* 27 *juillet* 1820, *n.* 105 ; *et rép. xv ,* 117 *et suiv.*

2. Au contraire, s'il s'agit de volailles laissées à l'abandon , quoiqu'on ait également le droit de les tuer , leur maître est passible de peines de police. — *Arg. de C-rur.*, *tit.* 2, *art.* 3, 8 *et* 12 ; *arr. cass.* 11 *août* 1808, *n.* 166, *et à rép. xiv,* 828 ; *autre, du* 22 *août* 1816 ; *n.* 54.

(11) Par conséquent, en matière d'injures verbales , le juge civil ne peut prononcer que des réparations civiles. — V. *d. arr.* 20 *juillet ; et ci-apr. art.* 1, *note* 13 , *p.* 10. — V. aussi *ci-dev. note* 4 , *p.* 3.

(12) Parce que, dans ce cas, il n'est pas certain qu'il y ait infraction. Ainsi un Tribunal n'a pu appliquer une peine de police pour une exposition de comestibles gâtés (*C-brum.* 605 , ⅴ. 5), en se bornant à dire

4. Il n'y a ni crime, ni délit, lorsqu'on a été contraint à un fait répréhensible par une force à laquelle on n'a pu résister (13), ou lorsqu'on était en démence au temps de ce fait. — V. *C-pén.* 64 (14).

---

qu'on *pouvait conclure* qu'ils l'étaient. — V. *d. arr.* — V. *aussi ci-apr. ch. des lois crimin.*, *note* 11, *et part.* 2, *observ. prélim.*, *n.* 11.

(13) *Observations.* 1. Cette condition est essentielle. On serait coupable si l'on avait commis un délit d'après un simple ordre d'un particulier à qui l'on devait des égards ; si, par exemple, un domestique avait volé, d'après l'ordre de son maître, — V. *arr. rej.* 11 *nov.* 1811, *rép. xiv*, 622, *mot violence*, *n.* 7.

2. La règle du texte est fondée sur ce que *en général*, il ne peut y avoir de délit sans intention criminelle (v. *rép. iij*, 416, *note* 2 ; *arr. cass.* 6 *mars* 1812, *ibid.*, *et B-c. n.* 50) ; nous y reviendrons en traitant des excuses, *ci-ap. sect.* 2, *tit.* 3, §. 3.

(14) DÉMENCE. *Observations.* 1. Le tribunal criminel peut examiner et juger la question incidente de la démence. — V. *réqu. et arr. régl.* 9 *déc.* 1814, *rép. xv*, 186. — V. *aussi ci-apr. chap.* 3, *in f.* *et note* 55, *ib.*

2. Si, en conséquence, le défenseur de l'accusé demandait de poser cette question, on ne pouvait le refuser sous le Code de brumaire. — V. *arr. cass.* 11 *frim. xj*, *n.* 44.

On a depuis le Code pénal actuel, décidé le contraire, pour le cas où le jury a déclaré l'accusé coupable, parce que, dit-on, en s'exprimant ainsi, le jury a supposé qu'il y avait volonté, et par conséquent, point de démence. — V. *arr. rej.* 26 *oct.* 1815, *Jalbert*, 1816, *p.* 345, *et* 17 *janv. et* 10 *oct.* 1817, *et* 28 *mai* 1818, *B. c. n.* 6, 93 *et* 71.

Cette jurisprudence nous paraît sujette à bien des difficultés, et surtout donner lieu à des conséquences fort dangereuses. Elle fait dépendre l'existence d'un accusé, du plus ou moins d'aptitude des jurés à faire des distinctions métaphysiques assez subtiles. Il pourra s'en rencontrer beaucoup qui ne sauront pas reconnaître si la volonté nécessaire à la culpabilité est exclusive de la démence. En effet, on a l'exemple d'un jury qui, sur une 1.re question, a répondu que l'accusé avait commis le crime (un homicide) *volontairement* ; et sur un autre, qu'il était *en démence* ; et la cause soumise à la Cour suprême, elle a décidé qu'il n'y avait pas de contradiction entre ces deux réponses, parce que le jury avait parlé de la volonté que peut avoir un homme en démence, volonté *quasi-animale.* — V. *arr. rej.* 4 *janv.* 1817, *Jalbert*, *p.* 20.

3. Quoiqu'il en soit, lorsque la question n'a pas été posée, si le jury pense que l'accusé était en démence, il doit le déclarer non coupable. — V. M. *Laporte*, 81, *mot démence* ; *arr.* 11 *mars* 1813, *ib.*

CHAPITRE II.

Des diverses espèces de Délits.

Le mot *délit* est, ainsi qu'on vient de le dire et qu'on le voit souvent dans le Code d'instruction criminelle (1), une expression générale par laquelle on désigne toute infraction aux lois pénales. On s'en sert aussi pour indiquer une des trois classes générales d'infractions déterminées par le Code pénal.

Ces trois classes générales sont les contraventions, les délits, proprement dits, et les crimes. On les distingue les unes des autres, soit par le plus ou moins de gravité de la peine dont on les punit (2), soit par la nature de l'atteinte qu'elles portent à la sûreté des personnes et des propriétés. Le Code pénal entre dans de grands détails sur ce point; il suffira, pour l'objet de notre Cours, d'indiquer les subdivisions de chaque classe générale, avec quelques-unes des espèces particulières d'infractions qu'elles comprennent (3).

---

(1) V. en les art. 22, 41, 19, 214, 226, 227, 274, 307, 308, etc. —V. aussi M. Bourguignon, manuel, art. 1.

(2) Nous parlerons de ces peines à la section 2, tit. 1.
Observations. 1. On y verra que les *contraventions* sont, en général, punies d'un emprisonnement d'un jour à cinq jours; les *délits*, proprement dits, *idem* de six jours à cinq ans; les *crimes*, de peines afflictives ou infamantes.

2. Ces dernières peines séparent essentiellement les crimes, des autres délits; car jamais, et nulle part (v. *arr. cass.* 15 *oct.* 1813, *n.* 225) des faits n'ayant pas un caractère criminel, ne furent punis de peines afflictives.

(3) L'indication de toutes les espèces serait trop longue pour qu'on pût les retenir exactement, et se dispenser d'avoir recours au texte du Code pénal... Au reste, nous donnerons des détails sur quelques-uns des plus marquans, tels que l'hommicide et le vol (v. *aussi notre table*).

ARTICLE PREMIER.

Des Contraventions.

I. On appelle ainsi les actions ou omissions punies au plus, soit de quinze francs d'amende, soit de cinq jours d'emprisonnement. — V. *C-cr.* 137 ; *C-pén.* 465, 466 (4).

Ce sont les infractions aux lois de police et même aux simples réglemens sur cette matière, lorsqu'ils ont été faits et publiés par les autorités administratives ou municipales, qu'ils concernent les objets de police dont la surveillance a été attribuée par la loi à ces autorités (5), qu'ils n'établissent pas des peines plus

---

(4) Les articles 471 à 483 du Code pénal, indiquent les diverses espèces de contraventions ; mais, comme on le verra tout à l'heure, ils ne sont pas exclusifs, et il est d'autres lois qui en indiquent aussi. C'est à la nature, ci-dessus, de la peine, qu'il faut s'attacher pour reconnaître ces sortes de délits. —V. *M. Barris, au rép. iij,* 432, *mot délit,* § 3.

(5) Ces règles résultent de la loi du 24 août 1790, tit. xj, art. 2, 3 et 5.

Observations. 1. Les objets confiés à la surveillance de ces autorités, sont rangés par l'art. 3 (*d. L.*), en six classes qu'on va exposer sommairement : 1. sureté et commodité du passage dans les rues et voies publiques ; 2. rixes et autres délits qui troublent la tranquillité publique ; 3. maintien de l'ordre dans les foires, marchés et autres lieux publics ; 4. fidélité du débit des denrées au poids et à la mesure ; 5. précautions en cas d'incendies et autres fléaux ; 6. surveillance des insensés et animaux laissés en liberté (v. aussi quant aux *établissemens insalubres* et aux *épizooties,* ci-apr. part. 2, sect. 1, note 1).

2. Des maires ont donc le droit de prescrire, sous des peines de police, des mesures pour les objets suivans, comme rentrant dans quelqu'une de ces six classes. V. *en les motifs aux décisions qu'on va citer, et surtout aux réqu. et arr. cass.* 3 *août* 1810 *et* 2 *juill.* 1813 (*B-c. n.* 98 *et* 144), *au rec. alph.* 2e *éd., t.* 5, *p.* 586, *et au rép. xiv,* 200.

A. La suppression des gouttières. —V. *arr. cass.* 14 *oct.* 1813, *n.* 218, *et rép. xiv,* 668.

B. Le nettoiement des rues. —V. *id.* 12 *nov.* 1813 (*et rép., ib., avec le réqu.*), 28 *août* 1818 *et* 16 *mars* 1821, *n.* 248, 110 *et* 38.

C. La réparation des chemins vicinaux. —V. *id.* 20 *juin* 1812 *et* 24 *déc.* 1813, *n.* 149 *et* 263 (*id., avec le réqu. à rép. xiv,* 671).

D. Les momens de clôture des maisons et cafés. —V. *id.* 17 *fév.* 1814, 31 *mars* 1815 *et* 30 *avr.* 1819, *n.* 17, 23 *et* 57.

E, F, etc. Voyez au reste les arrêts des ans et *n*os suivans (*poids et me-*

fortes ou autres que celles portées par les lois de police (6) ; et qu'ils n'ont pas été désapprouvés par l'autorité administrative supérieure (7).... ; ou enfin, lorsque, étant étrangers aux mêmes matières, ils ont pour but d'assurer l'exécution d'une loi (8).

II. On peut diviser les contraventions en trois genres, suivant qu'elles sont relatives à la police muni-

---

sures), 1818, n. 55, 79, 94 et 127 ; 1819, n. 10 et 101 ; 1820, n. 58 ; 1821, n. 75 ; —(*parcours*) 1819, n. 37 ; 1821, n. 17 et 109 ; —(*toits de paille*) 1819, n. 52 ; —(*clôture de chiens*) 1819, n. 91 ; —(*démolition de maisons*) 1819, n. 105 ; 1820, n. 161 ; ci-dev. p. 2, note 1 ; —(*alignemens de iid.*) 1821, n. 43 ; —(*autres objets et questions*) 1818, n. 75 ; 1819, n. 10 et 83 ; 1820, n. 33 ; 1821, n. 10, 20, 38 et 87.

3. Mais les peines portées par les réglemens étrangers aux mêmes matières, ne peuvent être appliquées par les tribunaux. —V. *dd. réqu. et arr.* 3 *août* 1810 *et* 2 *juill.* 1813, *et ci-apr. note* 8, *n.* 2. —V. aussi des exemples *au B. C.* 1813, *n.* 179 *et* 181 ; 1820, *n.* 16, 33, 35 *et* 105 ; 1821, *n.* 43 ; *et au d. n.* 2.

(6) *Observations.* 1. Cela est conforme aux principes généraux du droit criminel. —V. *au reste, arr. cass. cr.* 1 *déc.* 1809 *et* 12 *nov.* 1813, *n.* 183 *et* 248, *p.* 598 ; *ci-dev. n.* 2, *p.* 4, *et ci-apr. sect.* 2, *tit.* 1.

2. Lorsque la peine du règlement est différente, on applique celle de la loi. —V. *d. arr.* 1er *déc.* ; *autres,* 3 *mai* 1811, 10 *avr.* 1819, 13 *mai* 1820, *n.* 72, 46 *et* 74. —V. *aussi id.* 29 *mars* 1821, *n.* 44.

(7) *Observations.* 1. Si le réglement renferme quelque disposition nuisible à des particuliers et non fondée sur l'utilité générale, ils peuvent en demander la réformation à l'autorité administrative supérieure, en y faisant valoir les dommages qu'il leur cause ; jusqu'à ce qu'on l'ait obtenue, les tribunaux doivent maintenir l'exécution du réglement. —V. *arr. cass.* 3 *mai* 1811, 24 *août* 1815, 23 *avr.* 1819 *et* 5 *juill.* 1821, *n.* 70, 47, 52 *et* 109.

2. Il n'appartient pas même aux tribunaux d'examiner si cette exécution a dû cesser ; c'est un point qui est du ressort de l'autorité qui a fait le reglement. —V. *arr. cass. cr.* 17 *févr.* 1814, *n.* 17.

(8) *Observations.* 1. Alors c'est la loi plutôt que le réglement, qui sert de guide au tribunal pour sa décision. —V. *dd. réqu. et arr.* 3 *août* 1810 *et* 2 *juill.* 1813 ; *et autre,* 13 *août id. n.* 181.

2. Si les réglemens sont étrangers aux matières indiquées au n. 1 de la note 5, p. 8, ou ne se rattachent point à l'exécution d'une loi, ou dérogent au droit commun, les tribunaux ne peuvent concourir à leur exécution. (v. *dd. autorités, et arr. cass.* 29 *mars* 1821, *n.* 45). —D'où il résulte qu'ils ne peuvent, par exemple, forcer des protestans à tapisser leurs édifices pendant des processions. —V. *arr. cass.* 20 *nov.* 1818 *et* 26 *nov.* 1819 (*sections réunies*), *n.* 140 *et* 126.

cipale, ou à la police rurale, ou participent de l'une et de l'autre (9).

Les contraventions du premier genre sont en général réglées par le Code pénal, telles que le *jet*, devant un édifice, d'une chose de nature à nuire (10), la vente de boissons falsifiées. — V. *C-pén.* 471, ♥ 6, *et* 475, ♥. 6; *arr. rej.* 28 *oct.* 1814, *rép. xv,* 304 (11).

Les contraventions de police rurale sont, pour la plupart, réglées par le Code rural, telles que les dégâts des volailles. — V. *C-rur., tit.* 2, *art.* 3 *et* 12 ; *arr. à note* 10, *n.* 2, *ci-dev. p.* 5 (12).

Les contraventions mixtes sont réglées, soit par le Code pénal, telles que les injures verbales, le refus des monnaies de bon aloi. — V. *C-pén.* 471, ♥. 11, *et* 475, ♥. 11 (13). — Soit par des lois particulières,

---

(9) Quant au motif de cette division, V. ci-apr. part. 2, sect. 1, note 8.

(10) Mais qui n'a point causé de blessure, car dans ce cas le jet deviendrait un *délit* punissable d'après le Code-pénal, article 320. —V. *arr. cass.* 20 *juin* 1812, *n.* 150.

(11) V. d'autres exemples, ci-dev. note 1, p. 2; ci-apr. chapitre des lois, note 11.

(12) Il y en a plusieurs qui sont réglées par le Code pénal.
Observations. 1. Plusieurs des faits prévus par le Code rural, sont tantôt des contraventions, tantôt des délits, proprement dits, selon la nature de la peine qu'il prononce. —V. *à ce sujet, arr. cass.* 29 *juin* 1820, *n.* 87.
2. A l'égard de l'autorité du Code rural, V. *d. chap. des lois.*

(13) V. aussi quant aux INJURES VERBALES, *arr. cass. civ.* 20 *juill.* 1812 *et* 11 *mai et* 21 *déc.* 1813, *n.* 82, 47 *et* 139 ; *rép. vj,* 121, *x,* 520, *xiv,* 621 *et* 662, *xv,* 371.
Observations. 1. Il résulte de ces autorités (*surtout de rép. vj,* 121, *mot injure,* § 4, *n.* 1) combinées avec quelques autres (v. *C-pén.* 222 à 233, 367 à 376; *arr. cass.* 1 oct. 1811, *n.* 171), 1° qu'on met au nombre des *délits* correctionnels les outrages aux fonctionnaires et aux agens d'exécution (v. *ci-apr. note* 18, *p.* 12) et les injures qui renferment, soit l'imputation d'un fait punissable, c'est-à-dire une *calomnie,* soit celle d'un vice déterminé (lorsqu'elles ont été graves et publiques); 2o qu'on range, parmi les simples *contraventions,* les injures qui n'ont aucun de ces caractères; 3o que le lésé qui se pourvoit par simple action civile pour injures verbales, doit s'adresser au juge de paix.
Mais il faut modifier ces décisions d'après la loi du 17 mai 1819 qui, 1° abroge plusieurs des articles cités (v. *ci-apr. chap. des lois*); 2° substitue

telles que l'inobservation des fêtes. — V. *Loi du 18 nov.* 1814 (14).

ARTICLE II.

Des Délits et Crimes.

LE délit proprement dit, autrefois nommé délit correctionnel, est une infraction plus grave que la contravention, mais beaucoup moins que le crime. Toutefois comme, suivant les circonstances qui les accompagnent, les délits se convertissent souvent en crimes et les crimes en délits, la loi les a réunis dans les mêmes divisions (15).

La première et la plus générale de ces divisions est celle-ci : crimes et délits contre la chose publique, crimes et délits contre les particuliers.

§. 1ᵉʳ. *Des Crimes et Délits contre la chose publique.*

LES crimes et délits contre la chose publique se subdivisent en trois genres, suivant qu'ils donnent atteinte,

---

la qualification de *diffamation* à celle de calomnie, et donne diverses règles, soit quant à la diffamation, soit quant à l'injure proprement dite. —V.d. L., *art.* 13 *et suiv.*; *surtout l'examen des lois relatives à la presse, par M. Carnot (nouv. édit.,* 1820), *p.* 35 *et suiv.* — V. *aussi arr. rej. ou cass. cr.* 17 *mars,* 11 *août,* 13 *et* 20 *oct.* 1820 *et* 19 *janv.* 1821, *n.* 61, 113, 135, 138 *et* 19.

2. Selon les réquisitoires indiqués à ces pages 520, 621 et 662 du rép., les *voies de fait légères,* non qualifiées expressément comme contraventions par le Code pénal, ne donnent plus lieu qu'à une action civile, devant le juge de paix, tandis que d'après un arrêt du 14 avril 1821 (*B. C. n.* 61) elles sont encore rangées au nombre des contraventions.

(14) V. aussi arr. cass. 9 févr. 1815 et 18 oct. 1816, n. 74; 22 avr. 1820, n. 55; 12 juill. 1821, n. 113; ci-dev., note 8, n. 2, p. 9.

(15) On trouve une classification des diverses dispositions du Code pénal, par ordre de matières, suivant qu'elles ont rapport aux contraventions, aux délits proprement dits, et aux crimes, dans une table

1. A la *sûreté* extérieure ou intérieure de l'*État*; tels que le port d'armes contre la France, les attentats contre la personne du Roi, la guerre civile. — V. *C-pén.* 75 à 108 (16),

2. *A la Constitution* du royaume, comme les entraves à l'exercice des droits civiques, les attentats à la liberté individuelle. — V. *C-pén.* 109 à 131,

3. *A la paix publique*, ce qui embrasse le faux, la forfaiture (16 *a*); les délits des fonctionnaires publics, tels que la concussion (17), et ceux des ministres des cultes; la rebellion, les outrages, violences et autres crimes ou délits contre *l'autorité publique* (18); les entraves au libre exercice

---

méthodique, rédigée par feu M. Chabot, de l'Allier. Ce travail utile a été joint à l'édition stéréotype du Code pénal, de Firmin Didot, 1810, 2 vol. in-12.

(16) On peut rapporter à ce genre, les cris, discours, écrits et actes séditieux, désignés par la même loi du 17 mai 1819 (jadis par celle du 9 novembre 1815). — V. *l'examen cité à la note* 13.

(16*a*) « Tout crime (non un simple délit) commis par un fonctionnaire public dans ses fonctions, est une *forfaiture* ». — *C-pén.* 166, 168. — Pour l'annullation de ses actes, V. *Cours proc. p.* 63 *et* 471.

Quant au *faux*, V. ci-apr. part. 2, sect. 1, append. au tit. 3, le §. de sa procédure.

(17) La perception des contributions non autorisées par la loi est une concussion. —V. *L.* 23 *sept.* 1814, *art.* 19, 15 *mai* 1818, *art.* 94, 17 *juill.* 1819, *art.* 34; 31 *juill.* 1821, *art.* 35; *et pour les autres cas*, *C-pén.* 174; *arr. cass.* 2 *janv.* 1817, *et* 25 *mars et* 21 *avr.* 1821, *n.* 48 *et* 65; *cours procéd. p.* 541, *note* 76.

(18) *Observations.* 1. Dans ce genre de délit sont compris les outrages et *manquement* de respect, etc., aux juges civils ou criminels et aux administrateurs pendant leurs séances, et il ont tous à cet égard jurisdiction. — V. *cours procéd. p.* 29, *et note* 46, *ib. et ci-dev. note* 13, *p.* 10.

2. Dans le même genre sont également compris les *manquemens* indirects à l'autorité, tels que le *recèlement*, l'*évasion* et la *résistance* d'un criminel ou *arrêté* (v. ci-apr., le § de la complicité, note 10, n. 2, et cours proc. p. 632, note 17), *le bris de scellé* (C-pén. 249 à 256, et d. cours, p. 697), etc.

3. D'après la loi du 22 floréal an 2, les faits qui, après l'exécution d'un acte de l'autorité publique, interrompent cette exécution ou en font cesser l'effet, étaient considérés comme une espèce de *rebellion* sous le titre d'*offense à la loi*, et l'on avait regardé cette règle comme étant encore

des cultes; les associations illicites; les publications d'ouvrages dangereux ou immoraux, etc. — V. *C-pén.* 132 *à* 294.

§. 2. *Des Crimes et Délits contre les particuliers.*

Les crimes et délits contre les particuliers sont subdivisés en deux genres, dont le premier concerne les personnes, et le second les propriétés.

I. Le premier genre embrasse l'homicide et les blessures, les attentats aux mœurs (19), les arrestations illégales, les atteintes à l'état des enfans et mineurs, le faux témoignage, la subornation (20), les

---

en vigueur, même après le Code de brumaire an 4. Mais on a décidé depuis, qu'elle a été abrogée tacitement par le Code pénal actuel. — *V. avis cons. d'État*, 8 *févr.* 1812 (*bull. p.* 162). — V. *aussi rép., viij, 724, mot offense.*

4. Quant au respect dû aux agens d'exécution, V. *Cours proc. p.* 79, 512 *et* 539; — et quant aux obligations des huissiers, V. *id. p.* 77, *surtout note* 37.

5. *Costume.* Pour qu'un outrage, etc, soit considéré comme fait à un fonctionnaire, tel qu'un agent d'exécution, il n'est pas besoin qu'il fût alors en costume; il suffit qu'il se soit fait connaître et ait dû être connu comme fonctionnaire, et qu'il exerçât une des fonctions de ses attributions. — V. *arr. cass.* 26 *mars* 1813, 10 *mars* 1815, n. 55 *et* 16. — V. aussi *arr.* 23 *frim. xiv*, 9 *niv. xj*, 6 *juin* 1807, 5 *sept.* (*avec le réqu.*) 1812 (*ces* 3 *derniers au B-c*), *tous à rép. iij*, 239 *et x*, 63, *mots costumes et procès-verbal;* — et pour d'autres questions, *rép. iij*, 769 *et xv*, 368, *mots discipline et injure; arr. ibid.*

(19) *Observations.* 1. Dans cette classe est comprise la *bigamie*, à moins que le *bigame* ne puisse prouver qu'il croyait de bonne foi son 1er mariage dissous. — *Arg. de C-pén.* 340 *et de C-pén.* 1791 (*part.* 2, *tit.* 2, *sect.* 1, *art.* 32) *conférés; arr. cass.* 13 *avr.* 1815, *n.* 25.

2. Mais la simple possibilité de cette bonne foi ne doit pas empêcher de poursuivre le prévenu de bigamie. — V. *d. arr.* 23 *avr.*

3. Il peut aussi écarter la poursuite en établissant que son 1er mariage était nul; mais il faut pour cela, qu'il soit recevable à en proposer la nullité, et les juges criminels sont compétens pour statuer sur les fins de non-recevoir qui s'élèvent contre cette nullité. — V. *réqu. et arr. rej.* 8 *août* 1811 *et* 17 *déc.* 1812, *rép., i*, 776 *et suiv., xv*, 64 *et suiv., h. v.*

(20) *Observations.* 1. La déposition fausse au grand-criminel, ne constitue le crime de *faux témoignage* que lorsqu'elle a été faite aux *débats* (v. *ci-apr. part.* 2, § *de la proc. du faux*), parce que les dépositions anté-

injures graves et les diffamations, soit écrites soit débitées dans les audiences, etc. (21). — V. *C-pén.* 295 à 378, *et ci-dev. note* 13, *n.* 1, *p.* 10.

L'homicide est ou volontaire, ou involontaire, ou provoqué, ou légitime. L'homicide volontaire se nomme *meurtre*, et s'il a été prémédité, *assassinat :* il est puni de peines afflictives, tandis que l'homicide *involontaire* n'est réprimé que par des peines correctionnelles. L'homicide *provoqué* par des violences graves est excusable (22). L'homicide *légitime* ou commandé par l'autorité légitime, ou par la nécessité actuelle de la légitime défense de soi-même ou d'autrui, n'est pas considéré comme un délit. Les mêmes règles s'appliquent aux blessures et aux coups. — V. *C-pén.* 295 à 329 (23). — V. *aussi arr. cass.* 19 *déc.* 1817 *et* 29 *avr.* 1819, *n.* 119 *et* 54.

II. Dans le second genre, qui concerne les *propriétés*, on comprend le vol, la banqueroute, la violation des réglemens relatifs aux maisons de jeu,

---

rieures peuvent être changées. — V. *au surplus arr. cass.* 18 *févr.* 1813 *et* 26 *avr.* 1816, *n.* 70 *et* 24 ; *M. Bourguignon, art.* 71, *note* 1.

2. *La subornation* était autrefois considérée comme un délit, lorsmême que le témoin, d'abord séduit, avait ensuite déposé la vérité. Il en est autrement depuis le Code pénal de 1791 ; elle n'est délit qu'autant qu'elle a été suivie d'un faux témoignage. — V. *arr. cass.* 9 *mars* 1809, *n.* 53 ; *arg. de C-pén.* 365 ; *réqu. et arr. cass.* 4 *déc.* 1812 (*B-c. n.* 259), à *rép. xij*, 788, *h. v., n.* 7 ; *et dd. arr.* 18 *fév. et* 26 *avr.*

(21) V. à ce sujet cours proc. p. 29, et note 47, ib. ; ci-dev. note 13.

(22) V. toutefois, ci-apr. sect. 2, § des excuses.
Observation. Celui qui, sans le dessein de tuer, se porte volontairement à des voies de fait tellement graves que l'individu maltraité meurt des coups reçus, est considéré comme *meurtrier*, parce qu'en exerçant volontairement des violences de nature à ôter la vie, on se rend coupable de toutes les suites qu'elles peuvent avoir. — V. *arr.* 14 *fév.* 1812, *n.* 31. — V. *aussi id.*, 2 *juill.* 1819 ; *n.* 75.

(23) *Observation.* L'action de donner la mort dans un *duel* convenu et loyalement exécuté a d'abord été considérée comme un crime. — V. *le rapport fait au corps législat., le* 17 *fév.* 1810 (*moniteur, p.* 232) ; *arr. cass.* 29 *juill.* 1813, *B-c., p.* 398, *et rép. xv,* 161. — Mais on a depuis changé d'opinion à cet égard. — V. *arr. cass.* 8 *avr. et* 21 *mai* 1819, *n.* 42 *et* 61 ; surtout 14 *juin* 1821, *n.* 94.

à la liberté des enchères , au commerce et aux arts et manufactures , la contrefaçon , l'infidélité dans les fournitures (24) ; les destructions et dommages volontaires, tels que les incendies , démolitions , dégâts de denrées et marchandises, action d'abattre des arbres, de déplacer des bornes , etc. — V. *C-pén.* 379 *à* 462 (25).

Le *vol* est la soustraction *frauduleuse* de la chose d'*autrui*. — V. *C-pén.* 379 (26).

C'est un simple délit lorsqu'il est dégagé de toutes circonstances. — V. *C-pén.* 401 (27).

---

(24) A l'égard 1° de la contrefaçon , V. ci-apr. ch. 3 , art 1 , note 2 , p. 18 ; —2° de l'infidélité des fournitures, d. art. 1, n. 5 , p. 19.

(25) *Observations*. 1. Quant au déplacement de bornes , V. *Cours procéd.* , p. 50, *note* 44. — Et quant à l'abattage d'arbres, *ci-dev. p. 4, note 9, n. 3, et ci-apr. art. des lois spéciales, note* 12.

2. A l'égard des délits réglés par des lois autres que le Code pénal, V. *ci-apr. d. art. des lois spéciales.*

(26) *Observations*. 1. Ces deux conditions sont essentielles pour qu'il y ait vol. — V. *arr. cass.* 26 oct. 1815 , 2 *août* 1816 *et* 10 *avr.* 1818 , n. 59, 52 et 42. — V. *aussi id.* 11 *nov.* 1819 ; n. 117.

2. Par conséquent, la soustraction que le débiteur fait *du gage qu'il a remis* à son créancier, n'est pas un vol. — V. *réqu. et arr. cass.* 29 oct. 1812 (*B-c. n.* 233) *et rép. xiv,* 707 , *mot vol.*

3. *Idem* , la soustraction de *ses effets* saisis et placés chez un gardien. Il en eût été autrement jadis, parce que la loi du 22 floréal an 2 (v. *ci-dev. note* 18, *p.* 12) pouvait être applicable à ce cas. — *V. d. réqu. et arr.* 29 oct. ; *réqu. et arr. rej.* 19 *mai* 1813 , *à rép. xiv ,* 703.

4. Mais la soustraction faite par le *gardien*, des effets à lui confiés est un délit, punissable comme celui d'un dépositaire *judiciaire* (non d'un dépositaire *public*), d'après C-pén. 408. — V. *réqu. et arr. rej.* 18 *mars* 1813 , *ib. xiv,* 710, *n.* 5; *autre, au cours de proc. p.* 534, *note* 35 *a, et d. cours, p.* 539, *n.* 6.

(27) *Observations*. 1. Tels sont des vols de pêches sur un arbre, d'épis sur pied, de pommes de terre enfouies. — V. *arr. cass.* 13 *août et* 6 *nov.* 1812, 12 *janv. et* 2 *juin* 1815, *n.* 183, 240, 2 *et* 35.

Des Cours royales avaient rangé ces délits dans la classe des crimes , parce qu'elles les avaient considérés comme étant au nombre des vols de *récoltes* , punis de reclusion par le Code pénal, art. 388. C'était une erreur. La loi, en effet, ne regarde comme vol de récoltes, que celui des fruits de la terre, détachés de leurs tiges ou de leurs branches , et abandonnés à la foi publique sur le sol qui les a produits, en attendant qu'ils

Il devient un crime punissable de peines plus ou moins fortes, même de mort, s'il est accompagné des circonstances aggravantes désignées par la loi. — V. *id.* 381 à 400 (28).

Il n'est ni crime, ni délit, et il ne donne lieu qu'à des réparations civiles, lorsque la soustraction s'est faite entre époux ou parens et alliés en ligne directe. — V. *id.* 380 (29).

---

puissent être transportés dans les édifices où ils doivent être renfermés. — V. *dd. arr., sur-tout celui du 6 novembre.*

2. Le vol simple rend reprochable un témoin, et exclut du bénéfice de cession. — V. *cours procéd. p.* 294 *et* 685, *note* 1.

(28) C'est que pour la répression des délits attentatoires à la propriété, on a dû prendre en considération non-seulement le préjudice qu'ils causent et l'intention qui les produit, mais encore la difficulté de s'en garantir: — V. *arr. cass.* 28 *janv.* 1809, *n.* 36.

(29) *Observations.* 1. Cette exception morale, puisée dans le droit romain (v. *LL.* 16, 17, *in pr.*, 36, § 1, 52 *in pr. et* § 1 *et* 2, *ff. de furtis; instit. de obligat. quæ ex del.,* § 12) ne s'applique point aux complices. — V. *ci-apr. le* § *de la complicité, note* 8, *n.* 3.

2. Si le délinquant est un enfant naturel, reconnu, il n'est pas affranchi de l'action publique, lorsque la soustraction concerne des ascendans au-delà du 1er degré. — V. *arr. cass.* 10 *juin* 1813, *n.* 123.

3. Les soustractions entre cohéritiers ou associés, sont à présent des délits. — V. *rép. xiv,* 818, 819, *n.* 3 *et* 4 *et x,* 766, *n.* 1, *par arg. de C-pén.* 380 *in f.; arr. rej.* 3 *nov.* 1808; *à d. p.* 819.

CHAPITRE III.

Des résultats des Délits ou des Actions publique et civile.

I. Un délit quelconque porte nécessairement une atteinte à l'ordre social, soit parce qu'il enfreint une loi, soit parce qu'il est d'un dangereux exemple, soit parce qu'il porte presque toujours une atteinte effective à la sûreté des personnes qui composent la société, ou à leurs propriétés.

La loi a dû chercher à réprimer cette atteinte. Dans cet objet, elle établit deux actions, appelées publique ou criminelle, et civile ou privée.

Il faut examiner quels sont les caractères et le but de ces actions, qui en a l'exercice, et à quels Tribunaux elles se portent.

ARTICLE PREMIER.

Du But et des Caractères des actions naissant d'un délit.

§. 1er. *Du But et des Caractères de l'action publique.*

I. L'action publique a pour but la punition des atteintes portées à l'ordre social (V. *C-br.* 5) par un délit. Par conséquent, d'après ce qu'on vient d'observer, tout délit donne ouverture à cette action (1). — V. *C-br.* 4.

II. Néanmoins des considérations politiques ou morales ont fait décider, en premier lieu, que quelques actes répréhensibles, sous certains rapports, tels que la soustraction entre parens, et le recel d'un criminel parent, ne seraient point passibles de

____

(1) Dès qu'il n'est aucun délit qui ne porte cette atteinte.

la même action. — *V. ci-dev.*, *p.* 16, *et ci-apr. le §
de la complicité*, *note* 10, *n.* 2. — En second lieu,
que quelques délits n'en seraient passibles qu'autant
que la partie lésée en aurait provoqué l'exercice.
Tels sont (2) :

1. L'adultère. — *V. C-pén.* 336 *à* 339 (3); *arr. cass.*
22 *août* 1816, *n.* 56.

2. La chasse dans le terrain d'autrui, en temps
non prohibé (4). — *V. L.* 30 *avr.* 1790, *art.* 8; *arr.
cass.* 10 *juill.* 1807, *n.* 154; 12 *fév.* 1808, *n.* 28;
22 *juin* 1815, *n.* 40.

3. La pêche dans les eaux des particuliers, en
temps et avec le mode non défendus (5). — *V. arr.
rej. cr.* 5 *fév.* 1807, *rép. ix*, 163, *h. v.*

---

(2) Indépendamment des autorités citées aux cinq numéros suivans
du texte, on peut encore *voir M. Bourguignon, art.* 1, *note* 2; *M. Carnot,
d. art.* 1, *n.* 14 *à* 33.

Observations. 1. Suivant un arrêt (*cass.* 23 *janvier* 1813, *n.* 10), on
doit ranger dans cette classe la *coupe des bois-taillis de particuliers* faite
par un adjudicataire après le 15 avril. — Mais *V. ci-apr. p.* 21, *note* 13,
n. 2.

2. *Dr. interm.* On avait d'abord douté s'il en était de même de la *contrefaçon*; mais il fut ensuite décidé que ce délit pouvait être poursuivi
d'office, sans provocation. —*V. arr. cass.* 7 *prairial xj, n.* 146 (M. Bourguignon, sup., semble attribuer à cet arrêt un sens différent); *rec. alph.,
i,* 612 *et suiv.; M. Carnot, sup., n.* 31.

Dr. act. Cette jurisprudence a, depuis, été consacrée par la loi. —
V. C-pén. 425 *à* 427; *M. Carnot, ib.*

3. La *calomnie* pouvait également être poursuivie sans provocation. —
V. arr. rej. 3 *juin* 1813 (*par arg. de C-cr.* 22), *Nevers,* 472. — Mais il
n'en est pas de même aujourd'hui, quant à la *diffamation* (v. *ci-dev.
note* 13, *n.* 1, *p.* 10) et à l'injure, *suiv.* M. Carnot, *examen* (*cité à d.
n.* 1), *p.* 43, 45 *et* 95.

(3) Le mari ne peut poursuivre l'adultère de sa femme, lorsqu'il a en-
tretenu une concubine dans la maison commune.—*V. dd. art.*

(4) Et par conséquent, faite en temps prohibé, la chasse peut se poursuivre d'office. — *V. M. Carnot, d. art.* 1, *n.* 25; et pour la jurisprudence
relative à la chasse, *M. Laporte, p.* 33 *à* 35.

(5) Même observation qu'à note 4, pour la pêche faite dans le temps
et avec les instrumens prohibés. — *V. arr. cass.* 17 *brum. xiv,* 12 *fév.*
1808, 17 *déc.* 1810, 21 *févr.* 1812, *n.* 242, 30, 169 *et* 40; *rép. ix,* 163.

4. Le rapt, dans le cas où le ravisseur a épousé la fille enlevée. — V. *C-pén.* 357 (6).

5. Les manquemens, retard ou fraude des fournisseurs d'armée, dans leur service. — V. *C-pén.* 430 à 433 (7).

6. Les crimes commis à l'étranger, par un français contre un français. — V. *ci-apr. ch.* 4, *n. ij.*

III. Mais aussitôt que les parties lésées ont provoqué l'exercice de l'action publique par rapport à ces délits, le ministère public peut le continuer malgré elles. — V. *arr. cass.* 23 *janv.* 1813 *et* 22 *août* 1816, *n.* 10 et 56; *M. Bourguignon*, *art.* 1, *note* 2 (8).

C'est que, comme on le verra (*ci-apr. art.* 2, *in f.*), la renonciation à l'action civile ne peut nuire à l'exercice de l'action publique.

Réciproquement, lorsque la partie lésée poursuit un de ces délits, on doit le punir quoique le ministère public soit d'un avis contraire. — V. *réqu. et arr. cass.* 27 *déc.* 1810, *rép. sup.*, *ix*, 165.

§. 2. *Du But et des Caractères de l'action civile.*

I. L'ACTION civile a pour but la réparation du dommage causé par le délit à la personne qui en a souffert. — V. *C-brum.*, *art.* 6.

Elle ne naît pas, comme la précédente, nécessairement d'un délit, puisqu'il est possible, quoique cela

---

(6) Il faut alors la provocation de ceux qui, d'après le Code civil, peuvent demander la nullité du mariage. — V. *d. art.*

(7) Il faut la provocation du gouvernement. — V. *d. art.* 433 *in f.*

(8) *Observations.* 1. Ainsi, il peut poursuivre l'adultère dénoncé par le mari, quoique celui-ci ait ensuite agi simplement en séparation de corps. — V. *d. arr.* 22 *août.*

2. Mais le mari, en reprenant sa femme, fait cesser l'effet de la condamnation prononcée contre elle. — V. *C-pén.* 337.

3. Enfin, la règle du texte reçoit exception quant à la diffamation et à l'injure, *suiv. M. Carnot*, *examen* (*cité à p.* 10, *note* 13, *n.* 1), *p.* 80 à 84. — V. *aussi ci-dev. note* 2, *n.* 3, *p.* 18.

soit rare , que le délit n'ait causé de dommage à personne (9).

Mais elle n'en est pas moins la conséquence ordinaire d'un délit ; de telle sorte que le Tribunal criminel , qui n'aura pas jurisdiction par rapport à un fait qualifié délit, sera par-là même incompétent pour statuer sur l'action civile dérivant du même fait (10).

C'est sous ce point de vue surtout qu'il ne faut pas confondre l'action civile naissant d'un délit, avec les autres espèces d'actions civiles qui ont pour objet la réclamation des droits accordés par la loi civile, et dont nous avons parlé ailleurs (11).

On voit par ce qui précède, et on le verra encore à l'article suivant, que les actions publique et civile sont essentiellement distinctes.

ARTICLE II.

De l'Exercice des actions naissant d'un Délit.

§. 1er. De l'Exercice de l'action publique.

I. L'ACTION publique n'appartient qu'aux fonctionnaires auxquels elle est confiée par la loi — V. *C-cr.*, *art.* 1er ; *C-br.*, *art.* 5.

---

(9) Exemples. 1. Une vache a été laissée à l'abandon dans la propriété d'autrui ; il y a délit d'après le Code rural, art. 3 et 12, quoiqu'elle n'ait pas commis de dégâts, et que par conséquent il n'y ait pas lieu à une action civile. — V. *arr. cass.* 15 *fév.* 1811, *n.* 23, *et rép. ix*, 133 *et suiv.* — V. *aussi arr. cass.* 27 août 1819, *n.* 96.

2. On a allumé du feu dans des forêts ; c'est un délit quoiqu'il n'y ait point eu de dommages causés. — *Arg. d'ord.* 1669, *tit.* 27, *art.* 32 ; *arr. cass.* 5 *avr.* 1816, *n.* 18.

3. Le pâturage, dans un bois incendié, et non déclaré défensable, est un délit, quoiqu'on n'ait point constaté de dégâts. — *Arr. cass.* 21 *mars* 1817, *n.* 27.

(10) V. arr. cass. 1er et 30 avr. 1813, n. 64 et 88 ; rép. xiv, 205, 225 et 229.

(11) V. Cours procéd., part. 1, section 2, des actions, p. 100.

Ces fonctionnaires sont les magistrats qui composent le ministère public, c'est-à-dire auprès des tribunaux de police, les commissaires de police, ou les maires ou adjoints (12); auprès des tribunaux correctionnels, les procureurs du roi (13), et auprès des Cours royales et d'Assises, le procureur-général ou ses substituts (14). — V. *au surplus, ci-apr. p.* 25, *n. vj, et les art. de ces Tribunaux.*

Le procureur-général a même l'action publique, non-seulement pour les délits de la compétence de ces cours, c'est-à-dire les crimes, mais encore pour les délits proprement dits. — V. *L.* 20 *avril* 1810, *art.* 45; *arr. cass.* 1ᵉʳ *juill.* 1813 (*B-c. n.* 140, *et rép. xv,* 23) *et* 14 *mars* 1817, *n.* 21 (15).

II. Dès que l'action publique n'appartient qu'au ministère public, lorsqu'il ne l'a pas exercée par rapport à un délit, un tribunal criminel ne peut prononcer la peine infligée par la loi à ce délit (16).

---

(12) C'est en général le commissaire de police, et au défaut du commissaire, le maire, qui peut se faire remplacer par son adjoint. — V. *C-cr.* 144 *et* 145, *et ci-apr. tit. de la procéd. de police, note* 14, *n.* 2.

(13) V. C-cr. 182 et ci-apr. tit. de la procéd. correctionnelle, §. 1.
Observations. 1. Pour les délits des *forêts,* les préposés forestiers ont également l'exercice de l'action publique. — V. *d. art.* 182, *et ci-après note* 21, *p.* 23.
2. Mais ils ne peuvent poursuivre les délits commis dans les *bois des particuliers,* à moins qu'il ne s'agisse de la violation de quelque réglement dont l'exécution leur est confiée. — V. *arr. rej.* 27 *avr.* 1813, *rép. xv,* 181; *ci-dev. p.* 18, *note* 2, *n.* 1; *surtout p.* 4; *note* 9, *n.* 3.

(14) V. C-cr. 252 et 253 et ci-apr. le tit. de la procéd. criminelle.

(15) *Observations.* 1. Ainsi, le procureur-général n'est pas réduit à un simple droit de surveillance à cet égard.
2. On conclut de là qu'il peut appeler d'un jugement correctionnel. — V. *mêmes arrêts et ci-après tit. de la procéd. correctionnelle,* §. 2.

(16) Voir arr. cass. 23 juillet 1807, B-c. n. 159 et rép. xiv, 206, n. 8.
Observations. 1. Il faut néanmoins excepter les délits, proprement dits, et les contraventions, poursuivis par la partie lésée. — Voir *ci-après n.* 5, *p.* 24.
2. Lorsque le ministère public a fait choix du tribunal auquel il porte son action, il ne peut plus varier. — V. *ci-apr.* § 2, *n.* 2, *p.* 26.

III. Par la même raison, si, après avoir agi en pre-mière instance, le ministère public n'a pas appelé du jugement contraire à ses conclusions, le tribunal supérieur à qui la cause est soumise par l'appel des autres parties, ne pourra pas réformer ou annuller dans l'intérêt de l'action publique (17).

En conséquence, 1° si ce tribunal n'est saisi que par l'appel du prévenu du délit, il peut bien réformer ou modifier le jugement dans l'intérêt de celui-ci, en supprimant ou modérant la peine prononcée en pre-mière instance, mais non pas aggraver, sous ce rap-port, sa condition, en augmentant la peine, ou en renvoyant le prévenu à subir une instruction plus sérieuse (18). — V. *arr. cass.* 23 *févr. et* 18 *avr.* 1811; 27 *mars,* 1*er mai et* 27 *août* 1812; 19 *janv. et* 21 *déc.* 1816, *n.* 29, 55, 195, 74, 115, 3 *et* 87; *surtout arr. réglem. cr.* 19 *août* 1813, *rép. xiv,* 229 (19).

2° S'il n'est saisi que par l'appel de la partie lésée, il ne peut examiner, confirmer ou réformer le juge-ment que relativement aux dommages qu'elle ré-

---

(17) Voir arr. cass. cr. 19 févr. 1813 (appel d'un tribunal de police simple), et 19 nov. 1814, B-c. n. 34 et 40, et rép. xv, 693.

Réciproquement, si le ministère public a seul appelé, on ne pourra réformer le jugement quant à la réparation civile accordée au lésé. — V. *arr. cass.* 22 octobre 1812, *n.* 226 *et ci-dessous note* 19, *n.* 2.

(18) Ainsi, il ne pourra renvoyer l'appelant au procureur du roi, comme prévenu d'un crime, quoiqu'on ait reconnu, pendant l'instruction de l'appel, que le fait à lui imputé n'est pas un simple délit. — V. *dd. arr.* 19 *févr.* 1813, 17 *nov.* 1814 *et* 19 *janv.* 1816.

(19) *Observations.* 1. Et cela, quand même le ministère public était encore dans son délai d'appel et était présent à l'audience d'appel. — V. *d. arr.* 17 *nov.* 1814.

2. En un mot, on ne peut statuer que sur ce qui fait l'objet et la matière de l'appel de la partie. — V. *d. arr.* 19 *fév.; autre,* 9 *mai* 1812, *n.* 117.

3. Tandis que, sans l'omission d'appel du ministère public, on aurait dû, dans l'hypothèse de la note 18, annuller le jugement de 1re instance et renvoyer le prévenu de crime au fonctionnaire compétent. — V. *C-cr.* 214, *ci-après tit. de la procéd. correctionnelle, note* 15, *n.* 2; *surtout arr. cass.* 17 *juin* 1819, *n.* 68.

clame (20). — *V. arr. cass.* 15 *janv. et* 17 *mars* 1814, *et* 21 *mars* 1817, 1 *mai* 1818, 7 *mai et* 29 *juill.* 1819, *et* 8 *juin* 1820, *n.* 7, 20, 24, 56, 59, 85 *et* 80 ; *arr. rej. cr.* 19 *mai* 1815, *Jalbert*, 1816, 305 (20 *a*).

Ces règles sont fondées sur ce que le magistrat, à qui l'action publique appartient, y a renoncé en n'appelant pas du jugement qui y statuait; ce qui fournit au prévenu, pour repousser l'action publique, l'exception tirée de la chose jugée, ou de la maxime célèbre, *non bis in idem* (21).

IV. Il ne faut pas néanmoins en conclure que l'action publique soit indéfiniment la propriété du magistrat chargé du ministère public; au contraire, il n'en a que l'exercice au nom du souverain ; d'où il résulte qu'il n'a pas, comme l'aurait un simple particulier, la faculté d'empêcher, en renonçant à son action, le tribunal auquel il l'a soumise, d'y statuer. Il faut sans doute qu'il soit présent et ait pris connaissance de l'affaire (22), pour qu'il y ait

---

(20) *Observations.* 1. Dans ce cas, le prévenu ne pourra, en appel, être condamné à une peine, mais à des prestations civiles. — *V. dd. arr.* 15 *janv.* 1814 *et* 21 *mars* 1817. — *V. aussi arr.* 13 *avr.* 1821, *n.* 19 (matière de *diffamation*).

2. Le tribunal *saisi, après une cassation,* suivra la même règle si le seul lésé a recouru. — *V. ci-apr. art. de la cassation, note* 25, *n.* 3.

(20*a*) Règle analogue quand la partie, contre laquelle on a prononcé une *responsabilité civile* (v. en ci-apr. le §), a seule appelé. — *V. arr. cass.* 24 *juill.* 1818, *n.* 91.

(21) *Observations.* 1. Cette maxime, tirée des lois romaines (v. *LL.* 7 ; § 2, *ff; et* 9 *in. pr. C. de accusationib.*) signifie qu'on ne peut être jugé deux fois pour le même délit. — *V. une foule d'exemples et d'exceptions au rép. h. v., viij,* 607 à 616, *et xv,* 463 à 506; *et ci-apr. ch. de la procédure des cours d'assises, note* 63. — *V. aussi arr. cass.* 15 *avril* 1819 *et* 19 *janv.* 1821, *n.* 49 *et* 14.

2. Néanmoins, l'administration forestière a droit d'appeler, même dans l'intérêt de l'action publique. — *Arg. de C-cr.* 202 ; *arr. cass.* 31 *janv.* 1817, *n.* 7. —*V. ci-dev. note* 13, *p.* 21.

(22) V. *arr. cass.* 10 *janv.* 1806, 1 *avr.*, 8 *juill. et* 24 *déc.* 1813, n. 65, 152 *et* 263 (et à *rép. xiv,* 631); 3 *mars* 1814, *n.* 18; 7 *mars* 1817, *n.* 19; 15 *oct.* 1818 *et* 12 *mai* 1820, *n.* 129 *et* 90; ci-apr., part. 2, titres, 1° des

une partie relativement à laquelle on puisse prononcer dans l'intérêt de l'action publique ; mais cela suffit. Lors même qu'il déclarerait n'avoir à requérir aucune peine, le tribunal, s'il est convaincu de la culpabilité, ne doit pas moins appliquer la peine indiquée par la loi (23). — V. *arr. cass.* 24 *niv. xj*, 14 *pluv. xij et* 27 *juin* 1811 , *n.* 73 , 64 *et* 95 ; *surtout réqu. à répert. ix* , 160 , *mot pêche* ; *M. Carnot, art.* 182 , *n.* 14 , *et art.* 149, *n.* 4 ; *arr. rej.* 23 *juill.* 1813 , *Laporte*, 261 , *n.* 3.

V. Cette espèce de propriété de l'action publique n'est pas non plus attribuée au ministère public pour toutes sortes de délits ; elle ne lui est réservée exclusivement que pour les crimes (24). — A l'égard des délits correctionnels et des contraventions (25), il faut distinguer entre l'exercice , proprement dit, et les résultats de l'action ; c'est-à-dire entre la poursuite de ces deux sortes de délits et la demande de leur punition. Celle-ci, ou la conclusion tendant à l'application de la peine, n'appartient qu'au ministère public. La poursuite, au contraire, peut être faite, soit par lui, soit par les parties lésées (26). — V. *le rec. alphab.* ,

---

officiers de police judiciaire , note 2 (pour son remplacement en cas d'empêchement) ; 2° des procédures de police simple et correctionnelle, notes 14 et 4, n. 5.

(23) *Observations.* 1. Il semble qu'on pourrait aussi fonder , sur les considérations précédentes, la règle d'après laquelle le ministère public peut attaquer un jugement conforme à ses conclusions , règle que la cour de cassation s'est bornée à motiver sur ce qu'on n'a droit d'opposer au ministère public que les fins de non recevoir légales ; et que la loi, à cet égard, n'en établit qu'une seule contre lui, celle d'avoir laissé écouler le délai fixé pour se pourvoir. — Voir *réqu. et arr. cr.* 25 *févr.* 1813 , *n.* 36 , *et civ.* 20 *nov.* 1811 (*B-c. civ. n.* 113), *rép. xv*, 90 *et* 506.

2. Il peut aussi , après avoir conclu devant le même tribunal contre un prévenu comme agent de la société , quant à l'action publique, conclure en sa faveur comme organe de la loi.—V. *d. arr.* 24 *pluv.*—V. *aussi cours procéd.*, *p.* 26, *note* 33 , *n.* 1.

(24) C'est-à-dire en matière de *grand-criminel.*

(25) C'est-à-dire en matière de *petit-criminel.*

(26) *Observations.* 1. Ainsi, au grand-criminel , la partie lésée ne peut

mot Tribunal correctionnel, §. 1er (2e *édit.*, *t.* 5, *p.* 372); *C-cr.* 64, 145, 153, 182 *et* 190 ; *avis du Cons. d'Etat du* 12 *nov.* 1806 ; M. *Bourguignon*, *art.* 1er, *note* 2 ; M. *Barris*, *au répert. iij*, 433, *mot délit*, §. 5 ; *arr. cass.* 13 *avr.* 1820, *n.* 51.

VI. Enfin, tous les Magistrats chargés du ministère public n'ont pas indifféremment l'exercice de l'action publique. Cet exercice est restreint aux délits commis ; 1° dans leur ressort, 2° par des individus qui l'habitent, ou qui y sont trouvés (27). — V. *ci-après*, *tit. des officiers de police.*

§. 2. De L'Exercice de l'action civile.

I. L'ACTION civile appartient à celui auquel le délit a causé des dommages. — V. *C-cr.*, *art.* 1 ; *C-br.*, 6.

Par conséquent, un autre particulier n'a pas le droit de l'exercer (28), à moins que le délit ne tende à compromettre ses propres intérêts (29).

Mais la propriété de l'action ne reçoit aucune restriction, par rapport au lésé ; il peut exercer cette action, ou y renoncer, si bon lui semble.

être qu'une partie *accessoire* dans l'instance, tandis qu'au petit-criminel, elle peut exercer l'action. — V. M. *Barris*, *au rép. iij*, 433.

2. Mais, pour que le Tribunal soit saisi, il faut nécessairement que l'action ait été exercée par elle ou par le ministère public. — V. *arr. cass.* 23 *juill.* 1807 ; *n.* 159.

(27) A l'égard des autres délits, ils ont droit de dénonciation. — V. *au surplus, ci-après tit. des procéd. de police judic.*, § 1, *n.* 2.

(28) Il faut qu'il y ait un intérêt direct et formel. — Voir à ce sujet, *le rec. alphab.*, *iv*, 253, *mot question d'Etat*, § 1 ; *rép. ix* ; 304, *mot plainte*, *n.* 3.

(29) *Observations.* 1. Par exemple, le délit qui a causé des dommages à un domestique, pouvant compromettre les intérêts du maître, celui-ci est recevable à en porter plainte. — V. *arr. rej.* 26 *vendém. xiij*, *rép.*, *d. n.* 3.

2. La femme a besoin d'autorisation pour intenter l'action civile au criminel, mais non pas pour se défendre contre cette action ou contre l'action publique. — V. *cours proc. p.* 664 *et* 666, *notes* 3 *et* 7.

Il faut qu'il l'exerce, soit par poursuites principales, soit par intervention (30), pour qu'il en obtienne le résultat ou les dommages. S'il s'est borné à provoquer l'action du ministère public, le juge ne pourra lui accorder des dommages. — V. *arr.* 9 *août* 1811, *n.* 114; *rep. xj*, 540, 567.

S'il l'a exercée, le juge devra y statuer, quelque modique qu'en soit l'objet. — V. *arr. cass.* 23 *déc.* 1814, *n.* 46 (31). — V. *aussi id.* 22 *oct.* 1819, *n.* 112.

II. Le lésé est libre de porter son action (*v. ci-apr. art.* 3) aux Tribunaux civils ou aux Tribunaux criminels, et quelquefois à différens Tribunaux criminels (32); mais il ne peut pas varier dans son choix : une fois qu'il a soumis l'action civile à un Tribunal, il n'a pas la faculté d'en abandonner la poursuite pour la porter à un autre.

V. *M. Barris, au rép. iij,* 431, *mot délit,* §. 1 ; *d. rép. vj,* 499, *et ix,* 305, *mots intervention,* §. 2, *et plainte, n.* 5 ; *arr. cass.* 3 *flor. x et* 18 *mess. xij, ibid., et au B-c-cr. ; M. Carnot, art.* 128, *n.* 20 (33).

---

(30) V. n. 5, p. 24; n. 51, p. 31, et tit. des proc. de pol. jud., note 4.

(31) Et quand même le défendeur offrirait de payer les dommages (il s'agissait du dégât causé par une vache laissée à l'abandon). — V. *d. arr.* 23 *déc.*

(32) Dans la rigueur, il ne doit la porter qu'au seul tribunal criminel compétent pour connaître du délit dont elle résulte ; mais comme le caractère de ce délit peut, dans le principe, n'être pas bien apprécié, rien ne s'oppose à ce que le lésé agisse devant le magistrat criminel chargé d'instruire les délits d'un genre plus grave, sauf à celui-ci de renvoyer le jugement à un tribunal inférieur. Mais, dans ce cas, le lésé n'a pas non plus le droit de varier.

Par exemple, le lésé a porté sa plainte au juge d'instruction ; sur le rapport de celui-ci, la chambre du conseil a déclaré qu'il n'y avait pas lieu à poursuivre, et ni le lésé ni le ministère public n'ont formé opposition à sa décision (V. *ci-apr.* § *de l'instruction, n. iv*) : dans ce cas, le lésé ne peut revenir, par une nouvelle action, devant le tribunal correctionnel, parce qu'il a fait son choix entre les deux voies qu'il avait pour agir, l'une, par l'entremise du ministère public, l'autre, par citation au tribunal correctionnel. — V. *arr. de Besançon, maintenu en cassation le* 18 *avr.* 1812, *au rép. ix,* 303, *mot plainte, n.* 2.

(33) D'après le 1er arrêt, lorsqu'on a réclamé au civil la restitution d'un dépôt, on ne peut porter plainte au correctionnel en soustraction

Et ce principe est si général, qu'il s'applique également au ministère public. — *V. réquis. et arr. rej. cr.* 18 *juin* 1812, *à rép. xiv,* 223 ; *arr. régl. cr.* 7 *juin* 1821, *B. c. n.* 88 (34).

III. Quel que soit d'ailleurs le Tribunal auquel le lésé a porté l'action civile, ou même s'il ne l'a pas encore exercée, la renonciation qu'il fait à cette action ne peut arrêter (35) ni suspendre l'exercice de l'action publique. — *V. C-cr.* 4. — *V. aussi C-c.* 2046 ; *C-pr.* 249 ; *arr. cass.* 2 *août* 1821, *n.* 123 (36).

Cette règle est fondée sur ce que les deux actions sont essentiellement distinctes, quant à leur but et à

---

de ce dépôt, si l'on n'articule que les mêmes faits. D'après le 2e, on ne peut abandonner l'action civile pour intervenir au procès criminel et l'y faire juger.

Observation. Voyez au sujet de la règle du texte et des exceptions dont elle est susceptible, *cours de procédure, p.* 174, *note* 18, *et les autorités citées ibid.*

(34) *Observations.* 1. Ainsi, après avoir provoqué une instruction criminelle, le procureur du Roi ne peut, tant qu'elle est soumise à la chambre du conseil, se pourvoir par citation directe au tribunal correctionnel. —*V. d. réqu. et arr.* 18 *et* 7 *juin.*

2. Par la même raison, lorsque l'accusé a été déclaré par un jury, non coupable de meurtre, le procureur du Roi ne peut le traduire au tribunal correctionnel comme coupable d'homicide par imprudence. —*V. au reste sur ce point, réquis. et arr. rej.* 29 *oct.* 1812, *rép. xv,* 464, *mot* non bis, *n.* 5 *bis.*

(35) *Observations.* 1. A plus forte raison, s'il n'a pas renoncé (non plus que le ministère public), on ne peut le renvoyer au tribunal civil. — V. *d. arr.* 23 *déc.*

2. Mais la règle du texte reçoit exception quant aux délits des *douanes ;* l'administration est autorisée à transiger et arrêter l'action publique.—V. *arr. rej.* 30 *juin* 1820, *B. c. n.* 93 ; *arrêté et ordonn. cités ib.*

(36) *Exemples.* 1. L'homologation d'un concordat passé entre le failli et ses créanciers n'empêche point le ministère public d'exercer l'action publique pour banqueroute frauduleuse. — *V. réquisit. et arr. cass.* 9 *mars* 1811, *n.* 33, *et rép. xv,* 267.

2. Même règle, quant à l'action publique relative à une escroquerie, quoique la somme escroquée ait été rendue avant toute poursuite judiciaire.— *V. arr. cass.* 6 *sept.* 1811, *n.* 127.

3. On peut compromettre sur l'action civile, mais non pas sur le délit d'où elle naît. — *V. cours procéd. p.* 40, *note* 10.

leurs caractères (*v. ci-dev. art.* 1 *, p.* 20), et quant aux personnes à qui elles appartiennent (37).

ARTICLE III.

Des Tribunaux auxquels se portent les actions naissant d'un délit.

I. La jurisdiction étant distribuée en France entre les Tribunaux criminels et les Tribunaux civils, ces derniers devraient, à la rigueur, connaître exclusivement de l'action privée ou civile résultant d'un délit; mais comme les preuves du délit servent le plus souvent à établir et déterminer les dommages qui sont l'objet de l'action civile, il a paru convenable de donner aux Tribunaux criminels le pouvoir d'y statuer. — V. *C-cr.* 3; *C-br.* 8.

Néanmoins, ce pouvoir ne leur est accordé que lorsqu'on exerce devant eux l'action civile dans le même temps que le ministère public leur a soumis l'action publique ou criminelle. — V. *dd. art.* — Outre qu'au défaut d'exercice de l'action civile, ils n'en seraient pas saisis (38), et par-là même, ne pourraient la juger, elle n'est qu'un accessoire ou incident de l'action publique (39); si l'on a prononcé sur celle-ci, avant qu'on ait exercé l'autre, les fonctions du juge criminel sont remplies, l'action civile devient principale, et cesse de lui appartenir. — V. *Avis du Conseil d'Etat, du* 12 *nov.* 1806. — En un mot, ce n'est

---

(37) Par conséquent, quoiqu'il n'y ait pas de plainte du lésé, le tribunal ne doit pas moins prononcer, si le ministère public a agi. — V. *arr. cass.* 11 *juin* 1813 *, n.* 126 *, et rép. xiv,* 207.

Il en est autrement si le ministère public ni le lésé n'ont agi. — V. *ci-dev. note* 26 *, n.* 2 *, p.* 25.

(38) V. arr. cass. 9 août 1811, B-c. n. 114 et rép. xj, 540.

(39) Le même principe est établi dans deux arrêts de cassation, l'un du 1er avr. 1813, B-c. n. 64, et rép. xiv, 506; et l'autre du 3 mars 1814, n. 18.

que par exception que le juge criminel en connaît. —
V. *arr. cass.* 13 *vent. vij*, *n.* 298. — V. *aussi id.*,
30 *avr* 1813, *n.* 88.

II. De ces principes dérivent plusieurs conséquences :

1. Si le lésé ne s'est pas rendu partie civile, on ne
peut lui accorder des dommages (40). —V. *arr. cass.*
16 *janv.* 1808 *et* 9 *août* 1811, *B. c.*, *n.* 8 *et* 114, *et*
rép. xj, 540 (41).

2. Si le Tribunal criminel reconnaît que le fait à lui
soumis, ne présente ni délit ni contravention, il ne
peut accorder aucuns dommages au lésé, quoique
partie civile. — V. *arr. cass.* 27 *juin* 1812, 30 *avr.*
1813 *et* 3 *mars* 1814, *n.* 158, 88 *et* 18; *M. Carnot*,
art. 159, 191 *et* 212; *ci-apr. tit. de la procéd. de po-*
lice, §. 3 (42).

Mais cette dernière règle reçoit exception en matière
de grand-criminel, parceque les Cours d'Assises ont le
droit de statuer sur les dommages *respectivement* réclamés. — Voir *C-cr.* 358, 359, 364 *et* 366; *le rép. xj*,
569 *et suiv.; ci-apr. p.* 31, *et les tit. ou chap. des procéd.*
de police, correctionnelle, et d'assises.

III. Comme le particulier lésé est propriétaire de
son action civile, et par-là même, libre d'abandonner
ou de renvoyer à réclamer ses dommages, il lui est

---

(40) Ni en cas d'absolution, ordonner de lui restituer des effets. — V.
arr. cass. 7 *sept.* 1820, *n.* 118.

On verra, partie 2, sect. 1, tit. 2, § 1, n. 4, quand et comment on
se rend partie civile.

(41) On voit que, dans ce cas, il n'y a point eu d'action civile exercée.

(42) *Observations.* 1. Dès que l'action civile n'est qu'un incident de
l'action publique, celle-ci n'ayant pas lieu, la première cesse d'avoir effet
devant les juges criminels.

Ils peuvent au contraire accorder dans ce cas des dommages au
prévenu absous. — *Arg. des dd. art.; M. Carnot, ibid.; d. arr. cass.* 30
avr. — V. *aussi M. Le Graverend, ij,* 231 *et* 343.

2. Au reste, la partie civile n'est pas alors privée définitivement de
son action en dommages ; elle pourra la porter au tribunal civil. — V.
M. Carnot, d. art. 212, *n.* 2; *ci-apr. d.* § 3.

permis d'exercer séparément l'action civile et devant les Tribunaux civils ; mais cette action donnant lieu à une question sur la solution de laquelle le jugement de l'action publique doit avoir de l'influence, l'exercice en est suspendu jusques à ce que l'on ait statué sur cette dernière, si elle a été elle-même exercée avant ou pendant la poursuite de la *première*. — V. *C-br.* 8 ; *C-cr.* 3 ; *cours procéd.* p. 31 (43). — C'est ce qu'on exprime par l'axiome vulgaire, *le criminel tient le civil en état.* — V. *rép. iv*, 110 ; *arr.* 28 *avr.* 1809, *ib. et B-c.* n. 81. — V. *aussi id.* 21 *avr.* 1821, *n.* 66 (matière de *diffamation*).

IV. On conçoit facilement que le jugement de l'action publique doit avoir de l'influence sur le jugement de l'action civile (43 *a*), puisque le magistrat criminel, saisi de la première, est chargé de vérifier et apprécier le fait d'où naît la seconde, et qu'il a même, pour atteindre à ce but, des moyens probatoires, qui manquent au juge civil (44).

A cet égard, on tient en général que le jugement criminel a l'autorité de la chose jugée par rapport à l'action civile non jugée, qu'elle ait été ou non exercée avant ce jugement ; qu'en un mot, l'action publique est *préjudicielle* à l'action civile, et est exer-

---

(43) *Observations.* 1. Par la raison inverse, si l'action publique n'a point encore été exercée, le tribunal civil ne doit pas renvoyer à juger une action civile instruite. — V. *arr. cass.* 26 *juillet* 1813, *n.* 81.

2. Mais il suffit que l'action publique ait été exercée pour entraîner le sursis de l'action civile. — V. *arr. cass.* 18 *novembre* 1812, *au rép.*, *xv,* 494 ; *d. arr.* 28 *avr.*

3. Au contraire, si l'action civile a été intentée et jugée avant l'exercice de l'action publique, son jugement conservera ses effets quoique le jugement postérieur de l'action publique donne une décision différente par rapport au fait d'où sont nées l'une et l'autre action. — V. *réqu.* 8 *avr.* 1812, *rép. xiij*, 818, *mot testament, sect.* 5.

(43a) Questions sur cette influence... v. *cours procéd. p.* 281, *note* 50.

(44) Telles que les preuves vocales qui sont toujours admissibles au criminel, tandis qu'au civil, elles ne le sont en général que par exception. — V. *ci-ap. part.* 2, *obs. prélim., n.* 5.

cée par le ministère public, au péril du lésé, qui n'a point exercé, au criminel, l'action civile. — V. *à ce sujet réqu. et arr. rej.* 17 *mars* 1813, *rép. xv,* 409 *à* 500 ; *réqu.* 22 *juill. suiv., id., xj,* 571 (45).

D'où il résulte que, lorsque le juge criminel a absous le prévenu du délit pour lequel la partie publique le poursuivait, le lésé n'aura aucuns dommages à réclamer au civil, à raison de ce délit (46), et qu'ainsi l'exception de *res inter alios judicata* n'a pas lieu au criminel comme au civil (47).

Mais lorsque le lésé est partie civile au grand-criminel (48), on y suit une régle différente, à cause du pouvoir accordé aux Cours d'Assises, de statuer sur les dommages, réclamés par les deux parties (49) ; de sorte qu'elles ont le droit d'en adjuger au lésé, même lorsque le prévenu est jugé non coupable (50), tout comme d'en refuser à celui-ci dans la même hypothèse (51).

V. Non-seulement le criminel tient le civil en état, mais il oblige la partie civile à poursuivre son action. Par conséquent, dès qu'elle en a commencé l'exercice au grand-criminel, elle est forcée d'y réclamer le résultat de l'action ou ses dommages, avant l'arrêt de la

---

(45) V. surtout. d. cours procéd., d. note 50.
Sens du mot *préjudicielle*.... V. ci-apr. p. 33.

(46) V. rép., d. t. xj, p. 571, mot réparation civile, § 7.

(47) V. à ce sujet, cours de procéd. civ., p. 444, et pour des *exemples* arr. cass. 22 oct. 1818 et 7 sept. 1820, n. 131 et 118.

(48) Ou en matière de crimes. — V. *ci.d. note* 24, *p.* 24.

(49) V. ci-dev. page 29 ; ci-apr. ch. des procéd. de ces Cours.

(50) V. réquis. et arr. rej. 22 juill. 1813, à rép. xj, 569.
Mais elles ne peuvent en accorder contre celui qui n'a pas été *accusé du* fait, ou qui ne l'a commis qu'en légitime défense. — V. *arr. cass.* 11 *oct. et* 19 *déc.* 1817, *n.* 95 *et* 119.

(51) V. réquis. et arr. rej. cr. 30 déc. 1813, à rép. xj, 550 et suiv. — V. surtout les autorités citées à cours procéd. p. 281, note 50.

Cour d'Assises, faute de quoi elle est désormais, sur ce point, non-recevable (52).

VI. Le *civil* tient aussi quelquefois le *criminel en état;* c'est ce qui a lieu dans les questions d'Etat et préjudicielles civiles.

Dans les premières, d'après des considérations morales (53), l'action publique contre un délit de suppression d'état, est écartée jusques au jugement civil et définitif de la réclamation principale d'état. — V. *C-civ.* 326, 327 ; *rép. x,* 508, *et xiij,* 321 ; *plus. arr. cass. cr. ibid.* (54).

Nous disons la réclamation *principale,* parce que si la question d'état ne se présente qu'*incidemment* à celle qui résulte de l'action publique, elle n'en retardera point le jugement, et sera elle-même jugée par le Tribunal criminel. Il est, en effet, de règle générale, qu'un Tribunal, juge d'une action, est nécessairement juge des faits d'exception proposés contre cette action, à moins que ces faits ne puissent être appréciés que par des élémens d'instruction hors des attributions de ce Tribunal. —V. *arr. cass.* 3 *nov.* 1810, 13 *juin* 1818 *et* 2 *août* 1821 *, n.* 133, 78 *et* 126. —V. aussi *réqu. et arr. rej.* 27 *nov.* 1812, *à rép. xv,* 550, *mot parricide; arr. cass. civ.* 2 *fév.* 1814; *ci-apr. part* 2, *observ. prélim., n.* 5, *et notes* 3 *et* 4; *ib.; ci-dev. p.* 6, *note* 14, *n.* 1 (55).

____

(52) V. C-cr. 359 ; d. réqu. 22 juill. 1813 ; M. Carnot, art. 358, n. 5.

(53) V. à ce sujet, M. Barris, au rép., iij, 430, mot délit, § 1.

(54) *Observations.* 1. *Exemples.* L'action publique contre le faux, résultant de l'inscription d'un enfant sur les registres civils, comme né d'une épouse légitime déjà décédée, ne peut être suivie au criminel avant que le juge civil ait statué sur l'état de cet enfant. — V. *arr. cass. cr.* 9 *févr.* 1810, *ib. et B-c. n.* 29.

2. C'est d'après les mêmes motifs que l'inscription de faux n'est pas admissible de *plano* dans ces questions. — V. *à ce sujet cours procéd., tit. du faux-incident,* § 1 *, p.* 274.

(55) *Exemples.* 1. Le juge criminel peut décider la question de savoir si un meurtrier est le fils adoptif de l'homicidé (c'est qu'en cas d'affirmative, il serait passible de la peine des parricides). — V. *d. arr.* 27 *nov.*

A l'égard des secondes, ou des questions préjudicielles, rappelons d'abord qu'on appelle ainsi toute
question qui doit être jugée avant une autre, parce
que celle-ci serait sans objet si la personne qui
l'élève succombait dans celle-là. — *Rép. x, 508, mot
question préjudicielle.*

Dans ces sortes de questions, l'action publique est
aussi écartée temporairement par la nature des choses,
lorsque l'existence du délit, objet principal de la
jurisdiction criminelle, dépend de la solution d'une
question étrangère à cette jurisdiction, telle qu'une
pure question de propriété. — V. *rép. sup.; Laporte,
eod. v.* (56); et quant aux modifications dont cette
règle est susceptible, *répert. ibid.; M. Barris, à id.,
xv,* 190 *à* 195, *addit. au mot dépôt* (57).

---

2. *Idem,* si un accusé était en démence au moment du délit. — V. *ci-
dev. note* 14, *p.* 6.

3, 4, etc. V. le répertoire, t. 15, addit. aux mots bigamie, démence
et question préjudicielle, avec leurs renvois.

(56) *Exemple.* On porte plainte au criminel, à raison d'un dommage
causé dans un héritage; le défendeur répond qu'en supposant qu'il ait
causé le dommage, il en a eu le droit, parce qu'il est propriétaire de
l'héritage... La question de savoir s'il est propriétaire, est nécessairement
préjudicielle à la question du délit, car en cas d'affirmative, le défendeur
n'a fait qu'user d'un droit légitime. Mais cette question étant de la compétence du tribunal civil, il faut attendre qu'il l'ait jugée, pour reprendre
la poursuite de l'action publique. — V. *arr. cass.* 10 *avr.* 1806, 12 *juin
et* 2 *oct.* 1807, 19 *févr. et* 16 *août* 1808, *à rép., sup., n.* 2, *et les* 4 *derniers
au B-c. n.* 130, 211, 32 *et* 171; *plus. autres dans Laporte,* 303, *n.* 1 *à* 3;
autres, 27 *août* 1819, 9 *mars et* 10 *juill.* 1821, *n.* 96, 35 *et* 118.

Si le tribunal criminel n'a point fixé de délai pour provoquer la décision
de la question préjudicielle, comme la loi n'en fixe point non plus, le jugement qu'il rendrait, même après un long intervalle, sur l'action publique
serait irrégulier. — V. *arr. cass.* 10 *août* 1821, *n.* 130.

Mais il peut juger une exception fondée sur un droit de jouissance ou
de propriété purement mobilière, *suiv. arr. cass.* 2 *août* 1821, *n.* 126.

(57) Ainsi il y a exception à la règle, ou autrement, le tribunal criminel ne doit pas surseoir, 1. Lorsque la question préjudicielle a été
jugée par une décision non attaquée, qu'on lui produit. — V. *arr. cass.*
18 *juin* 1807 *et* 27 *févr.* 1818, *n.* 135 *et* 25. — 2. Lorsque le défendeur
n'excipe pas d'un droit qui lui est personnel. — V. *M. Laporte,* 395,
n. 7 *et* 8; *plus. arr. ib.; autres des* 24 *oct.* 1817, *et* 22 *juill.* 1819, *n.* 103
et 82.

Observation. Des principes développés dans le présent chapitre, combinés avec ceux d'après lesquels l'homicide nécessité par la légitime défense (*ci-dev. p.* 14), n'est pas un délit, on induit une maxime déjà exposée, et que nous rappellerons à cause de son importance : *on ne peut se faire justice à soi-même.* — V. *cours proc. p.* 9 (58).

---

(58) Mais, n'y a-t-il pas d'autres cas où la voie de fait est permise ? Par exemple, le possesseur avec saisine ne peut-il pas détruire les ouvrages élevés sur son sol, sans être passible d'une action en réintégrande ?.... —V. *à ce sujet cours de procéd., p.* 117 *et* 118, *et note* 37, *ib.*

CHAPITRE IV.

Des personnes passibles des actions publique et civile.

I. En règle générale, les lois de police et de sûreté obligent ceux qui se trouvent sur le territoire qu'elles régissent (1). Par conséquent l'action publique peut être exercée contre tout particulier qui a commis un délit sur le territoire français (2).

II. A l'égard des délits commis hors de ce territoire, et qui, d'après la même règle, devraient être soumis au juge du pays où on les a commis, il faut distinguer entre les délinquans français et les délinquans étrangers.

Les premiers peuvent être jugés et punis en France (3); 1° pour les *crimes* (4) commis contre un français, si ce dernier réclame, et s'il n'y a pas eu de jugement à l'étranger. — V. *C-cr.* 7 (5). — 2° Pour les

---

(1) Cette règle, établie par le Code civil, art. 3, a été reçue dans tous les temps par tous les publicistes. — V. *M. Grenier, rapport fait au tribunat le* 9 *vent. xj.* — Et par les mots *lois de sûreté* elle embrasse les lois criminelles. — V. *pr. verb. du cons. d'Etat,* 6 *therm. ix.*

(2) Même sur un vaisseau neutre en relâche dans un port français; à moins que le délinquant et le lésé ne soient des hommes de son équipage. — V. *avis cons. d'Etat,* 20 *nov.* 1806.

(3 et 4) L'article 7 n'emploie que le mot *crimes;* mais il semble naturellement interprété par l'art. 24, qui, en réglant la compétence des procureurs du Roi, à l'égard des infractions commises à l'étranger, parle et des *délits* et des crimes. — V. *M. Le Graverend, i,* 85. — M. Carnot, *dd. art.,* soutient néanmoins qu'il n'est question que des crimes, proprement dits.

(5) *Observations.* 1. Il résulte de là que le jugement criminel étranger a, en France, au profit du délinquant français absous, l'autorité de la chose jugée. Il en serait autrement d'un jugement civil. — V. *cours proc.* p. 506 *et* 507, *et leurs notes.*

2. Mais l'a-t-il aussi contre le délinquant français condamné, de sorte, par exemple, que frappé, à l'étranger, d'une peine opérant la mort civile,

crimes d'Etat et de falsification du sceau, des monnaies et effets de l'Etat, et des billets de banque. —
V. *C-cr.* 5.

Les seconds (c'est-à-dire les délinquans étrangers)
peuvent l'être aussi pour ces derniers crimes, lorsqu'ils
sont arrêtés en France, ou lorsqu'on a obtenu leur
extradition. — V. *C-cr.* 6 (6).

Néanmoins, les ambassadeurs étrangers et les personnes de leur suite sont en général affranchis de la
juridiction de nos Tribunaux. — V. *L* 13 *vent. ij,
et pour les détails, le rép. mot minist. public, t.* 8,
p. 258 *et suiv.*

III. Les militaires et employés de l'armée (7), pour
leurs délits commis, soit dans le territoire, soit hors
du territoire du Royaume, ne sont pas soumis aux
règles communes à tous les français.

---

il soit considéré comme mort civilement en France?... Non. — V. *à ce sujet, Richer,* liv. 1er, sect. 8, *p.* 38.

3. Au reste, on a conclu de la règle du texte, qu'une femme étrangère
qui a épousé un Français, devenant par-là même Française (v. *Code civ.*
12.), peut le poursuivre en France pour bigamie. — V. *arr. rej.* 18 *févr.*
1819, *B-c.,* n. 24.

(6). *Observations.* 1. Donc ils ne peuvent y être jugés pour d'autres
causes. — V. *à ce sujet, arr. cass.* 22 *janv.* 1818, n. 10.

2. L'extradition des Français qui, après avoir commis un crime à
l'étranger, contre un étranger, se sont réfugiés en France, ne peut
être ordonnée que par une décision directe du Roi. — V. *décr.* 23
oct. 1811.

(7) *Observations.* 1. Un réquisitionnaire en fuite avant son incorpora-
tion et un soldat réformé ne sont pas considérés comme militaires. — V.
1° *arr. cass.* 19 *fruct. v* ; 2° *id.,* 13 *pluv. x, à rép. iij,* 493, n. 7.

2. Les *employés* sont désignés avec détails dans la loi du 13 brum. an v,
art. 10. Ce sont, en général, les particuliers attachés à l'administration
et aux divers services des munitions, subsistances et hôpitaux, et les
domestiques des mêmes personnes et des officiers. — V. *aussi avis cons.
d'Etat,* 25 *janv.* 1807, *rép. ib.,* 495.

3. *Gendarmes.* Ils sont soumis aux juges ordinaires pour leurs délits,
lorsque ces délits sont étrangers au service et à la discipline militaires. —
V. *arr. rej.* 5 *févr.* 1819, n. 17.

4. Un corps franc autorisé est un corps militaire, et par-là non justiciable des cours d'assises. — V. *arr. cass.* 30 *juin* 1820, n. 88.

Si ces délits , de quelque nature qu'ils soient (8), ont été commis aux armées , ou dans les arrondissemens des armées , ou dans les garnisons , ou pendant que les délinquans sont à leurs corps , ils sont poursuivis et punis d'après les lois et par des tribunaux militaires. — V. *réqu. et arr. régl.* 9 *flor. xj*, 10 *fruct. xij et* 3 *pluv. xiij*, *à rép. iij* ; 489 , *mot délit milit.*, *n.* 6 (9); *surtout avis cons. d'Etat*, 7 *fruct. xij* ; *et quant aux Tribunaux , ci-apr.*, *ch.* 6 , *art.* 3.

Si des militaires ou employés ont commis des délits hors de leurs corps , ou en congé (10), ils deviennent justiciables des Tribunaux ordinaires. — V. *dd. autorités* (11).

Semblable règle , s'ils ont commis des délits, même *militaires*, avec des particuliers non militaires. — V. *L.* 22 *mess. iv*, *art.* 1 *et* 2 ; *d. avis* 7 *fructid.* ; *arr. cass. cr.* 29 *frim. xiij*, 18 *avr.* 1811 , *n.* 49 *et* 56 (*sont aussi à rép.*, *sup.*, 496 , *n.* 10), *et* 2 *mai* 1817 , *n.* 36.

Semblable règle pour leurs délits de *chasse*, commis même en garnison. — V. *avis cons. d'Etat* 4 *janv.* 1806 (12).

---

(8) *Observations.* 1. Dans les cas non prévus par les lois militaires, on y applique le Code pénal ordinaire. — *Avis cons. d'Etat*, 22 *sept.* 1812.

2. Ainsi l'on a dû acquitter du délit de désertion un mineur de 18 ans. — V. *arr. régl.* 12 *déc.* 1817 , *n.* 115 ; *et ci-apr. le § de l'âge*, *n.* 1.

(9) On y argumente des articles combinés suivans; 85, L. 22 *frim. viij*; 2, *tit.* 1, Code *pén. milit.* de 1791; 3, L. 3 *pluv. ij*; et ensuite, de l'avis du 7 *fructidor.*

(10). *Idem*, les officiers disponibles pour leurs délits *communs*, puisqu'ils doivent être regardés comme en congé. — V. *avis cons. d'Etat*, 12 *janv.* 1811.

(11) *Observations.* 1. La règle du texte est fondée sur ce que les délits commis hors des corps, garnisons et cantonnemens, ne sont pas *des délits de militaire*, mais d'un infracteur des lois, en général. — V. *d. avis* 7 *fruct.*

2. Mais le militaire est justiciable des conseils de guerre pour les délits qu'il commet en marche, même à quelque distance de son corps. — V. *arr. cass.* 5 *janv.* 1809 , *n.* 2, *et rép. iij*, 493 , *sup.*

(12) Pour leurs délits *spéciaux*, ils étaient jadis justiciables des cours

IV. Les élèves mineurs de 16 ans, des colléges, sont assujettis à la juridiction de l'*Université*, pour leurs contraventions et délits commis dans l'intérieur de ces édifices. — V. *Décr.* 15 *nov.* 1811, *art.* 76 (13).

V. Il y a aussi des particuliers qui, quoique assujettis pour leurs délits aux règles ordinaires, ne peuvent être mis en jugement qu'en observant certaines formalités, ou prenant certaines mesures.

1° S'il s'agit de délits commis dans l'exercice de leurs fonctions par des agens du Gouvernement (14), il faut d'abord obtenir son autorisation. — V. *Décr. des* 11 *juin et* 9 *août* 1806 (15). — V. *aussi pour un exemple* (il s'agissait d'un maire), *ordonn. du* 17 *juin* 1818 (on y a indiqué les textes relatifs à cette matière).

2° Les délits de tout genre, des juges, et les délits

---

spéciales. — V. *entre autres*, rép. iij, 517, x, 763; M. *Carnot*, art. 554. *Voyez aussi L.* 22 flor. x, art. 2; avis cons. d'Etat, 28 flor. xj, à rép., t. 3, p. 517, n. 11; M. Carnot, art. 554; arr. cass. 16 vent. xiij, n. 100; 22 déc. 1809, n. 192; 12 févr. 1813, n. 21 (est aussi avec le réqu., à répert. x, 763). — Quant aux cours spéciales, *voyez* ci-apr. chap. des tribunaux, note 1.

(13) Ils sont passibles d'une détention de 3 jours à 3 mois, dans un local particulier des colléges. — V. *d. décr.*, art. 77.

A l'égard de la jurisdiction de l'Université, par rapport à ses membres, des règles d'instruction, etc. — V. *d. décret.*

(14) On ne considère pas comme tels, les officiers de l'état civil (du moins en cette qualité) et en conséquence l'autorisation n'est pas nécessaire. — *Arg. d'avis cons. d'Etat,* 4 *pluv. xij; arr.* 9 *mars* 1815, *n.* 15.

(15) *Observations.* 1. Il n'en est besoin, ni pour les employés des contributions indirectes, ou droits réunis (il suffit d'informer leur directeur du mandat d'arrêt lancé contre eux. — V. *LL.* 8 *déc.* 1814, *art.* 144; 28 *avr.* 1816, *art.* 244), ni pour les percepteurs concussionnaires. — V. *L.* 15 *mai* 1818, *art.* 94, *et* 31 *juill.* 1821, *art.* 35.

2. Le défaut d'autorisation n'est pas opposable à un agent acquitté. — V. *avis cons. d'Etat*, 17 *déc.* 1809, à rép. xiij, 368, *mot syndic.*

3. L'autorisation s'obtient par la voie du comité contentieux. — V. *ord. des* 29 *juin* 1814, *art.* 9, *et* 21 *sept.* 1815, *bull. de* 1816, *p.* 43.

4. Mais il y a des employés, tels que ceux de l'enregistrement, des postes, des loteries, etc., pour lesquels il suffit de l'autorisation de leurs directeurs-généraux ou autres supérieurs du 1er ordre. — V. *au surplus, arrêtés ou décrets des* 9 *pluv. et* 10 *flor. x,* 10 *et* 29 *therm. xj,* 28 *mess. xiij,* 16 *mars* 1807; *rép. v,* 472, *mot garantie des fonctionn.; arrêts ib.*

correctionnels des grands-officiers de la Légion d'honneur, des généraux, prélats, juges de Cours supérieures et préfets, sont réprimés d'après un mode spécial sur lequel nous reviendrons (*ci-apr. part.* 2, *sect.* 2, *tit.* 3, *append.*, §. 3).

Enfin on a vu (*ci-dev. p.* 16 *et* 18) que les soustractions entre époux et parens en ligne directe ne donnent lieu qu'à des réparations civiles, et que plusieurs délits ne peuvent être poursuivis que sur l'avis des parties lésées.

CHAPITRE V.

Des lois criminelles.

On les distingue comme celles de la procédure civile, en lois générales et en lois spéciales (1).

ARTICLE PREMIER.

Des lois générales.

1. Il règne moins d'embarras dans la législation criminelle que dans la législation civile : le système en a tellement changé qu'il n'est pas nécessaire d'étudier les dispositions des lois anciennes (2). Il suffit d'apprendre celles des lois qui ont été rendues depuis la révolution, parce que la prescription a dû éteindre les délits antérieurs, à l'égard desquels les lois anciennes n'avaient pas établi les mêmes règles que les lois nouvelles (3).

---

(1) V. à ce sujet, cours de proc. p. 129 et suiv.

(2) Excepté l'ordonnance de 1669 et quelques réglemens, maintenus comme lois spéciales. — V. *ci-apr. p.* 43 *et* 44.

(3) On verra (*ci-apr.* § *de la prescription* , *et note* 8, *ib.*) que si la prescription établie par les lois criminelles modernes, est favorable au délinquant ancien, elle lui est applicable, et que les mêmes lois n'en ont établi aucune qui ait pu proroger les actions naissant d'un délit, pendant l'intervalle qui s'est écoulé depuis le Code pénal de 1791, jusqu'à présent.

D'autre part, ce Code (*art. dernier*) inflige seulement des peines correctionnelles, dont la durée n'embrasse qu'une petite partie du même intervalle, aux faits qu'il n'a pas qualifiés *crimes*, s'ils ont eu lieu avant sa mise en activité ; et quant aux faits anciens qu'il qualifie crimes, il ne les punit que des peines établies par ses propres dispositions.

Enfin les lois criminelles actuelles soumettent, en général, à l'instruction par elles établie, les délits antérieurs à leur mise en activité. — V. *décr.* 23 *juill. et* 25 *nov.* 1810.

II. Dès le commencement de la révolution, on avait fait quelques changemens partiels à la législation criminelle, qui était fondée principalement, quant à l'instruction, sur l'ordonnance de 1670. On avait surtout cherché à remédier aux inconvéniens de la procédure secrète qu'elle prescrivait, et contre laquelle de vives réclamations (4) s'étaient élevées de toutes parts. Tel fut entr'autres le but de l'institution des notables-adjoints créés par la loi d'octobre (Décret des 8 et 9) 1789 (5).

Bientôt on abrogea tout-à-fait cette législation, pour en établir une presque entièrement différente, et quant à la procédure, et quant aux peines. C'est ce qui fut réglé par les lois suivantes :

1. 22 août (décret du 21) et 2 novembre, (décret

Ces observations confirment ce qu'on a dit au texte, puisqu'il en résulte que les lois anciennes, soit pénales, soit de procédure, ne sont susceptibles d'aucune application pour les délits qu'on peut désormais soumettre à nos Tribunaux.

(4) *Observations.* 1. Il serait trop long d'indiquer les ouvrages qui les contiennent ; la citation suivante nous dispensera d'ailleurs de nous appesantir sur ce point. Uu anonyme (on croit que c'est M. de Lally-Tollendal) publia, en 1786, une brochure intitulée : « Essai sur quelques changemens qu'on pourrait faire dès à présent dans les lois criminelles de France ; par un honnête homme qui, depuis qu'il connait ces lois, n'est pas bien sûr de n'être point pendu un jour. » — V. *Grimm, correspond.*, 3ᵉ *part., iv*, 149. — Toutes les provinces, dit M. Carnot (*introduct.*), réclamaient la révision de l'ordonnance.

2. Du reste, ces réclamations n'avaient pas d'abord été accueillies. — V. *M. Delacroix, constit. de l'Europe, ij*, 254.

3. Elles ne se rapportaient pas seulement au secret de la procédure et du jugement : on s'était encore récrié, même dès l'origine, sur ce qu'excepté dans un très-petit nombre de cas, la loi refusait un conseil à l'accusé. — V. *M. de Lamoignon, au procès-verbal de* 1670, *p.* 263.

4. On se plaignait aussi de ce que l'injure la plus légère exigeait la même instruction que le délit le plus grave, non passible de peines afflictives ou infamantes: — V. *M. Carnot, sup.*

5. On a suivi un système opposé dans le droit criminel moderne, sur ces points, et une foule d'autres.

(5) Cette loi veut entre autres, qu'après la comparution ou arrestation de l'accusé, l'instruction soit contradictoire et publique (*art.* 11) ; qu'il ait le droit de se choisir un ou plusieurs conseils (*art.* 10), de demander après l'interrogatoire, une copie des pièces (*art.* 14), et de proposer

6

du 27 octobre) 1790, sur les délits des marins, ou *Code pénal maritime.*

2. 22 juillet (décret du 19) 1791, sur la police municipale et la police correctionnelle.

3. 29 septembre (décret du 16) 1791, sur la procédure criminelle et les jurés.

4. 6 octobre (décret du 28 septembre) 1791, sur la police rurale, ou *Code rural.*

5. 6 octobre (décret du 25 septembre) 1791, ou *Code pénal.*

6. 12 octobre (décret du 20 septembre) 1791, sur les Cours martiales et la procédure criminelle maritime (6).

7. 19 octobre (décret du 30 septembre) 1791, ou Code pénal militaire (7).

III. Presque toutes ces lois ont été refondues dans la suite (8), savoir :

1. Les lois et le Code maritime, en partie, dans les décrets des 22 juillet et 12 novembre 1806 (9).

---

en tout état de cause, ses défenses et faits justificatifs (*art.* 19)..... Elle abolit l'usage de la sellette, au dernier interrogatoire, et de la question, dans tous les cas (*art.* 24)..... Elle ordonne que le jugement exprime les faits pour lesquels il punit ; et elle défend de condamner, d'après l'ancienne formule, *pour les cas résultans du procès.*

(6) Le titre 3 renvoie au Code pénal du 22 août 1790 (*ci-dev, n.* 1, *p.* 41), pour les délits et peines ; il y fait seulement quelques dispositions additionnelles.

(7) On voit par les dates des décrets, que ces lois, qui forment à peu près un corps complet de législation criminelle, et qu'on cite souvent par ces dates, sont toutes de l'assemblée dite constituante.

(8) C'est-à-dire perfectionnées d'après les leçons de l'expérience : car les lois subséquentes contiennent les mêmes règles générales et le même système, et l'on cite encore, pour les interpréter, celles de 1790 et 1791 ci-dessus indiquées, et jusqu'à l'instruction (v. *rép. iij,* 541 ; 565, *et iv,* 915) faite par la même assemblée, sur la procédure criminelle, le 29 septembre (loi du 21 octobre) 1791.

(9) L'art. 50 renvoie, pour les délits et peines, à la loi du 12 octobre (*ci-dessus, n.* 6), qui, elle-même, renvoie à celle du 22 août 1790, *ci-dessus, note* 6.

2. Le Code pénal militaire, dans les lois des 13 et 21 brumaire an 5, et 18 vendémiaire an 6.

3. La loi du 29 septembre 1791, dans le Code des délits et des peines du 3 brumaire an 4, ou Code de brumaire ; et successivement dans le Code criminel ou d'instruction criminelle de 1808 (10).

4. Le Code pénal de 1791, dans celui de 1810.

5. Les lois sur la police, en partie, dans le même Code. — V. *ci-dessous* (10 *a*).

ARTICLE II.

Des lois Spéciales.

I. Les lois spéciales criminelles encore en vigueur sont toutes celles où l'on traite des délits non réglés par le Code pénal de 1810, qui est la loi générale pénale. — V. *C-pén*. 484, *et l'exposé des motifs de ce Code*.

Or, l'on regarde comme *non réglés* par le Code, et les délits dont il ne traite point, et ceux à l'égard desquels il ne renferme que quelques dispositions éparses et détachées qui ne forment point un système complet de législation. — V. *avis cons. d'État*, 8 *févr.* 1812 ; *arr. cass.* 19 *févr.* 1813 *et* 22 *mars* 1816, *n.* 33 *et* 14 (11).

Tels sont beaucoup de délits de police rurale, tous les délits en matière de contributions directes ou indi-

---

(10) Ce Code n'a été mis en activité qu'en 1810. — V. *décr.* 23 *juill.* 1810.

(10 *a*) Les art. 102, 217, 367 à 375 et 377 du Code pénal de 1810 ont été *abrogés* par la loi du 17 mai 1819, art. 26 (v. *ci-dev. p.* 11).

(11) V. aussi M. *Carnot*, art. 212, *n.* 4 *et suiv.*, t. 1, *p.* 607 ; *réqu. et arr. rej.* 5 *sept.* 1812, *à rép. xiv*, 486. — On y décide que la vente de *comestibles gâtés*, dont le Code pénal de 1810 ne parle pas, continue à être considérée et punie comme une contravention, d'après la loi du 22 juillet 1791 (*tit.* 1, *art.* 20), et le Code de brumaire (*art.* 605, *y* 5), indiqués ci-dev. p. 42 et 43, n. 2 et 3. — V. encore quant aux *blessures* faites volontairement aux animaux, *arr. cass.* 5 *févr.* 1818, *n.* 16.

rectes, de chasse, bois et forêts, etc. — V. *le même exposé des motifs où ils sont indiqués* (12).

II. Il y a même plusieurs délits à l'égard desquels la *procédure* est aussi réglée par des lois spéciales.

Telles sont les infractions, 1° aux lois des *contributions indirectes, proprement dites* (13), pour lesquelles on suit le mode prescrit par le décret du 22 mars 1805, ou 1er germinal an 13 ; 2° aux lois des douanes, pour lesquelles on suit celui de la loi du 9 floréal an 7 (14).

---

(12) *Observations.* 1. Pour les délits *ruraux*, on a recours au Code rural (*ci-dev. p.* 42, *n.* 4) de 1791. —V. *entre autres arr. rej.* 15 *avr.* 1813, *à rép.* xiv, 726; *arr. cass.* 13 *janv.* 1815, *et* 22 *mars* 1816, *n.* 3 *et* 14 ; *ci-dev. p.* 10 ; *ci-apr.* § *de la prescription.* — Mais quand un délit rural devient crime à raison des circonstances, il faut appliquer le Code pénal actuel et non pas le Code rural, parce que ce dernier fait abstraction des circonstances. — V. *arr. cass.* 12 *août* 1813, *n.* 177.

2. Pour les délits *forestiers*, il faut suivre l'ordonnance de 1669, et quelques lois postérieures. —V. *à ce sujet arr. cass.* 2 *juill.* 1813 *et* 11 *juill.* 1817, *n.* 145 *et* 62 ; *ci-dev. p.* 4, *note* 9, *n.* 3. —Voyez aussi beaucoup de décisions au répertoire mot *délit forestier*, et dans M. Laporte, p. 173 à 221, qui donne une analyse méthodique de la jurisprudence.

3. On trouvera l'indication des lois spéciales les plus remarquables, *au rép. mot délit*, § 4, *t.* 3, *p.* 432 (*art. de M. Barris*).

(13) C'est ce qu'on nommait jadis les *droits réunis.* On leur a, depuis 1816, donné le nom de *contributions indirectes*, auquel nous ajoutons la qualification *proprement dite*, afin de les distinguer de celles que nous avons caractérisées *au cours de proc., p.* 385, 386.

Voyez au surplus, quant aux contraventions qui les concernent, une foule de décisions au *répertoire*, mot *droits réunis*, et aux articles auxquels il renvoie, surtout, vj, 180 et suiv., x, 76 et suiv., xiv, 592 et suiv., xv, 374 et suiv., 594 et suiv. — *Voyez aussi* M. Laporte, p. 102 à 141, où est une analyse de la jurisprudence ; cours proc. p. 388, note 27 ; L. 28 avr. 1816, art. 68, 73, 77, 169, 223, 242 ; la table du B. C. cr. etc.

(14) Sauf quelques modifications, faites par les lois postérieures, telles que celles des 13 floréal xj, 17 décembre 1814, tit. 3, et 28 avril 1816, titre 5. — *Voyez* aussi pour les *douanes*, beaucoup de décisions au répertoire, iv, 317 et suiv., h. v., et à ses renvois ; et M. Laporte, 88 à 102, où est également une analyse de la jurisprudence.

☞ Il résulte des observations précédentes que l'étude du droit criminel se réduit à celle d'un petit nombre de lois : mais l'objet principal de notre cours étant le droit criminel *ordinaire*, nous nous attacherons surtout à faire connaître les principes des lois dont il se compose ; sauf à rappeler au besoin, dans l'explication, ceux des autres lois pénales, telles que les lois militaires ou spéciales.

CHAPITRE VI.

Des Tribunaux qui connaissent des Délits.

Observations préliminaires.

On distingue trois classes (1) différentes de Tribunaux criminels ; les tribunaux qui statuent sur les délits ordinaires (2), les Tribunaux militaires, les Tribunaux communs à toute la France (3).

Avant d'exposer leur jurisdiction, nous donnerons quelques règles générales de compétence, qui leur sont applicables.

1. Le Tribunal compétent pour appliquer la peine, a *seul* le droit de déclarer le fait et la culpabilité, dont la peine n'est que la conséquence et l'accessoire.

---

(1) Il y en avait jadis une quatrième qui comprenait les Cours SPÉCIALES. —V. *C-cr.* 553 *et suiv.; L.* 20 *avril* 1810, *art.* 23 ; *décret du* 18 *oct.* 1810. — Supprimées en 1814 par la Charte, art. 63, elles ont été temporairement rétablies sous le titre de cours PRÉVOTALES et conformément à la réserve faite dans cet art. 63, par la loi du 20 décembre 1815... Elles ont cessé leurs fonctions après la session législative de 1817. —V. *d. l.* 20 *déc., art. dernier.*

N. B. La loi du 20 avril ayant distingué les cours spéciales extraordinaires des cours spéciales *ordinaires* dont il est question aux articles cités du Code criminel, on avait d'abord cru que celles-ci étaient maintenues, et nous en avions en conséquence exposé sommairement la jurisdiction et la procédure dans notre 1ʳ édition, p. 50 et 134; mais on a depuis reconnu qu'elles étaient comprises dans l'abrogation prononcée par l'art. 63 de la Charte, —V. *entre autre arr. rej.* 5 *févr.* 1819, *n.* 17, *aux qualités.*

(2) Nous entendons par-là les délits prévus en général par le Code pénal... Nous les appellons *ordinaires*, par opposition aux délits punis par les lois spéciales, militaires, maritimes, etc.

(3) *Observations.* 1. Quant à l'*organisation* de ces tribunaux, V. les lois et décrets cités aux art. suivans... A l'égard des règles relatives à *leur procédure*, voir ci-après, part. 2, sect. 2.

2. Plusieurs magistrats exercent des fonctions différentes au civil et au criminel : ainsi les juges de police sont en même temps juges de paix. —V. *à ce sujet, cours de proc.* p. 38, *note* 1.

— V. *arrêt cass.* 1er *avril* 1813, *au B-c.*, *n.* 64 (4).

1 *bis.* La peine *légale* déterminant la compétence, le juge ne peut, en modérant celle qu'il prononce, se donner une jurisdiction sur une cause. — V. *arr. cass.* 9 *mars* 1821, *n.* 35.

2. De deux Tribunaux compétens pour une cause, c'est le premier saisi qui a la jurisdiction. — V. *arr. cass.* 9 *et* 28 *prair. ix,* 26 *pluv. x,* 4 *germ. xj, n.* 199, 227, 122 *et* 112 (5).

3. L'incompétence absolue peut se proposer en tout état de cause, et même en appel. — V. *arr. cass.* 12 *mars* 1813, *n.* 47 (6).

4. Lorsqu'il y a connexité de délits, même de délits simples et de crimes, ou bien, lorsque de plusieurs codélinquans, les uns sont, à raison de leur qualité, justiciables des Tribunaux d'exception (7), et les autres, des Tribunaux ordinaires : c'est à ceux-ci qu'il faut renvoyer l'affaire. — *Arg. de L.* 22 *messid. iv,* et de *C-cr.* 555; *arr. cass.* 4 *déc.* 1812, 19 *fév. et* 4 *juin* 1813, *n.* 258, 29 *et* 121; *réqu. et arr. rej. cr.* 18 *nov.* 1813, *à rép. xv,* 287; *autre,* 29 *avr.* 1813, *Laporte, p.* 45.

5. Ce n'est que sur les faits énoncés dans le dispositif d'un jugement que la peine doit être prononcée. — V. *arr. cass.* 9 *mars* 1819, *n.* 35.

---

(4) D'où l'on conclut que si le juge de paix a commencé comme juge civil l'instruction d'une affaire où il s'agit d'un dommage causé par un délit, il ne peut la continuer comme juge de police. — *D. arr.* 1 *avr.*

(5) Le tribunal ordinaire, saisi, ne devait donc pas renvoyer à la Cour spéciale. — V. *dd. arréts.* — Cette règle est fondée sur les motifs exposés au *cours de proc. p.* 34 *à* 36, *n.* IV.

(6) Ainsi, lorsqu'un prévenu de *crime* est renvoyé simplement au tribunal correctionnel, et condamné par celui-ci à une peine correctionnelle, il peut (ainsi que le ministère public) appeler et ensuite recourir, quoiqu'il n'ait pas proposé le déclinatoire en 1re instance. — V. *réqu. et arr. cass.* 30 *avril* 1812, *à rép. xv,* 366; *d. arr.* 12 *mars.* — Il y a encore ici mêmes motifs qu'au *cours de proc. p.* 34 *et* 224.

(7) Tels que jadis les Cours prévôtales ou spéciales.

ARTICLE PREMIER.

Des Tribunaux qui statuent sur les Délits ordinaires.

On peut diviser les Tribunaux de ce genre, en quatre classes : nous en traiterons dans autant de paragraphes, en suivant l'ordre de la hiérarchie (8).

§. Ier. *Des Tribunaux de Police.*

I. Les Tribunaux de *police simple*, c'est-à-dire les juges de paix et les maires, connaissent des contraventions. — V. *C-cr.* 138 (9).

Le juge de paix a, dans sa compétence, toutes les contraventions commises au chef-lieu du canton, ainsi que les contraventions les plus graves, commises ailleurs, telles que celles où l'on demande plus de 15 francs de dommages, les injures verbales, etc. ; les autres sont attribuées aux maires (10), mais en concur-

---

(8) *Observations.* 1. Les *conseils de préfecture* peuvent aussi être considérés comme des tribunaux criminels, relativement aux infractions des lois sur la *grande voirie*, qu'ils sont chargés de réprimer. —V. *L.* 25 *flor. x.*

2. Mais, lorsque ces infractions sont punies tout à la fois d'une amende et d'un emprisonnement, ils ne peuvent prononcer que la première peine, et ils doivent renvoyer les délinquans au tribunal correctionnel pour l'application de l'emprisonnement. —V. *sur ces divers points, d. L. ; surtout rép. ij,* 251, *mot chemin, n.* 14 *et ses renvois, et xv,* 110 *et* 111, *h. v. ; décr.* 23 *avr.* 1807, *ib.*

3. Les contraventions commises dans une rue qui est en même temps *grande route*, peuvent être punies par les tribunaux de police, en concurrence avec les conseils de préfecture. —V. *arr. cass.* 13 *juin* 1811, *B-c. n.* 91, *et rép. xiv,* 666, *mot voirie, n.* 6.

(9) Le greffier en est partie intégrante. —V. *arr. cass.* 25 *févr.* 1819.

Observations. 1. Les *Prudhommes* (. v. *cours de proc. p.* 38, *note* 2) connaissent aussi, mais en concours avec les officiers de police et les maires, des délits des ouvriers contre l'ordre de leurs ateliers ou le respect dû à leurs maîtres. —V. *décr.* 3 *août* 1810.

2. Délits des élèves des colléges...... V. *ci-dev. p.* 37, *n.* 4.

(10) Dans l'étendue de leur *commune*, dit l'art. 166 ; ce qui s'entend de leur mairie. —V. *arr. cass.* 28 *mars* 1812, *n.* 75.

fence avec le juge de paix. — V. *C-cr.* 139 *à* 144, 166 *à* 168.

Les Tribunaux de police statuent en premier ressort, lorsqu'ils prononcent un emprisonnement, ou que les amendes et réparations civiles excèdent cinq francs (11). Dans les autres cas, ils prononcent en dernier ressort. — V. *C-cr.* 172. — V. *aussi M. Carnot, d. art.; arr. cass.* 11 *févr.* 1819, 15 *juill.* 1820, *et* 19 *juill.* 1821, *n.* 19, 101 *et* 115.

Leur compétence, dans ces derniers cas, est déterminée par le montant de la condamnation, et non par les demandes des parties, ni par le plus ou moins de gravité de la peine qu'ils eussent dû prononcer. — V. *réquis. et arr. cass.* 5 *sept.* 1811, 5 *sept.* 1812, 26 *mars* 1813, *n.* 126, 202 *et* 56, *et rép. xiv,* 211, *x,* 63, *et xv,* 438 (12).

§. II. *Des Tribunaux d'arrondissement ou Correctionnels.*

L_A juridiction des Tribunaux d'arrondissement varie selon qu'il est question de crimes, ou d'autres délits.

Dans le premier cas, ils agissent en chambre du

---

(11) *Observations.* 1. On n'y comprend pas le montant des frais. —V. *C-cr.* 172.

2. La faculté d'appeler n'est accordée qu'aux seules personnes contre lesquelles on a prononcé l'une de ces condamnations. —V. *arr. cass.* 24 *juill.* 1818, *n.* 91, *p.* 494, 495.

(12) *Observations.* 1. Dès que c'est en cas de *condamnation* que la loi soumet leur jugement à l'appel, on a décidé qu'il est en dernier ressort lorsqu'il prononce une absolution. — V. *arr. cass.* 17 *mars* 1811, *avoués, iij,* 259; 10 *avr.* 1812 *et* 26 *mars* 1813, *n.* 30 *et* 56, *et rép. xv,* 118 *et* 438. — Et cela quand même ils l'auraient qualifié comme rendu en premier ressort. —V. *d. arr.* 19 *juill.* 1821.

2. Il en est de même s'ils se sont bornés à se déclarer incompétens. Dans ce cas (comme dans tous ceux de dernier ressort) il n'y a lieu qu'au recours en cassation. — V. *réqu. et arr. cass.* 29 *janv.* 1813, *n.* 15, *et rép. xv,* 117 *et suiv.* — V. *aussi arr. cass.* 18 *juill.* 1817 *et* 11 *juin* 1818, *n.* 67 *et* 72.

conseil : dans le second , comme Tribunaux correc-tionnels , proprement dits , ou de chefs-lieux de départemens..

I. La *chambre du conseil* décide s'il y a lieu, ou non, à poursuivre ou élargir les prévenus des crimes , ou à les renvoyer aux polices simple ou correction-nelle. — V. *pour les détails ci-apr.*, *part.* 2 , *sect.* 1 , *tit.* 2 , §. 3 , *n.* 2 (13). — Ses ordonnances, sur ces points , sont passibles d'opposition. — V. *ci-après* §. 3 , *n.* 3 , *p.* 50.

II. Les Tribunaux correctionnels (14), proprement dits, statuent en premier ressort sur les délits, et en dernier ressort , sur l'appel des jugemens de police simple. — V. *C-cr.* 199 *et* 172 , *et pour les détails,* *d. part.* 2 , *sect.* 2 , *tit.* 2.

III. Les Tribunaux de *chefs-lieux de département* statuent (15) sur les appels des jugemens correction-nels des Tribunaux de leurs départemens et des chefs-lieux des départemens voisins. — V. *C-cr.* 200 (16).

---

(13) Elle est composée de trois juges au moins , y compris le juge d'instruction. —V. *C-cr.* 127.

(14) *Observations.* 1. Ils ne sont que des juges d'exception. — V. *ci-apr.* § 4 , *n.* 4 , *p.* 52.

2. Ils peuvent prononcer au nombre de trois.. —V. *C-cr.* 180.

3. Le juge instructeur peut-il y siéger pour la décision de la cause dont il a fait l'instruction ? M. Bourguignon , art. 55 , s'est prononcé pour la négative ; mais l'affirmative , soutenue avec force par M. Carnot , *d. art.*, a été adoptée par un arrêt de rejet du 17 août 1811 , qu'il cite , et depuis , par un arrêt de cassation du 30 octobre 1812 , B-c. n. 237. Cette décision paraît fondée sur une application littérale et stricte d'un article de la loi ; mais celle de M. Bourguignon nous semble plus conforme à l'esprit du Code. — V. *ci-apr. p.* 51 , *note* 22.

(15) Il faut cinq juges au moins pour un jugement. — V. *ci-apr. tit.* *de la procéd. correctionnelle* , *note* 18.

(16) Sans qu'ils puissent être respectivement juges d'appels de leurs jugemens. — *D. art.* 200. — V. *au surplus M. Carnot, ib.*, *n.* 4 *et* 5.

On considère comme tribunal de chef-lieu, celui où siège habituel-lement la Cour d'assises. — V. *L.* 20 *avr.* 1810 , *art.* 40 ; *M. Carnot, ib.;* *et ci-apr. note* 19, *p.* 50.

§. 3ᵉ. *Des Cours Royales.*

Les Cours royales agissent, ou en masse, les chambres réunies, ou séparément dans des chambres particulières, nommées correctionnelles, d'accusation et civiles (17).

I. Les *chambres réunies* peuvent, d'office, ordonner et même faire des poursuites d'un crime ou délit, à l'égard duquel on n'a pas prononcé de mise en accusation. — V. *C-cr.* 235; *L.* 20 *avr.* 1810, *art.* 11; *réqu. et arr. rej.* 21 *janv.* 1813, *rép. xj*, 151, *mot régie; et pour les détails, M. Bourguignon et sur-tout M. Carnot, d. art.* 235 (18).

II. La *chambre correctionnelle* statue sur les appels des Tribunaux correctionnels du département où elle siége, et des chefs-lieux très-voisins. — V. *C-cr.* 201; *décr.* 6 *juill.* 1810, *art.* 2 (19).

III. La *chambre d'accusation* décide s'il y a lieu ou non, à accuser devant la Cour d'assises, un prévenu de crime, ou à le mettre en liberté, ou à le renvoyer aux polices simple ou correctionnelle (20). — *V. pour les détails, ci-apr. ch. de l'accusation.*

---

(17) Organisation de ces cours... v. *cours procéd. p.* 61, *note* 83.

(18) *Observations.* 1. M. Le Graverend, ij, 371 *et* 372, n'entend point les articles 235 et 11 ci-dessus, dans le même sens que les autorités que nous citons au texte. Il soutient qu'ils renferment deux dispositions distinctes; que l'art. 11 attribue à tous les membres de la Cour, un droit que l'art. 235 ne conférait qu'à ceux de la chambre d'accusation; de sorte qu'à son avis, cette chambre peut, tout aussi bien que les chambres réunies, ordonner les poursuites précédentes.

2. Les chambres réunies ont aussi l'entérinement des lettres de grâce, commutation et réhabilitation. — *V. en ci-apr. les articles.*

(19) Nous entendons par chefs-lieux *très-voisins,* ceux qui ne sont pas plus éloignés de la Cour royale que d'un autre tribunal de chef-lieu. — V. *d. art.* 201. — Au surplus, le gouvernement a indiqué les autorités qui doivent statuer sur les appels des divers tribunaux correctionnels. — *V. en le tableau au Bull. des LL.* 1810, 2ᵉ *semest., p.* 173.

(20) Elle peut être réunie pour cela à la chambre correctionnelle. —

Elle statue aussi sur les oppositions formées par le ministère public ou les parties civiles, aux ordonnances des chambres du conseil, indiquées au §. 2, n. 1, p. 49, soit qu'elles concernent des crimes, délits ou autres contraventions, soit qu'elles prononcent, ou non, la mise en liberté des prévenus. — V. *réqu. et arr. cass.* 25 *oct.* 1811 *et* 20 *juin* 1812, *n.* 145 *et* 147, *et rép. xv,* 523, *mot opposition, par arg. de C-cr.* 128, 132, 135, 229 *et* 230, *combinés* (21).

Enfin elle prononce sur les appels des décisions des mêmes chambres, relatives à des annulations d'actes. — V. *arr. cass. cr.* 27 *août* 1818, *n.* 108, *et ci-apr. tit. des procédur. de police judic., note* 15 *a.*

IV. La *chambre civile* statue sur les délits correctionnels des magistrats inférieurs. —V. *au surplus ci-apr. part.* 2, *appendice, au tit.* 3, §. 3.

§. 4. *Des Cours d'Assises.*

I. Les Cours d'assises statuent en premier et en dernier ressort sur les crimes. — V. *C-cr.* 251 *et suiv.*; *décr.* 6 *juill.* 1810, *art.* 79 *et* 97 (22).

V. *décr.* 6 *juill.* 1810, *art.* 3; *M. Carnot, art.* 218. — Mais il faut alors au moins dix juges pour statuer. —V. *arr. cass.* 8 *oct.* 1819, *n.* 110.

(21) V. aussi arr. cass. 28 janv., 5 févr., 19 mars, 8 avr. et 13 mai 1813, n. 13, 18, 51, 54, 68, 98; autres, de 1811 et 1812, Laporte, 270; M. Carnot, art. 135.

Observations. 1. Même règle quand ces ordonnances renvoient à la police correctionnelle. — V. *réqu. et arr. cass. sect. réun.* 29 *oct.* 1813, *n.* 237, *et rép. xv,* 525 *et suiv.*—Ou qu'elles règlent simplement un point de compétence. —V. *réqu. et arr. régl.* 19 *mars* 1812, *ib.* 536, *n.* 4.

2. La chambre d'accusation doit statuer sur ces oppositions et non pas renvoyer, *suiv. arr. cass.* 22 *août* 1812, *à rép. ib. xv,* 541.

3. Autres questions sur cette matière. —V. *rép. ib.*, 541 *et suiv.; ci-apr. part.* 2, *sect.* 1, *tit.* 2, *note* 21, où est la critique du système exposé ci-dessus au texte.

(22) Le magistrat qui a connu de l'affaire comme juge (ou remplaçant du juge) d'instruction ou d'accusation, ne peut siéger aux assises. — V. *C-cr.* 257; *arr. cass. cr.* 24 *juin* 1813, 29 *juin* 1815, 5 *juin et* 22 *oct.* 1818

II. Elles sont considérées comme étant les juges ordinaires en matière criminelle. — *Arg. de C-cr.* 265 et 589 *combinés ; arr.* 12 *fév. et* 11 *et* 12 *mars* 1813, *n.* 25, 45 *et* 46. — V. *aussi cours proc. p.* 11.

Ainsi, elles sont préférées en cas de connexité de délits, etc. — V. *au surplus ci-devant p.* 46, *n.* 4.

Ainsi elles devaient juger un délit à elles soumis en vertu d'un arrêt de renvoi de la chambre d'accusation non attaqué dans le délai légal, quoique, pendant et même avant les débats, elles eussent reconnu qu'il était un crime de la compétence desCours spéciales(23). — V. *dd. arr.* 12 *févr. et* 11 *mars ; autres,* 19 *juin suiv.,* à *rép. xj,* 27 ; 26 *janv.* 1815, *à id. (avec le réqu.) xv,* 615. — V. *aussi id.* 19 *juill.* 1816, *B-c. n.* 43.

Semblable règle, d'après les mêmes principes, lorsque ce délit est simplement correctionnel, et sauf à ne le punir que des peines qui lui sont propres (24). —V. *arr. cass.* 28 *mars,* 13 *juin et* 19 *juill.* 1816, *n.* 15, 33 *et* 43 ; *arg. de C-cr.* 365.

III. D'ailleurs, dans ces cas, l'arrêt d'accusation non attaqué, a force de chose jugée sur ce point, en faveur du délinquant. — V. *dd. arr.* 12 *févr. et* 11 *mars* 1813, *et* 19 *oct.* 1820, *n.* 136 (25).

IV. Mais malgré cette dernière considération, l'on suit des règles différentes pour les Tribunaux correctionnels. Dès qu'ils ne sont que des juges d'exception,

---

et 11 *août* 1820, *n.* 134, 42, 74, 130 *et* 112 ; *ci-dev. note* 14, *n.* 3, *p.* 49. —V. *aussi arr. rej.* 22 *juill. et* 9 *sept.* 1819, *n.* 84 *et* 106.

(23) Elles ne doivent pas même renvoyer un militaire au conseil de guerre. —V. *arr. rej.* 25 *nov.* 1816, *Jalbert,* 447.

(24) Si alors le jury a constaté le délit, ou ne l'a pas reconnu constant, la cour doit punir ou absoudre sans pouvoir examiner s'il y a ou non un délit. —V. *arr. cass.* 30 *mai* 1812, *n.* 133.

(25) C'est que la chambre d'accusation est investie du droit de saisir les cours d'assises (et jadis les cours spéciales). — V. *d. arr.* 11 *mars ;* *autre du* 2 *août* 1818, *n.* 98 ; *arr. rej. or.* 2 *févr.* 1815, *Jalbert,* 175, *et pour les arrêts de cette chambre, ci-apr. son chapitre.*

le renvoi que leur fait, soit la chambre d'accusation, soit la chambre du conseil de première instance, également par une ordonnance non attaquée (26), ne peut leur donner jurisdiction sur un fait que, d'après l'instruction, ils reconnaissent être un crime et non pas un simple délit. — *V. réqu. et arr. rej. et cass. 27 juin et 21 nov.* 1811 *(B-c. n.* 153*), rép. vj,* 612 *et xiv,* 216; 12 *mars, 4 sept. et* 15 *oct.* 1813, *n.* 46, 198, 200 *et* 220; 30 *mars* 1816, *n.* 16; 12 *juin* (ci-apr. chap. de l'accusation, note 5), *et* 26 *août (sect. réun.)* 1817, *n.* 45 *et* 80 (27).

ARTICLE II.

Des Tribunaux militaires.

Ces Tribunaux sont de deux sortes :

I. Les Tribunaux propres à l'armée de terre, connus sous le nom de *conseils de guerre permanens*, statuent en premier et dernier ressort, et sauf le recours à des

---

(26) *Observations.* 1. L'exécution de cette ordonnance est consommée par l'instruction du tribunal auquel elle a renvoyé l'affaire ; mais alors, celui-ci rentre dans tous ses droits pour statuer, même sur la compétence. En conséquence, le tribunal correctionnel à qui elle a renvoyé, comme délit, un fait qui est réellement un crime, peut et doit se déclarer incompétent lorsque le ministère public réclame, quoique celui-ci n'ait pas formé opposition à l'ordonnance. — *V. arr. 4 sept. et 26 août ci-dessus.*

2. D'ailleurs, ces ordonnances sont *indicatives*, et non pas attributives de jurisdiction. — *V. arr.* 15 *oct.* 1813, *ci-dessus.*

3. Et il en est de même des arrêts des chambres d'accusation qui renvoient à des tribunaux de police et correctionnels (et jadis à des cours spéciales). — *V. arr. cass.* 10 *déc.* 1812, *n.* 263, 19 *juill.* 1816, *n.* 43, *et* 26 *août* 1817, *p.* 212. — Si, au contraire, ils lient comme on l'a dit, p. 52, les cours d'assises, c'est parce que celles-ci ayant la jurisdiction ordinaire peuvent connaître de tous les délits. — *V. arr. cass.* 13 *juin* 1816, *n.* 33, *et d. arr.* 19 *juill.*

(27) *Observations.* 1. Si le tribunal correctionnel de 1re instance se déclare incompétent d'après ces règles, la chambre d'accusation ne peut en annuler le jugement ; il ne peut être attaqué que par appel. — *V. arr.*

conseils de *révision* (28), sur les délits des militaires, employés de l'armée, etc. — V. *LL. des* 13 *brum. an* v *et* 18 *vend. an vj.*; *et ci-dev. ch.* 4, *n.* 3, *p.* 36 (29).

II. Les Tribunaux propres à l'armée de mer, connus sous les noms de conseils de *justice*, conseils de *guerre*, Tribunaux *maritimes ordinaires* et *spéciaux*, prononcent en premier et dernier ressort, et sauf, quant à ces derniers, la révision d'un conseil *extraordinaire* (30), sur les délits commis dans les vaisseaux

---

cass. 2 *sept.* 1813, *n.* 292. — Autres questions... v. *arr. rej. ou cass.* 17 *juin et* 5 *nov.* 1819, *n.* 68 *et* 116.

2. La règle du texte est applicable aux chambres correctionnelles d'appel des Cours royales. —V. *arr. cass.* 15 *nov.* 1816, *n.* 82.

(28) Les condamnés, non militaires ou non employés, peuvent aussi en recourir à la cour de cassation, pour incompétence ou pour excès de pouvoir. —V. *L.* 27 *vent. viij, art.* 77; *arr.* 10 *mai* 1810, *Laporte, mot cassation, n.* 8. —V. aussi M. *Le Graverend, ij,* 618.

(29) *Observations.* 1. Ils statuent à présent sur la désertion (jadis, c'étaient des conseils spéciaux). —V. *ord.* 31 *févr.* 1816, *et* (pour la rentrée des déserteurs) 22 *avr.* 1818.

2. Quelques délits étaient aussi jugés par des commissions militaires; mais ces commissions ont été supprimées tacitement par la Charte, *art.* 63, et par conséquent, les généraux ne peuvent point en créer, et les mêmes délits sont de la compétence des conseils permanens. — *Arg. de décision du Roi,* 3 *juill.* 1816, *bull. LL. p.* 38; *arr. cass.* 12 *oct.* 1815, 8 *août et* 6 *sept.* 1816, 16 *avr.* 1818, *n.* 55, 53, 62 *et* 43.

3. Les conseils de guerre n'ont jurisdiction que sur les personnes; leurs jugemens n'ont par eux-mêmes aucun effet sur les biens, de sorte qu'ils n'emportent pas la confiscation dans les cas où elle est la conséquence de ceux des tribunaux ordinaires. —V. *à ce sujet, rép. ij,* 881, *mot conseil, n.* 3; *Daguesseau, ib.*

Ils ne peuvent pas même prononcer des condamnations civiles. —V. *arr. cass.* 23 *oct.* 1817, *n.* 101.

4. Les membres des conseils sont nommés par le commandant de la division où ils sont établis, et il a le droit de les changer lorsque le *bien du service* l'exige. — V. *d. L.* 13 *brum., art.* 4 *et* 5. — Cette règle extraordinaire et quelques autres ont fait dire à M. Le Graverend, *ij,* 582, que l'honneur et la vie de tous les individus attachés à une division dépendent réellement du général qui la commande; il s'appuie même, à cet égard, sur l'expérience.

(30) A l'égard des conseils de justice et des conseils de guerre, les capitaines de navires peuvent modérer la peine prononcée par les premiers, et les gouverneurs de colonies ou commandans d'armées navales,

armés, par les marins et employés, sur ceux qui sont relatifs aux ports, arsenaux, etc. — V. *pour les détails, décr.* 22 *juill. et* 12 *nov.* 1806. — V. *aussi, pour des exemples, arr. cass.* 12 *nov.* 1819 *et* 27 *janv.* 1820, *n.* 118 *et* 14 (31).

<h3 style="text-align:center">ARTICLE III.</h3>

Des Tribunaux criminels communs à toute la France.

Les deux autorités dont nous allons parler étendent leur jurisdiction sur tout le royaume, pour les hypothèses suivantes :

I. La Cour de cassation statue sur la cassation ou annulation des jugemens en dernier ressort des Tribunaux ordinaires (32), et des arrêts de compétence des Cours spéciales ; sur les révisions d'arrêts, les règlemens de juges, renvois de Tribunaux, etc. — V. *C-cr.* 416 *et suiv.*, 443 *et suiv.*, 525 *et suiv.* ; *ci-après part.* 2 *, tit. des voies de recours.*

II. La chambre des pairs connaît des attentats à la sûreté de l'Etat (33), des crimes de haute-trahison,

---

surseoir à l'exécution des jugemens à mort, des seconds. —V. *au surplus décr.* 22 *juill., art.* 24 *et* 75.

(31) *Observations.* 1. Pour le délit de la désertion, les marins sont assujettis à des conseils maritimes permanens. —V. *ord.* 22 *mai* 1816.

2. Les seuls forçats sont à présent justiciables des tribunaux *spéciaux.* —V. *ord. du* 2 *janv.* 1817. — V. aussi quant à leur *évasion* (une loi, qui nous paraît d'une rigueur excessive, la punit de trois années de chaîne), *arr.* 27 *janv.* 1820.

3. À l'égard des délits commis à *terre*, tels qu'un vol dans une ferme, ils sont de la compétence des tribunaux ordinaires. — V. *arr. cass.* 10 *sept.* 1813, *n.* 207, *et rép. xiv*, 819.

(32) *Idem*, des jugemens militaires dans le cas indiqué à note 28, p. 54; et elle peut même casser, dans *l'intérêt de la loi*, ceux qui ne sont pas sujets à révision. —V. *rép. xv*, 84, *addition au mot cassation*, § 3, *n.* 4.

(33) Cela n'empêche pas la cour d'assises d'en connaître lorsqu'un

des délits des pairs (34), et des crimes de trahison
et concussion des ministres. — V. *Charte const.*, 33,
34, 55 *et* 56 (35).

---

pouvoir supérieur et constitutionnel n'a pas attribué spécialement le délit à la chambre des pairs, *suivant un arr. cass. 8 déc. 1820, n. 151.*

(34) *Observations.* 1. Les pairs ne peuvent être arrêtés en *matière
criminelle*, que de son autorité. —V. *Charte, art.* 34.

2. Les députés ne peuvent non plus l'être en semblable matière, et hors
le cas de flagrant délit, pendant leur session, que de l'autorité de leur
chambre.—V. *id., art.* 52.

3. Ces termes vagues, *en matière criminelle*, embrassent - ils toutes
espèces de délits, de telle sorte que la chambre des pairs ait jurisdiction,
non-seulement pour les crimes, mais encore pour les délits correctionnels, et les simples contraventions de ses membres ?..... M. Le Graverend,
ij, 572, pense qu'ils comprennent au moins les délits correctionnels.

(35) Une haute Cour temporaire était chargée jadis de connaître des
délits des grands dignitaires, des prises à parties et forfaitures des Cours
et des juges de cassation, etc. —V. *L. 28 flor. xij.*

SECTION PREMIÈRE.

DES PEINES.

Observations préliminaires.

LES peines dont la loi punit les délits sont de diverses natures. Elles sont susceptibles d'augmentation ou de modifications lorsqu'il y a récidive, tentative ou complicité, ou que les condamnés sont dans un âge tendre, ou du sexe féminin, ou excusables. Indépendamment de ce qu'elles font souffrir à la personne des condamnés, elles produisent aussi des effets par rapport à leur état moral et civil, et à leurs biens.... On peut, après les avoir subies, rentrer dans les droits d'un citoyen ordinaire ; ou, sans les avoir subies, en être affranchi par la prescription ou par la clémence du Souverain.... Voilà les diverses matières dont nous allons traiter dans cette section (1).

____

(1) On voit qu'il y sera question, 1. de la nature des peines ; 2. des peines en cas de tentative, récidive, ou complicité ; 3. de leurs modifications à raison de l'âge, du sexe et des excuses ; 4. des effets civils des condamnations qui les infligent ; 5. de leur extinction (et par occasion, de celle des actions publique et civile) ; 6. de la réhabilitation.

TITRE PREMIER.

Des peines considérées en général.

Nous parlerons d'abord de la nature des peines, nous exposerons ensuite quelques règles générales sur leur application, leur *aggravation*, leur cumulation, leur durée, etc. (1).

ARTICLE PREMIER.

De la Nature des Peines.

Il est des peines communes aux divers genres d'infraction ; il en est aussi de propres à chaque genre en particulier (2).

§. 1er. *Des Peines communes à toutes les infractions.*

On en compte deux, l'amende (3) et la confiscation spéciale. — V. *C-pén.* 11, 464, 470.

Les amendes pour contraventions sont d'un franc (4) à quinze francs au plus. —V. *C-pén.* 466. — Pour les délits et crimes, elles sont en général beaucoup plus fortes.

La confiscation spéciale se rapporte aux objets, produits, ou instrumens de l'infraction. — V. *C-pén.* 11, 470 *et* 477 (5).

---

(1) A l'égard de la nature des peines, ou plutôt des *punitions* en matière civile, v. *ci-dev. note* 4, *p.* 3.

(2) M. Bourguignon, t. 2, notes sur les 57 premiers articles du Code pénal, indique les divers articles de ce Code, où l'on applique chacune des peines suivantes.

(3) L'amende au civil n'est pas une peine. — V. *ci-dev. d. note* 4.

(4) Elles ne peuvent être moindres. —V. *arr. cass.* 22 *avr.* 1813, *n.* 81.

(5) *Observations.* 1. Elle est surtout ordonnée dans les contraventions

§. 2. *Des Peines communes aux délits et aux crimes.*

LE renvoi sous la surveillance de la haute-police de l'Etat est la seule peine de ce genre. — V. *C-pén.* 11.

La prononciation de cette peine donne au Gouvernement, ou aux intéressés, le droit d'exiger du coupable une caution de bonne conduite, qui, s'il est de nouveau condamné pour délit, est contrainte de payer une somme déterminée (6). Au défaut de caution, le Gouvernement peut fixer la résidence du coupable hors d'un certain lieu ou dans un certain lieu. — V. *au surplus C-pén.* 44 *à* 50.

§. 3. *Des Peines propres à chaque genre d'infraction.*

I. *Contraventions.* — L'emprisonnement, proprement dit, depuis un jour jusqu'à cinq. — V. *C-pén.* 465, *et ci-dev.*, *p.* 7, *note* 2.

II. *Délits.* — L'emprisonnement de correction, l'interdiction et la réparation d'honneur. — V. *C-pén.* 9, 226, 227.

L'emprisonnement a lieu dans une maison de correction, où le condamné est employé à l'un des travaux de la maison, à son choix; la durée en est de six jours à cinq années. — V. *C-pén.* 40 *et* 41 (7).

---

aux lois sur les contributions. — V. entre autres, quant aux *douanes*, L. 17 décembre 1814, art. 15, et 28 avr. 1816, art. 51; quant aux *tabacs*, L. 24 déc. 1814, art. 44, et quant à la *marque d'or*, etc., arr. cass. 2 oct. 1818 et 1 juill. 1820, n. 124 et 90.

2. On peut aussi les punir par la *clôture* des lieux de *débits*. — V. *d.* L. 28 *avr.*, *art.* 238. — Et par *l'effusion* des boissons falsifiées. — V. *d.* *art.* 477; arr. cass. 19 *févr.* 1818, n. 22.

3. Quant à la confiscation *générale*, v. ci-apr. note 10, p. 60.

(6) Si on ne l'a pas déterminée, le ministère public ou la partie civile peuvent (ils ont seuls ce droit) en demander la fixation au tribunal qui a prononcé la condamnation. — V. *avis cons. d'Etat*, 20 *sept.* 1812.

(7) *Observations.* 1. Le *maximum* peut être excédé dans les cas de

L'interdiction est temporaire, et se rapporte à un ou plusieurs droits civiques, civils, ou de famille, tels que ceux d'élire, ou d'être élu, le témoignage en justice, la tutelle, etc. — V. *au surplus*, *C-pén.* 9, 42 et 43. — V. *aussi cours procéd. p.* 294.

La réparation d'honneur doit être faite à l'audience, ou par écrit. Elle est relative aux outrages commis envers les fonctionnaires publics (8). — V. *C-pén.* 222 à 227.

III. *Crimes.* — Les peines des crimes sont afflictives et infamantes, ou seulement infamantes. — *C-pén.* 6.

Les premières sont la mort, les travaux forcés à temps, la déportation, les travaux forcés à perpétuité, la reclusion (9). On peut y joindre, dans plusieurs cas déterminés, la marque ou flétrissure. — V. *C-pén.* et 12 à 21 (10).

Les peines infamantes sont le carcan, le bannisse-

----

récidive ou autres indiqués spécialement par la loi. — V. *C-pén.* 40, 57 *et* 58.

2. Le produit du travail du condamné est divisé en trois parts, dont l'une est affectée à la maison, et une autre remise au détenu; la 3e est réservée pour lui être également remise à sa sortie, ou bien employée à son profit avec l'autorisation du ministre de l'intérieur. — V. *C-pén.* 41; *ord.* 2 *avr.* 1817.

(8) Elle ne peut être ordonnée ni pour les outrages qui concernent les particuliers. — V. *arr. cass.* 28 *mars* 1812 *et* 8 *juill.* 1813, *n.* 77 *et* 152, *et rép. xj,* 573. = Ni par les juges civils. — V. *arr. cass. civ.* 20 *juill.* 1812, *n.* 82, *et rép. xj, p.* 574, *n.* 2.

(9) *Observations.* 1. Les condamnés à la *déportation* sont à présent renfermés au mont Saint-Michel (Manche), jusqu'à leur départ pour la destination qui sera ultérieurement déterminée. — V. *d. ord.* 2 *avr.*, *art.* 3.

2. Les condamnés à la *reclusion*, le sont dans des maisons de détention. — V. *d. ord.*, *art.* 1. — Cette peine a été substituée à la *gêne* du Code pénal de 1791. — V. *arr. cass.* 13 *févr.* 1817, *n.* 10.

(10) *Exemples....* V. *arr. cass.* 15 oct. 1818, 13 oct. 1820, *n.* 128 et 133.

La peine de la *confiscation générale* des biens, prononcée contre quelques crimes, par le Code pénal, art. 7, 37 à 39, et 132 (fausse monnaie)

ment et la dégradation civique. — V. *C-pén.* 8, 32 *à* 35 *et* 28 (11).

On fait toujours précéder les travaux forcés et la reclusion par le carcan. — V. *C-pén.* 22 (12).

ARTICLE II.

De quelques Règles générales sur les Peines.

1. Les peines sont purement personnelles. — V. *L.* 21 *janv.* 1790 (13).

2. On ne peut infliger que celles qui sont portées par la loi. — V. *arr. cass.* 2 *prair. vij*, 6 *brum. et* 29 *therm. ix*, *n.* 411, 34 *et* 304; *C-cr.* 310 *in pr.* — Et il est défendu d'en aggraver, en quelque manière que ce soit, la rigueur (14). — V. *L.* 5 *fruct. iij*, *art.* 232.

est abolie pour toujours. — V. *Chart. art.* 66 ; *arr. cass.* 15 *avr.* 1819, *n.* 48.

(11) *Observations.* 1. Les condamnés au *bannissement* sont renfermés à Pierre-Chatel (Ain). Ils peuvent de là passer à l'étranger s'ils en ont obtenu la faculté; ou bien, s'ils ont celle de s'embarquer et s'ils le demandent, ils sont conduits au port, sur l'ordre du ministre de l'intérieur. — V. *d. ord.* 2 *avr.*, *art.* 4.

2. Au grand-criminel, on peut ordonner *l'impression et l'affiche* du jugement (*ci-apr. ch. des Cours d'assises, note* 70). Au correctionnel, cela est aussi permis, lorsque c'est par forme de réparation civile, parce qu'alors l'affiche est un complément de cette réparation et non point une addition de peine. — V. *arr. cass.* 22 *oct.* 1812, *n.* 226, *et* 25 *mars* 1813, *Laporte, mot affiche; surtout arr. cass.* 26 *mars* 1819, *n.* 38.

(12) Toutes les peines infamantes, prononcées contre des membres de l'ordre royal de la légion d'honneur, doivent aussi être précédées de leur dégradation. — V. *ord.* 26 *mars* 1816, *art.* 57.

(13) Par conséquent, l'infamie du condamné n'atteint plus ses parens, et ils continuent à être admissibles à toutes sortes d'emplois. — V. *d. L.* 21 *janv.* — Mais ils peuvent être sujets à des responsabilités ou réparations civiles. — V. *ci-apr. tit.* 4 *et* 5.

(14) *Observations.* 1. On ne peut, par exemple, ajouter à la peine une réparation d'honneur (V. *ci-dev. p.* 60) non autorisée. — V. *arr. cass.* 8 *juill.* 1813, *n.* 152.

2. Aussi, le jury doit-il être consulté sur tous les faits (tels que la

Mais aussi le juge ne peut, ni remettre la peine infligée par la loi, ni la modifier ou adoucir en deçà des limites que la loi lui a fixées (15).

Toutefois, lorsque, dans l'intervalle du délit à son jugement, une loi a établi une peine différente de celle de la loi du temps du délit, on doit appliquer celle des deux mêmes lois, qui est la plus douce.— *Arg. de décr. 23 juill. 1810, art. 6* (16).

3. Celui qui est accusé de plusieurs délits, est passible de la peine la plus grave que la loi y attache; mais on ne peut lui en infliger une pour chaque délit. — *V. C-br. 446 ; arr. cass. 14 brum. xj ; C-cr. 365 ; arr. cass. 19 mars 1818, n. 33, surtout 29 juin 1821, n. 103* (17).

---

mendicité) qui tendent à faire aggraver la peine. — *V. arr. cass. 11 avr. 1817, n. 30.*

3. Si le condamné résiste au moment de l'exécution, est-il permis de le soumettre en quelque sorte, en lui faisant des blessures, ainsi qu'on en a eu, dit-on, des exemples ?.... Nous pensons que non : ce serait une addition de peine. On ne manque pas d'ailleurs d'autres moyens de vaincre sa résistance. Les blessures ne doivent être permises qu'autant que les agens d'exécution sont, par rapport au condamné, dans le cas d'une légitime défense.

(15) Ainsi, il ne peut, 1° la remettre en se bornant à condamner à des dommages. — *V. arr. cass. 17 févr. 1809 et 25 fév. 1810, n. 33 et 127, et rép. ix, 209.*

2° La réduire au-dessous du minimum légal. — *V. arr. cass. 10 oct. 1811 et 22 avr. 1813, n. 135 et 81, et rép. ix, 209, xiv, 668.*

3° Condamner à une peine plus douce, sous prétexte d'insuffisance de conviction; car alors il doit acquitter le prévenu. — *V. réqu. et arr. 19 juin 1813, B-c. n. 133 ; rép. xv, 561 ; ci-apr. part. 2, obser. prél., n. 11.*

4° Autre question.... *V. arr. cass. 4 mai 1820, n. 68.*

(16) Cette règle a été consacrée par une foule d'arrêts de cassation criminels. — *V. entre autres ceux des 19 févr., 10 juin, 9 et 30 juill., 3 sept., 1er et 15 oct. 1813; 13 janv. 1814; 27 janv. 1815; 29 juin 1816, au B-c.*

(17) *Observations.* 1. Le coupable d'un vol avec escalade et de l'usage d'une pièce fausse, étant condamné aux travaux forcés, peine de son vol (plus forte que la reclusion, peine de son second crime), ne peut l'être en même temps à la marque, qui est une peine accessoire du faux. — *V. arr. cass. 29 sept. 1815, n. 52.*

2. Mais la règle ci-dessus du texte reçoit exception lorsque la loi elle-

4. Le temps des travaux forcés et de la reclusion court de l'exposition au carcan ; celui du bannissement, du jour où l'arrêt est devenu irrévocable (18). — V. *C-pén.* 23 et 35.

---

même prononce les deux peines pour un délit. — V. *rép. ix*, 208, *mot peine, n.* 11 ; *arr. cass.* 15 et 23 oct. 1807, *ib. et B-c. n.* 217 *et* 223. — Ou bien, en même temps, une amende et une peine corporelle. — V. *arr. rej.* 15 *juin* 1821, *B. C. n.* 122.

(18) *Observations.* 1. Même règle pour *l'emprisonnement :* de sorte qu'on ne peut le faire courir, ni du jugement de première instance, lorsque le ministère public en a appelé, ni même de l'arrestation, qui est une mesure provisoire et non pas un effet de la condamnation. —V. *arr. cass.* 1 *mai* 1812, 9 *avr. et* 15 *oct.* 1813, *n.* 113, 71 *et* 221, *et* 22 *novemb.* 1816, *n.* 83. — D'ailleurs, une condamnation pénale ne peut, en général, être mise à exécution que lorsqu'elle est devenue irrévocable. — V. *dd. arr.*

Ces décisions sont conformes à la loi ; mais ne serait-il pas aussi plus conforme à l'esprit général de notre droit criminel, d'imputer, en quelque sorte, sur le temps légal de l'emprisonnement, celui qui s'est écoulé depuis l'arrestation, distraction faite de celui qui était nécessaire pour la procédure ? Si le législateur ne fait point d'imputation semblable, c'est qu'il a supposé que l'instruction serait consommée dans les délais ordinairement très-courts, qu'il détermine : est-il juste que le délinquant subisse une *aggravation* de peine parce que l'on aura mis quelquefois de la négligence dans l'instruction ?

2. Le jour, en matière de *peines,* est de 24 heures, et le mois, de 30 jours. — V. *C-pén.* 40 ; *arr. cass. civ.* 30 *juill.* 1816, *n.* 64. — V. aussi *ci-apr., tit.* 5, *note* 9, *n.* 3.

TITRE II.

Des Peines en cas de tentative, de récidive et de complicité.

§. 1er. De la Tentative.

On nomme ainsi l'action d'essayer de commettre un délit.

Nous disons l'action, parce que la loi ne punit pas un simple projet. La tentative est répréhensible, lorsqu'ayant été manifestée par des actes extérieurs et suivie d'un commencement d'exécution, elle n'a été suspendue, ou n'a manqué son effet, que par des circonstances fortuites ou indépendantes de la volonté de l'auteur. — V. C-pén. 2. — V. aussi L. 22 prair. an 4 (1).

La tentative du crime est assimilée au crime ; celle du délit proprement dit, n'est assimilée au délit, que dans les cas déterminés par la loi (2). — V. C-pén. 2 et 3. — V. toutefois id. 317.

---

(1) *Observations.* 1. La question subsidiaire de la tentative doit être posée lors même que l'accusation porte sur un crime consommé. — V. arr. cass. 14 mai 1813, *B-c. n.* 103 et rép. (*avec le réqu.*), xiij, 480.

2. Les divers caractères ci-dessus de la tentative sont essentiels pour la constituer. — V. arr. cass. 6 juill. 1811, 9 janv. 1812 et 29 oct. 1813, n. 105, 6 et 235. — Et ils doivent être constatés, et clairement constatés par le jury. — V. arr. cass. ou rej., 23 mars 1815, 18 avr. et 25 oct. 1816, 16 oct. 1817, 10 déc. 1818 et 17 févr. 1820, n. 19, 20, 78, 96, 146 et 26 ; rej. cr. 18 mai 1815, Jalbert, 441.

3. Par exemple, il ne suffit pas qu'il s'explique sur la volonté et la préméditation, en cas de tentative d'assassinat ; il faut encore qu'il énonce les mêmes caractères. — V. arr. cass. 30 mai 1816, n. 30.

4. *Commencement d'exécution...* La loi ne le définit pas. — V. à ce sujet arr. rej. 11 juin 1818, *B-c. n.* 77.

(2) V. des exemples à C-pén. 179, 401, 405, 414, 415 ; et deux de nou

Mais la tentative faite en légitime défense ne peut être assimilée à un crime ou délit. — V. *arr. cass.* 29 *avr.* 1819, *n.* 54.

§. 2. *De la Récidive.*

La récidive est l'action de commettre un second délit (3). Comme elle fait supposer une plus grande perversité, elle est punie plus rigoureusement (4) que

---

tentative à réqu. et arr. cass. 24 déc. 1812, rép., xiij, 463, et arr. cass. 17 janv. 1818, B-c. n. 8.

Observations. 1. Le *complice* de la tentative est punissable quoiqu'il n'y ait pas eu de sa part un commencement d'exécution, *suiv. réq. et arr. cass.* 6 *févr.* 1812, *B-c. n.* 19, *et rép. xiij,* 472.

2. Autres questions sur la tentative. V. *rép. xiij,* 461 *et suiv.*, *h. v.*; *arr.* 25 *juill. et* 16 *octobre* 1817, *et* 14 *déc.* 1820, *B-c. n.* 68, 96 *et* 155.

(3) *Observations.* 1. Il n'est pas besoin qu'il y ait un rapport d'identité entre la peine du 1er et celle du second délit. —V. *arr. cass.* 12 *février* 1813, *n.* 24.

2. Le condamné qui a obtenu grâce pour le premier délit, est puni comme un *récidivant*, pour le second. —V. *arr. rej.* 5 *déc.* 1811, *rép. xj,* 19, *mot récidive, n.* 8, *et cass.* 5 *juill.* 1821, *n.* 108.

2a. *Idem*, le condamné dont la première peine est prescrite. —V. *arr. rej.* 10 *févr.* 1820, *B. C. n.* 36.

3. *Idem*, le condamné qui a subi sa peine pour le premier délit, mais qui n'a point été réhabilité. —V. *arr. cass.* 10 *oct.* 1811, 17 *janv. et* 20 *juin* 1812, *B-c. n.* 136, 11, *et* 148, *et rép. xj,* 20, *mot récidive.*

Il nous semble que M. Le Graverend (*ij,* 453, *note* 9, *et* 558, *note* 5) se trompe lorsqu'il annonce que, suivant la dernière jurisprudence de la Cour de cassation, la réhabilitation, après un 1er crime, ne faisait point jadis cesser la compétence des Cours spéciales, ou en d'autres termes, n'empêche pas que ce second crime ne constitue une récidive. Outre que l'arrêt du 11 mai 1812 (*B-c. n.* 124) n'est pas le dernier, on y décide seulement, comme on le voit, en le rapprochant de l'arrêt du 17 janvier, ci-devant cité, que la réhabilitation, pour produire cet effet, doit avoir eu lieu suivant nos formes légales, et non pas avoir été la suite d'usages purement locaux.

4. Mais nous adopterions volontiers ses objections (*ij,* 562) contre un arrêt du 18 juin 1812 (*rép. xj,* 23, *sup.*, *n. xj*), selon lequel il y a récidive, quoique le 1er délit ait perdu le caractère de crime d'après la loi pénale en vigueur au temps de la 2e infraction. Il est, entre autres, naturel d'interpréter le silence du Code pénal, sur ce point, par la décision contraire à cet arrêt, de la loi du 23 floréal an 10, conformément à la maxime *posteriores leges ad priores pertinent.* —V. L. 28, *ff. legib.*

(4) Aussi, lorsque le juge est autorisé à modérer la peine, il ne le peut

le crime, ou le délit, proprement dit, ou la contravention. — V. *quant à la récidive des* crimes ou délits,
C-pén. 56, 57, 58 *et* 200 (5); *et quant à celle des*
contraventions, *C-pén.* 474, 478, 482 *et* 483.

Mais la récidive n'est censée exister que lorsqu'il y
a eu jugement de condamnation pour la première
infraction (6), et s'il s'agit d'une contravention, lorsque le jugement a été rendu dans l'année précédente,
et l'infraction commise dans le même ressort. — V. *dd.*
art. 56, 57, 58 *et* 483 (7).

§. 3. *De la Complicité.*

La complicité est l'action d'exciter à commettre un
délit, ou d'en favoriser l'exécution (8).

---

pas pour le *récidivant.* — V. *arr. cass.* 3 *fév.* 1814, *n.* 11; *ci-apr., tit* 3, *note*
9, *p.* 72.

(5) Pour la récidive du délit, c'est le *maximum* de la peine du délit. —
V. *au surplus, d. art.* 58; *réqu. et arr. cass.* 10 *sept.* 1813, *B-c. n.* 210, *et*
rép. xv, 645; *autres,* 30 *déc.* 1813, 8 *févr.* 1821, *n.* 264 *et* 27.

(6) Quel que soit le tribunal qui l'ait rendu, même un tribunal militaire. — V. *arr. rej.* 18 *avr. et* 18 *juin* 1812, *rép. xj,* 21, *mot récidive, n. xj,*
et cass. 20 *juin* 1812, *n.* 148; *autre,* 8 *avr.* 1813, *Laporte,* 68, *n.* 5. — V.
aussi arr. cass. ou rej. 10 *avr. et* 2 *oct.* 1818, *n.* 42 *et* 134.

Mais non pas un tribunal correctionnel lorsque le second délit est un
crime. — V. *arr. rej.* 2 *oct.* 1818, *n.* 133.

(7) Si la récidive est soumise à la Cour d'assises, cette Cour peut la
juger; il n'est pas besoin d'en soumettre la question au jury, *suiv. réqu. et*
arr. rej. 11 *juin* 1812, à *rép. xj,* 17, *h. v.*

Autres questions sur la récidive. — V. *rép. xj,* 16, *et xv,* 616, 696, *h. v.*
— V. aussi *arr. rej.* 25 *févr.* 1819, *n.* 30.

(8) *Observations.* 1. Il suit de là que, lorsqu'il n'y a pas de corps de
délit *principal,* il ne peut y avoir un délit de complicité. — V. *arr. cass.* 6
déc. 1816 *et* 14 *janv.* 1820, *n.* 85 *et* 7.

2. *Idem,* que si le fait principal n'est pas un délit, la complicité, par
rapport à ce fait, ne constitue pas en état de culpabilité. — V. *arr. cass.* 17
août 1815, 26 *avr. et* 6 *juin* 1816, *et* 29 *sept.* 1820, *n.* 45, 24, 31 *et* 128.

3. Mais cette dernière règle reçoit exception, par rapport aux soustractions entre parens; quoiqu'elles ne soient pas considérées comme délits
(*ci-dev. p* 16), les recéleurs qui les ont favorisées, sont punis comme cou-

On peut exciter à commettre un délit par des dons , promesses , menaces , machinations ou artifices coupables , provocations , instructions (9).

On peut en favoriser l'exécution en fournissant les moyens qui servent au coupable , en l'aidant ou assistant (sciemment) , en recélant ou acquérant les produits ou résultats du délit (10).

La complicité est punie comme le crime ou délit (11), à moins de disposition différente de la loi. — *V. sur tous ces points , C-pén.* 59 *à* 63 (12).

Elle est même punie de la peine infligée à raison des circonstances aggravantes du crime. — *V. réqu. et arr. cass. sect. réun.* 12 *avr.* 1813, *B-c. n.* 78, *et rép. x ,* 768 ; *avis cons. d'Etat du* 18 *déc. suiv. , ib. xv ,*

---

pables de vol. —V. *C-pén.* 380. — Même règles quant au délit du mineur dont un majeur est complice. —V. *ci-apr. note* 2 , *p.* 69.

(9) *Observations.* 1. Il faut que le jury déclare si les artifices sont *coupables.* —V. *arr. cass.* 27 *oct.* 1815 , *n.* 60.

2. L'*excitation* au délit non accompagnée de dons, promesses , etc. , ne constitue pas une complicité. —V. *arr. cass.* 24 *nov.* 1809, *et* 3 *sept.* 1812 , *n.* 179 *et* 200. — Surtout quand elle ne résulte que de simples CONSEILS. —V. *arr. cass.* 23 *juill.* 1818 , *n.* 90.

3. Il en est de même , à plus forte raison , du simple fait d'avoir favorisé *l'évasion* d'un délinquant. —V. *arr. cass.* 24 *prair. an* 5 , *rép. ij,* 680 , *mot complicité, n.* 7.

(10) *Observations.* 1. Il est donc nécessaire que le recéleur *sût* que les effets qu'il cachait étaient le produit d'un crime ; en un mot, il faut qu'on ait été complice avec connaissance de cause. —V. *arr. cass.* 12 *sept.* 1812, 4 *févr.* 1814, 26 *sept.* 1817 *et* (*rej.*) 17 *mai* 1821, *n.* 212, 13 , 85 *et* 49.

2. Le *recel* de la personne du coupable d'un crime (connu comme tel), n'est pas assimilé à la complicité, mais à un simple délit punissable de 3 mois à deux années d'emprisonnement ; et si le recéleur est un proche parent ou allié, ou un époux, il est affranchi de toute peine. —V. *C-pén.* 248, *et ci-dev. p.* 4 ; *note* 7, *n.* 2.

(11) Un complice n'est pas puni aussi gravement que le délinquant, lorsque celui-ci est en récidive. —V. *arr. cass.* 3 *juill.* 1806 , *n.* 107 ; *M. Le Graverend, i,* 121.

(12) V. un exemple de cette disposition à l'art. 63, et pour l'interprétation de cet art., *arr.* 29 *mai et* 10 *juill.* 1817, *n* 41 *et* 60, et ci-après, note 13. — La peine peut même être plus forte. —V. *ci-apr. note* 2 , *p.* 69.

613 (13). — V. *aussi arr. rej.* 8 *oct.* 1818 *et* 13 *avr.* 1821 , *n.* 135 *et* 58.

D'où il résulte qu'il faut proposer au jury des questions sur les faits qui constituent la complicité. — V. *arr. cass.* 2 *juill.* 1813., 3 *mars et* 15 *déc.* 1814, 28 *juin* 1816, *et* 20 *nov.* 1817, *n.* 146, 19, 43, 36 *et* 110, *etc.* (14).

---

(13) *Observations.* 1. Règle contraire pour le recéleur, si les circonstances doivent faire infliger la mort, les travaux forcés perpétuels ou la déportation ; il faut alors qu'il les ait connues, sinon, il n'est passible que des travaux forcés à temps. —V. *dd. autorités et C-pén.* 63. — Mais cette exception ne s'applique ni à d'autres cas, ni à d'autres sortes de complices. —V. *arr. cass.* 22 *août* 1817 , *n.* 77. —V. *aussi arr.* 25 *févr.* 1819 *et* 20 *avr.* 1820 *n.* 30 *et* 53.

2. Il suffit, pour la punition du complice, que le fait matériel du crime principal existe et soit jugé et reconnu avec lui ; il n'est pas nécessaire qu'il y ait eu poursuite et condamnation contre l'auteur.—V. *arr. cass. ou rej.* 24 *avr.* 1812, 23 *avr.* 1813 *et* 19 *août* 1819, *n.* 85 , 106 *et* 97; *ci-apr. tit.* 5, *note* 1, *n.* 2. — De sorte qu'il n'est affranchi de la peine, ni par la mort, ni par l'absolution du principal accusé. —V. *rép. ij*, 679, *mot complice; xv*, 308 *et* 334, *mot faux, sect.* 1, § 6, *et* 34 ; *arréts ibid.*

(14) *Observations.* 1. Il faut que le jury s'explique sur *les faits* qui constituent la complicité ; il ne serait pas suffisant qu'il déclárât, en général, que l'accusé est complice. —V. *d. arr.* 28 *juin* —V. *aussi arr. cass.* 24 *janv.* *et* 23 *juill.* 1818 *et* 10 *août* 1820, *n.* 11, 90, *et* 111.—V. *toutefois arr. rej.* 31 *juill.* 1818, *n.* 112.

☞ 2. Il en est de même pour tous les *faits* MORAUX, tels que la complicité, la banqueroute, le faux témoignage..... Il n'a pas le droit de les déclarer d'une manière générale ; il faut qu'il spécifie les faits particuliers qui constituent ces crimes. —V. *d. arr.* 28 *juin* ; *autres*, 11 *juill.*, 4 *oct. et* 29 *nov.* 1816, *n.* 41, 71 *et* 84, *surtout d. arr.* 10 *août* 1820.

3. Autres questions sur la complicité...V. *arr. rej. ou cass.* 16 *avr.* 1818, 4 *févr. et* 10 *avr.* 1819, 19 *janv. et* 15 *mars* 1821, *n.* 53, 13, 44, 15 *et* 49 ; *et* M. *Carnot, examen* (*cité p.* 11 , *note* 13), *p.* 69.

TITRE III.

*Des Modifications des Peines à raison de l'Age,
du Sexe ou des Excuses.*

§. 1er. *De l'Age.*

La loi, dans les modifications qu'elle apporte aux peines, à raison de l'âge, prend en considération la jeunesse et la caducité.

I. *Jeunesse.* Lorsqu'un coupable n'a pas seize ans, on examine s'il a commis le crime ou délit avec discernement, ou sans discernement (1).

Dans le 1er cas, la peine du crime est commuée en une détention correctionnelle, et celle du délit est modérée (2). Dans le second, le mineur est acquitté; mais il peut être, ou remis à ses parens, ou détenu et élevé dans une maison de correction. — V. *au surplus, C-pén.* 66 *à* 69; *arr. cass.* 8 *oct.* 1813 *et* 17 *sept.* 1818, *n.* 215 *et* 120; *id. rej.* 19 *avr.* 1821, *n.* 64 (3).

---

(1) *Observations.* 1. Il en est autrement pour les délits des eaux et forets, suivant un arrêt de cassation du 2 juillet 1813, n. 145, parce que, y est-il dit, l'ordonnance de 1669 et les autres lois forestières postérieures qui sont *spéciales* sur ces matières, ne contiennent point de dispositions qui autorisent les tribunaux à prendre en considération l'âge et le défaut de discernement des délinquans. Mais cette décision nous paraît susceptible de difficulté. Elle est en effet contraire au principe certain (v. *cours de proc. p.* 133), que dans le silence de la loi *spéciale*, il faut avoir recours à la *loi générale;* or, la loi générale, en matière de peines, c'est-à-dire le Code pénal exige qu'on examine si le délit du mineur a eu lieu avec ou sans discernement.

2. *Délits de douanes...* Même décision que pour les délits des eaux et forêts; mais on l'a fondée sur d'autres motifs. —V. *à ce sujet, arr. cass.* 15 *avr.* 1819, *n.* 47.

(2) Cette modération ne s'étend pas au majeur, complice du mineur. — V. *arr. rej.* 21 *avril* 1815, *Jalbert,* 315.

(3) *Observations.* 1. Si le jugement prononce la détention, comme ,

II. *Caducité*. Si le coupable a soixante-dix ans, au lieu des travaux forcés ou de la déportation, on prononce contre lui la reclusion; et s'il atteint cet âge, après une condamnation aux travaux forcés, la peine est convertie également en reclusion pour le temps qui lui reste à la subir. — V. *au surplus*, C-pén. 70 à 72.

§. 2. *Du Sexe.*

Si une femme est condamnée aux travaux forcés, elle n'y est employée que dans l'intérieur d'une maison de force (4); si c'est à la peine de mort, et si elle est enceinte, elle ne la subit qu'après sa délivrance. — V. *C-pén.* 16 *et* 27 (5).

---

quoique acquitté, le mineur subit une condamnation, il doit aussi être condamné aux frais. — V. *arr. cass.* 6 *août* 1813, *et* 19 *mai* 1815, *n.* 170 *et* 33.

M. Le Graverend, *t.* 1, *p.* 610, rapporte diverses objections qu'on peut proposer contre cette jurisprudence. On observe, entre autres, que les seuls condamnés étant passibles des frais des procédures (v. *le tit. suivant,* §. 2, *n.* 1, *p.* 74), et le mineur de seize années qui a agi sans discernement, devant être acquitté, il semble contradictoire de l'acquitter et de le condamner, tout à la fois, aux dépens. Il avoue néanmoins que la même jurisprudence peut paraître plus conforme à l'ensemble des lois et règlemens sur les frais de justice criminelle, et il ajoute que les Tribunaux ne doivent pas craindre d'être blâmés en la suivant.

Mais, ailleurs (*t.* 2, *p.* 225), revenant sur cette jurisprudence, il la trouve contraire à la loi, parce que le mineur *acquitté* sur une accusation, ne peut être considéré comme ayant *succombé* dans cette accusation, et qu'il faut avoir *succombé*, pour être condamné aux dépens. Cet argument lui semble équivaloir à une démonstration.

2. Quoi qu'il en soit, la détention dont on vient de parler, est au moins d'une année. — V. *arr. cass.* 10 *oct.* 1811, *n.* 135, *par arg. du d. art.* 66.

(4) V., à ce sujet, ord. 2 avr. 1817, art. 1.

(5) *Observations.* 1. *Dr. transit.* — Elle ne pouvait être mise en jugement jusques à cette époque. — V. *L.* 23 *germ. iij.* — Mais cette exemption est abolie tacitement par l'art. 27 ci-dessus. — V. *arr. rej.* 7 *nov.* 1811, à *rép. xv,* 360; M. *Carnot, art.* 373, *n.* 8.

2. Il en est autrement de la substitution ordonnée par la loi du 31 août 1792, d'un emprisonnement d'un mois, à la peine du carcan prononcée

§. 3. *Des Excuses.*

Aucune excuse ne peut affranchir de la peine, ni la faire mitiger, que lorsque la loi le décide expressément (V. *C-pén.* 65), comme en cas de meurtre provoqué par des violences graves. — V. *C-pén.* 321 *et suiv.* (6).

Bien plus, quoique le consentement soit en général nécessaire à la criminalité (v. *ci-dev. p.* 6, *note* 13), le défaut d'intention n'excuse pas toujours. C'est ce qui a lieu lorsque le délit a été commis dans un état d'ivresse (7), ou lorsqu'il s'agit en général d'infractions à des lois de finances, telles que celles des contributions indirectes ou droits réunis (8), et des douanes, ou aux lois sur les eaux et forêts (8 *a*). — V. *à ce sujet*, *rép. vj*, 418, *mot intention.*

---

contre une femme enceinte, parce que cette loi n'est pas abrogée, *suiv.* M. *Carnot*, art. 375, n. 11.

M. Le Graverend, *ij*, 325 ; est d'un avis différent, parce que cette loi, dit-il, n'a jamais été sanctionnée ni promulguée, et n'a jamais dû être exécutée... Il ne fait pas attention qu'à l'époque où elle fut rendue, il n'était pas question de sanction, et que d'après la loi du 24 brumaire an 7, les lois antérieures non promulguées suivant les formes prescrites, ont été obligatoires, à dater de l'arrivée de la loi du 12 vendémiaire an 4, au département.

(6) *Observations.* 1. Il faut que ces violences aient eu lieu envers des personnes. —V. *arr. cass.* 7 *fév.* 1812, *n.* 22.

2. V. d'autres exemples d'excuses aux art. 135, 163, 248, 285, 348, 357, 370.

3. V. des exemples contraires, où d'excuses non recevables, aux *arr. cass.* 27 *fév.* et 11 *juin* 1813, *n.* 40 et 124; 9 *fév.* 1815, *n.* 9, 13 *mars* 1817, *n.* 20.

4. Les jurés doivent s'expliquer sur l'existence du fait proposé pour excuse ; mais il ne leur appartient pas de décider s'il est admissible comme excuse, ni de déclarer d'une manière générale, que le crime est excusable. —V. *arr. rej.* 2 *févr.* 1815, *Jalbert*, 325 ; *et cass.* 16 *juin*, *B-c. n.* 39.

(7) V. **arr.** rej. 19 fév. et 19 nov. 1807, à rép. iv, 910, et vj, 418, et 18 mai 1815, Jalbert, 441.

(8) C'est à l'administration à apprécier les excuses et la bonne foi. — V. *arr. cass.* 22 *mai* et 6 *août* 1813, 14 *mars* 1817, 10 *déc.* 1819 *et* 22 *janv.* 1820, *n.* 112, 173, 22, 136 *et* 13.

(8*a*) Même observation qu'à la note 8, pour les délits de douanes et

Enfin, il est un crime, le parricide, qui n'est jamais excusable. — V. *C-pén.* 323.

Néanmoins, lorsque le préjudice causé par un délit n'excède pas vingt-cinq francs, les circonstances atténuantes donnent le droit aux Tribunaux de ne prononcer qu'une amende ou un emprisonnement, et de réduire l'amende au-dessous de seize francs et l'emprisonnement au-dessous de six jours, pourvu que ces peines soient toujours aussi fortes que celles des contraventions. — V. *C-pén.* 463 (9).

On voit par ce qui précède, que l'excuse n'ôte pas la criminalité ; qu'elle fait seulement atténuer la peine du délit. — V. *arr. cass.* 22 *août* 1816, *n.* 55 (10).

---

d'eaux et forêts.... V. *arr. cass.* 28 *juill.* 1820 *et* 24 *mai* 1821, *n.* 107 *et* 81.

(9) *Observations.* 1. Il faut qu'ils déclarent expressément le *minimum* ci-dessus du préjudice. — V. *arr.* 29 *avr.* 1813, *Laporte*, 284. — Car s'ils condamnaient à plus de 25 fr. de dommages, ils ne pourraient modérer la peine. — V. *arr. cass.* 9 *déc.* 1819 *et* 12 *janv.* 1821, *n.* 135 *et* 6.

2. Il n'y a pas lieu à la modération de l'emprisonnement lorsqu'il est prononcé par une loi spéciale ; ce n'est que pour les délits indiqués par le Code. — V. *arr. cass.* 12 *mars et* 13 *sept.* 1813, *n.* 49 *et* 196, *et rép. xv,* 562 *et suiv., n.* 14 *et* 15, *mot peine ; arrêts cités. ib.* — V. *aussi arr. cass.* 5 *janv. et* 18 *mai* 1821, *n.* 3 *et* 76.

3. Même règle en cas de récidive. — V. *ci-dev. note* 4, *p.* 66.

(10) D'où l'on conclut que c'est aux seules Cours d'assises, qu'il appartient d'apprécier les excuses, et non point à la chambre d'accusation, de sorte qu'elle doit leur renvoyer l'accusé lors même qu'elle a reconnu le fait d'excuse. — V. *réqu. et arr. cass.* 6 *nov.* 1812, *à rép. xv,* 266 ; *autre,* 25 *fév.* 1813, *B-c. n.* 35. — V. *aussi M. Le Graverend, i,* 412 ; *arr.* 9 *oct.* 1812, *cité ibid. ; ci-apr. le chap. de l'accusation, note* 6 ; *arr. cass. et rej.* 8 *janv.* 1819 *et* 13 *janv.* 1820, *B-c. n.* 3 *et* 34.

TITRE IV.

Des effets civils des Condamnations.

Nous entendons par effets civils des condamnations, les incapacités civiles ou civiques, et les prestations et responsabilités civiles qui y sont attachées.

§. 1er. *Des incapacités.*

I. La condamnation à la mort, aux travaux forcés perpétuels et à la déportation, emporte la mort civile. — V. *C-civ.* 23 et 24; *C-pén.* 18.

La mort civile est encourue, *à compter du jour* (1) de l'exécution, réelle ou par effigie, si la condamnation est contradictoire, et au bout de cinq ans après l'exécution par effigie, si elle est prononcée par contumace. — V. *C-civ.* 27 *à* 32.

II. La condamnation aux autres peines afflictives et infamantes, prive du droit de cité et de port d'armes, de celui d'être juré, témoin et tuteur ou curateur, et de donner une autorisation, enfin de celui de servir

---

(1) *Observations.* 1. M. Toullier (*dr. civ., n.* 221) conclut de ces termes, que la mort civile est encourue *du premier moment* du jour de l'exécution et avant que l'exécution soit accomplie, ce qui est au moins fort douteux, et sur tout en contradiction avec le principe établi par Richer (*mort civile, part.* 2, *p.* 153), d'après lequel l'exécution est nécessaire pour que le jugement produise ses effets. Aussi, quoique l'ordonnance de 1670 (*tit.* 17, *art.* 29) contienne les mêmes termes Richer décide-t-il sans distinction, que le criminel qui meurt entre la condamnation et l'exécution, décède *integri status.*

2. Il résulte de là que le testament, fait avant l'exécution (lorsqu'elle a eu lieu), par un condamné à mort, est inefficace, puisque le testateur n'est pas décédé *integri status* (c'est que décédant en état de mort civile, sa succession s'ouvre comme s'il décédait sans avoir fait de dispositions... V. *C-c.* 25, *in pr.*).

3. A l'égard des autres effets de la mort civile, v. *C-civ.* 25 *et* 32; et quant au contumax, *id.*, 27 *à* 32; *ci-apr. part.* 2, *son* §.

dans les armées françaises (2). — V. *L.* 22 *frim. viij,
art.* 4; *C-pén.* 28 ; *C-civ.* 221 ; *cours procéd. p.* 294 *et* 87.

III. La dégradation civique emporte de plus la
destitution et l'exclusion de tous emplois publics. —
V. *C-pén.* 34.

IV. Le condamné aux travaux forcés et à la reclusion est constitué en état d'interdiction légale ; on lui
nomme un curateur comme à un interdit civil, etc.
— V. *C-pén.* 29 *à* 31 (3).

Enfin, on ajoute quelquefois aux peines correctionnelles une interdiction de certains droits civiques ou
civils. —V. *ci-dev. tit.* 1 , § 3, *n.* 11 , *p.* 59 *et* 60.

§. 2. *Des Prestations civiles.*

Nous désignons par ce terme les dépens de la procédure criminelle, et les dommages causés ainsi que la
restitution des objets dont on a été privé par le délit.

I. *Règle générale.* — En cas de condamnation,
l'accusé doit supporter les dépens et les dommages ;
en cas d'absolution, c'est le plaignant (même une administration publique, telle que celle des forêts)
qui s'est rendu partie civile. — V. *C-pén.* 10 *et* 51 ;
C-cr. 66, 162, 191, 194, 213, 358, *etc.; décr. du* 18
juin 1811, *art.* 158 *; arr. cass.* 12 *avr. et* 15 *juin* 1821,
n. 57 *et* 97 (4).

-----

(2) Elle prive aussi le militaire du droit de solde de retraite. — V. *ord.*
27 *août* 1814, *art.* 6.

(3) *Observations.* 1. Il devient donc incapable d'ester en jugement. —
V. *cours procéd. p.* 197. — On a néanmoins décidé qu'il peut porter une
plainte au criminel. — V. *arr. rej.* 6 *nov.* 1817, *n.* 290. — Quant au *contumax*, v. ci-apr. § de la contumace, note 5.

2. L'interdiction, d'après les articles ci-dessus, a lieu pendant la durée
de la peine : or, la durée de la peine court de l'exposition (*ci-dev. p.* 63,
n. 4) : donc, le condamné peut, depuis le jugement et avant l'exposition,
disposer de ses biens.

(4) Voyez pour les applications et modifications de cette règle, ci-
apr. part. 2, sect. 2, tit. 1 et 2; ci-dev. p. 29, n. 2, et p. 69, note 3.

Le ministère public ne peut jamais être condamné aux dépens. — *Arg. de C-cr.* 162, 194, 368; *arr. cass.* 27 *juin* 1812, 12 *mars* 1813, 30 *juin* 1814, 15 *juill.* 1820, 19 *janv.* et 10 *mai* 1821, *n.* 157, 48, 28, 102, 8 et 72 (5).

La fixation des dommages appartient au juge. — V. *arr. cass.* 30 *mars* 1815, *n.* 22. — Ils doivent toutefois excéder le quart des restitutions. — V. *C-pén.* 51.

II. Tous les condamnés pour un même délit sont tenus solidairement des amendes, restitutions, dommages et frais. — V. *C-pén.* 55; *décr.* 18 *juin* 1811, *art.* 156 (6).

III. Le recouvrement de ces prestations peut être poursuivi par la voie de la contrainte par corps. — V. *C-pén.* 52, 53, 467 à 469; *d. décr. art.* 174 à 176.

Observations. 1. La partie civile doit les dépens de l'action publique, même après avoir transigé sur le délit, si elle est condamnée sur cette action. — V. *arr. cass.* 5 *février* 1813, *n.* 20.

2. Elle doit aussi avancer les frais de timbre et d'enregistrement. — V. *ord.* 22 *mai* 1816, *art.* 2.

3. Enfin elle est tenue *personnellement*, qu'elle succombe ou non, des frais d'instruction, expédition et signification du jugement, sauf son recours contre le condamné ou le civilement responsable. — V. *décr.* 18 *juin* 1811, *art.* 157; *arr. cass.* 13 *mai* 1813, *n.* 99; *M. Laporte*, 222; *autres arr.* 27 *mai* 1819 et 7 *juill.* 1820, *n.* 63 et 98.

(5) Ni en 1re instance, ni en appel. — V. *arr. cass.* 22 *mai*, 22 *oct.* et 24 *déc.* 1813, *n.* 111, 228, 263; 27 *sept.* 1816, *n.* 70, etc. — Même lorsque son appel à *minimâ* est rejeté. — V. *id.*, 31 *déc.* 1813, *n.* 266 et ci-apr. *tit. de la proc. correct.*, *note* 18, *n.* 2. — Même lorsque c'est un maire ou adjoint qui en fait les fonctions. — V. *dd. arr.* 12 *mars* et 30 *juin*; *autres*, 4 *nov.* 1813 et 19 *mars* 1818, *n.* 244 et 32.

Observation. Les frais des procédures criminelles sont avancés par la régie de l'enregistrement. — V. *d. décr.* 18 *juin* 1811, *art.* 1 et 2.

(6) *Observations.* 1. Même lorsque leurs degrés de culpabilité sont différens et qu'il n'y a point eu de concert prémédité entre les délinquans, parce que la loi est générale, *suiv. arr. cass.* 8 *oct.* 1813, *n.* 216.

Mais ils ne sont pas tenus solidairement de la totalité, lorsqu'on a joint deux actes d'accusation, et que l'un des accusés n'était pas attaqué dans l'un de ces actes. — V. *arr. cass.* 24 *nov.* 1820, *n.* 148.

2. Le trésor public a un privilége pour les frais. — V. *cours procéd.* p. 560, *note* 34, *n.* 2.

IV. Les difficultés d'exécution sont de la compétence des Tribunaux civils. — V. *Cours procéd. p.* 54;
arr. cass. cr. 3 *janv. et* 28 *mars* 1807, *ib.*

V. Les condamnations civiles portées par des arrêts
ou des jugemens irrévocables, ne se prescrivent que
d'après les règles du Code civil. — V. *C-cr.* 642 ; *C-civ.*
2262 ; *ci-aprés tit.* 5,

§. 3. *Des Responsabilités civiles.*

I. On est responsable civilement, c'est-à-dire tenu
des prestations précédentes (6 *a*), lorsqu'elles sont
accordées à raison des délits de ceux qu'on a sous sa
puissance, ou sous sa direction, ou sous sa surveillance (7), à moins qu'*on ne prouve* qu'on n'a pas pu
empêcher ces délits (8). — V. *C-pén.* 73, 74; *C-civ.*
1382 *à* 1386; *rép. iij,* 435, *mot délit*, §. 8.

Ainsi, 1. les pères, maîtres, instituteurs, artisans
et aubergistes sont responsables des délits de leurs
enfans mineurs, domestiques (9), élèves, ouvriers et
voyageurs (non inscrits). — V. *C-c.* 1384; *C-p.* 73 (10).

Ainsi, 2. les communes le sont des attentats envers
les personnes ou les propriétés, commis à force ouverte
sur leur territoire par des attroupemens, lorsqu'elles
n'ont pas fait ce qu'elles pouvaient faire pour les prévenir et en indiquer les auteurs. — V. *au surplus*

(6*a*) Ainsi, la responsabilité s'étend aux frais dans le cas même où
il n'y a pas de partie civile. —V. *arr. cass.* 8 *mars* 1821, *n.* 30.

(7) Au Japon la responsabilité est corporelle. V. *Thumberg, iij,* 388.

(8) Cette exception ne s'applique pas aux maîtres. — V. *C-c.* 1384,
in f.; arr. cass. 25 *nov.* 1813, *n.* 254; *et rép. xiv,* 326.

(9) Seulement des délits commis par les domestiques et préposés dans
les fonctions dont ils sont chargés par les maîtres. — *D. art.* 1384.

Mais cette exception n'est pas applicable à leurs délits forestiers, parce
qu'ils sont réglés par des lois spéciales, *suiv. arr.* 13 *janv.* 1814, *n.* 3.

(10) Les aubergistes le sont, en outre, des vols et dommages relatifs
aux effets de leurs hôtes. — V. *C-c.* 1953 *et* 1954.

L. 10 *vend. iv, tit.* 4, *art.* 1 ; *rép. ij,* 591, *mot communauté, n.* 10 ; *réqu. et arr. cass. civ.* 25 *avril* 1813, *B-c. et rép. xv,* 126 ; *arr. rej. civ.* 17 *juin* 1817, *B-c., n.* 182.

Ainsi, 3. les maris le sont des délits ruraux de leurs femmes. — V. *C-rur., tit.* 2, *art.* 7 (11).

II. La responsabilité étant civile, ne s'étend point aux amendes, puisqu'en général, elles sont des peines. — V. *arr. cass. cr.* 14 *juill.* 1814, *n.* 32 ; *rép. xv,* 652 (12). — V. *aussi autre arr.* 14 *janv.* 1819, *n.* 4.

III. Elle peut être prononcée par les jugemens qui statuent sur les délits. — V. *C-cr.* 194, *etc.*

---

(11) *Observations.* 1. Mais ils ne sont pas responsables des injures proférées par leurs femmes. — V. *arr. cass.* 9 *juill.* 1807, 5 *oct.* 1810, 6 *juin et* 16 *août* 1811, *et* 13 *mai* 1813, *n.* 152, 119, 87, 115 *et* 100, *et rép. iij,* 435, *d.* § 8.

2. Réciproquement, la femme ne l'est pas des quasi-délits de son mari qui est en démence, et dont elle n'a pas provoqué l'interdiction. — V. *arr. cass.* 26 *juin* 1806, *n.* 102 ; *rép., t.* 5, *p.* 198, *mot femme, n.* 11.

(12) Il en est autrement lorsque des lois spéciales, telles que l'ordonnance des forêts (1669) et la loi des douanes comprennent l'amende dans la responsabilité des délits relatifs à ces matières. — V. *dd. autorités ; arr. cass.* 6 *juin* 1811, 6 *avr. et* 21 *sept.* 1820, *n.* 83, 48 *et* 126.

TITRE V.

De l'Extinction des peines et des Actions publique et civile.

LES circonstances ou institutions qui éteignent l'action publique et les peines, sont la mort, la prescription, la grâce et l'amnistie.

§. 1er. *De la mort.*

L'ACTION publique s'éteint par la mort du prévenu. — V. *C-cr.* 2 (1).

Par conséquent, si la peine était une prestation pécuniaire, telle qu'une amende, elle ne peut être poursuivie contre ses héritiers. — V. *M. Bourguignon, art.* 2, *note* 1 ; *surtout le rép. iij,* 437, *mot délit,* §. 9, *n.* 2 ; *arr. cass.* 28 *mess. viij, ib. ; réqu. et arr. cass.* 9 *déc.* 1813, *B-c. n.* 258, *et rép., xiij,* 371.

Il en est autrement, soit quant à l'action civile (v. *d. art.* 2), soit quant à la peine qui consiste en une confiscation. — V. *d.* §. 9, *n.* 3 *et* 4 ; *arr.* 9 *prair. ix, et* 11 *flor. x, ib., et B-c. n.* 202 *et* 172. — Soit quant aux adjudications civiles, telles que des condam-

---

(1) *Observations.* 1. L'action publique pour l'*application de la peine,* dit cet article... Donc on ne peut faire l'exécution (on dit que cela s'est pratiqué) sur le cadavre d'un condamné mort au pied de l'échafaud. On objecte en vain que l'exécution est fort utile pour l'exemple, et qu'elle n'est d'aucune conséquence pour un cadavre insensible : outre que la loi est claire, l'exécution aurait des effets très-réels et très-importans, puisqu'elle pourrait induire à penser que le condamné n'est pas mort *integri status* (v. *ci-dev.* p. 73, *note* 1, *n.* 2).

2. Mais l'action contre le complice subsiste encore, parce que ni l'existence ni la condamnation du prévenu ne sont nécessaires pour la poursuite du complice. — V. *arr. rej.* 21 *avr.* 1815, *Jalbert,* 315, *et ci-dev. note* 13, *n.* 2, *p.* 68.

3. Autrefois on pouvait faire le procès au cadavre du délinquant, ou

nations aux dépens.—V. *Avis cons. d'Etat*, 26 *fruct.* *xiij*, *Bull. p.* 608 ; *et rép. v*, 309, *mot frais des procès, n.* 4; *réqu. et arr. cass. cr.* 5 *déc.* 1806, *et civ.* 16 *janv.* 1811, *ibid. et B-c. n.* 207 *et* 4; *d. réqu. et arr.* 9 *déc.* (2).

§. 2. *De la prescription.*

Il faut distinguer entre les actions publique et civile, et les peines prononcées par des jugemens.

I. La prescription des actions publique et civile s'opère au bout des intervalles suivans, savoir : s'il s'agit d'un crime, dix années, à dater du crime, et en cas qu'il y ait eu des poursuites (non suivies de jugement), à dater du dernier acte (3) ; s'il s'agit d'un délit,

---

à sa mémoire, pour les crimes de lèse-majesté divine (tels que l'hérésie) ou humaine, le duel, le suicide ou la rebellion violente à la justice. Si le cadavre était encore *extant*, on l'embaumait pour pouvoir l'exécuter en cas de condamnation. —V. *au surplus, ord. de* 1670, *tit.* 22, *et Jousse, in id.*

(2) *Observations.* 1. La connaissance des difficultés relatives à ces adjudications, appartient aux tribunaux civils. —V. *d. arr.* 5 *déc.* ; *ci-dev. p.* 76, *n.* iv.

2. On a néanmoins jugé que l'action en réparation pécuniaire des malversations commises par un adjudicataire de bois, peut être poursuivie devant les tribunaux correctionnels, contre sa caution qui en est solidairement responsable, parce que, dit-on, ces réparations ne peuvent être prononcées qu'au correctionnel. —V. *arr. cass.* 5 *avr.* 1811, *n.* 48, *et rép.* iij, 465, *mot délit forestier,* § 15, *n.* 4.

(3) *Observations.* 1. Il faut vingt années s'il y a eu un jugement *même irrégulier, de contumace, suiv. répert.* ix, 654, *et arr. cass.* 8 *juin* 1809, *ib. et au B-c. n.* 98, *par arg. de C-br.* 476, *et C-cr.* 476.
Cette décision nous paraît susceptible de difficulté. On la fonde sur ce que la représentation du condamné, anéantissant la procédure de contumace, la validité de cette procédure n'est plus passible d'un examen quelconque. Mais n'a-t-il pas fallu l'*examiner* au moins pour savoir si elle contenait un jugement d'après lequel la prescription fût prorogée à un temps plus considérable ? Et si la loi accorde cet effet *prorogatoire* à un jugement, conçoit-on qu'elle ait entendu l'accorder à un jugement nul ?

2. La prescription de la *bigamie* court de la célébration du second mariage. —V. *arr. cass.* 5 *sept.* 1812, *n.* 204 (*rép.* ix, 655), 4 *juill.* 1816, *n.* 39, *et* 30 *déc.* 1819, *n.* 141.

3. *Faux.* Celle du crime de faux n'empêche pas que le procès ne soit fait à la pièce fausse, par la voie du faux incident, lors même que le faus-

trois années, à partir des mêmes époques (3 *a*); s'il s'agit d'une contravention, une année, à dater de l'infraction (4), lorsqu'il n'est point intervenu de jugement de première instance ; et dans le cas contraire, même espace de temps, à dater de l'appel. — V. *C-cr.* 637, 638, 640.

II. Les peines sont éteintes par la prescription après les intervalles suivans (5) :

1° En matière criminelle, vingt années, à dater des arrêts ;

2° En matière correctionnelle, cinq années, à dater du jugement, s'il est en dernier ressort; et dans le cas contraire, à dater du jour où l'on ne peut en appeler ;

3° En matière de contravention, deux années, à dater des mêmes époques.— V. *C-cr.* 635, 636, 639.

III. Ces règles peuvent être appliquées même par les chambres du conseil et d'accusation. — V. *rép. ix,* 656; *arr. rej.* 18 *juin* 1812, *ib.* 500 (6). — Et à l'inverse

---

saire est connu et vivant.—V. *M. Bourguignon, art.* 637, *note* 1; *M. Carnot, ib. n.* 7; *et pour la proc. du faux incident, cours proc. p.* 273.

(3*a*) L'accusé peut profiter de cette prescription devant la cour d'assises, lorsque le crime dont il est accusé et qui n'est pas prescrit, est converti, par la déclaration des jurés, en un simple délit qui se trouve prescrit.—V. *arr. cass.* 30 *janv.* 1818, *n.* 14.

(4) Il est des délits dans lesquels l'infraction continue pendant un certain intervalle; par exemple, dans la détention arbitraire, jusqu'à l'élargissement du détenu ; et dans le rapt, jusqu'à la *restitution* du mineur. Pour ces délits, qu'on nomme *successifs* la prescription ne court qu'à dater du jour où ils ont cessé. —V. *Mrs Bourguignon et Carnot, art.* 637, *et Le Graverend, i,* 72. Lorsque le délit est *complexe,* c'est-à-dire résulte de plusieurs faits distincts tels que *l'habitude d'usure,* la prescription ne court pas à dater de chacun des faits pris isolément, mais seulement à dater du délit même. —V. *à ce sujet, arr. rej.* 15 *juin* 1821, *n.* 122.

(5) L'amende infligée au civil n'étant pas une peine, ne se prescrit que d'après la loi civile, et par 30 ans.—V. *arr.* 30 *juin* 1814, *cité ci-dev. p.* 3, *note* 4.

(6) Ainsi elles peuvent décider qu'il n'y a pas lieu à poursuites ou à accusation (*ci-apr.* § *de l'instruction, note* 19, *et chap. de l'accusation, note* 3), en se fondant sur la prescription.—V. *dd. autorités.*

du principe reçu en matière civile (v. *cours procéd.*, p. 223, *note* 21, *n.* 3), les Tribunaux doivent suppléer la prescription non proposée par les prévenus. — V. *arr. cass.* 26 *fév.* 1807 *et* 28 *janv. et* 12 *août* 1808, *n.* 43, 16 *et* 169, *et rép. ix*, 487 *et üj*, 454, *mots prescription, sect.* 1 , §. 3 ; *et délit forestier*, §. 13 ; *réqu. à d. p.* 454 (7).

IV. Elles ne concernent point les délits régis par les lois spéciales (8) ; on y applique les prescriptions déterminées par ces lois. — V. *C-cr.* 643.

Par exemple, 1º les délits forestiers se prescrivent par trois mois et une année. — V. *L.* 29 *sept.* 1791 , *tit.* 9, *art.* 8 ; *arr. cass.* 22 *fév.* 1821, *n.* 23 (9).

2º Les délits de pêche, par trois mois. — V. *arr. cass.* 8 *sept.* 1820, *n.* 119.

3º Les délits ruraux et de chasse, par un mois. — V. *C-rur.*, *tit.* 1 , *sect.* 7, *art.* 8 ; *L.* 30 *avr.* 1790, *art.* 12 ; *d. arr.* 22 *fév.* 1821 (10).

---

(7) Ils sont admissibles à la proposer, même en cassation. V. *dd. arr.*

(8) *Dr. transit.* — Mais elles sont applicables même aux délits (quelle qu'en soit la nature) antérieurs au Code actuel, lorsqu'elles sont favorables au prévenu. —V. *réqu. et arr. rej. et cass.* 18 *juin* 1812, 22 *avr.*, 6 *mai*, 4 *nov. et* 16 *déc.* 1813, *rép. ix*, 500, *xv*, 585 *et suiv.* ; *et B-c.* 1813, *n.* 83, 92, 242 *et* 259 ; *autre*, 21 *août* 1817, *n.* 76. —V. *aussi id.*, 7 *avr.* 1820, *n.* 50.

(9) *Observations.* 1. L'action doit être intentée dans trois mois, à dater du délit reconnu, lorsque le délinquant est désigné par le procès-verbal ; et dans un an, lorsqu'on ne l'a pas connu.—V. *d. art.*

2. Si elle a été intentée dans le 1er cas, elle n'est pas périmée au bout de 3 mois, et on peut la renouveler. —V. *arr. cass.* 5 *juill.* 1816, *et* 19 *mars* 1818, *n.* 40 *et* 34.

3. Les mois se comptent de quantième à quantième.—V. 5 *arr. cass.* 27 *déc.* 1811, *n.* 183 ; *et rép. viij*, 348, *mot mois ; cours procéd. p.* 151.—V. *aussi ci-dev. note* 18, *n.* 2, *p.* 63.

(10) *Observations.* 1. Les délits *ruraux*, prévus et punis par le Code pénal actuel, se prescrivent d'après les règles du Code criminel actuel qui lui est corrélatif, c'est-à-dire d'après celles exposées *ci-dev. nos I et II, p.* 79 *et* 80 ; et par conséquent, il faut plus d'un mois. —V. *arr. cass* 23 *oct.* 1812, *et* 10 *sept.* 1813, *B-c. n.* 230, 208 *et* 209, *et rép. ix*, 656, *xv*, 185. — V. *aussi arr. cass.* 26 *mai et* 8 *juin* 1820 (infractions à des bans de vendange), *n.* 77 *et* 80.

2. Les délits de *chasse* sont uniquement réglés par la loi du 30 avril ci-

V. Quoique légalement acquise, d'après les mêmes règles, la prescription n'anéantit pas, dans quelques circonstances, tous les effets des condamnations.

1. La prescription de la peine ne peut faire recouvrer les droits civils au condamné qui a encouru la mort civile. — V. *C-civ.* 32 (11).

2. Le condamné pour crime ne peut habiter dans le même département que celui qui a souffert du crime, ou que ses héritiers. — V. *C-cr.* 635.

3. Le condamné par défaut, ou contumax, dont la peine est prescrite, n'est plus admissible à se justifier. — V. *C-cr.* 641 (12).

§. 3. *De la Grâce.*

I. LE ROI a droit de faire grâce aux criminels, des peines qu'ils ont encourues (13). Les lettres par les-

---

dessus. —V. *arr. rej.* 1 *oct.* 1813, *Jalbert*, 1814, 128, *et cass.* 22 *juin* 1815, *n.* 40; *ci-dev. p.* 18, *n.* 2.

3. Il en est autrement du délit de *port d'armes*, qui néanmoins n'est punissable qu'autant qu'il est joint au délit de chasse.—V. *à ce sujet, décr.* 4 *mai* 1812; *réqu. et arr. cass.* 1 *août* 1811, *n.* 107 (*et rép.*, *ix*, 402), 4 *déc.* 1812, *n.* 260; 15 *oct.* 1813, *n.* 222; 4 *et* 5 *févr.* 1820, *n.* 12 *et* 15.

Observons à ce sujet, que pour n'être pas en délit il ne suffit point d'avoir réclamé le *permis*, ou d'en avoir payé les droits; il faut l'avoir obtenu. —V. *à ce sujet*, *arr.* 24 *et* 31 *déc.* 1819 *et* 11 *févr.* 1820, *n.* 140, 142 *et* 25.

4. La prescription des délits de *douanes* et de *droits réunis* (v. *ci-dev. p.* 44, *note* 13) se règle aussi d'après des lois spéciales. —V. pour les premiers, *L.* 22 *août* 1791, *tit.* 13, *art.* 25, *tit.* 3, *art.* 14; *L.* 4 *germ. ij, tit.* 7, *art.* 3; *et pour les* autres, *décr.* 1er *germ. xiij, art.* 50.

5. *Idem*, celle des délits *maritimes*... V. à ce sujet, *arr. cass.* 27 *janv.* 1820, *n.* 14.

(11) *Quid*, s'il se remet en jugement après avoir été condamné par contumace?... —V. *rép. ix*, 640, *mot prescription, sect.* 3, § 7, *art.* 1.

(12) V. pour diverses *questions* sur la prescription en matière criminelle, *rép. ix*, 652 *et suiv.*, *xv*, 585 *et suiv.*, *h. v.*

(13) *Observations.* 1. Il n'appartient qu'au pouvoir législatif et au ROI, lorsqu'il veut user de son droit de grâce, d'anéantir ou suspendre l'effet des lois pénales. —V. *arr. cass.* 28 *juill.* 1814 *et* 14 *avr.* 1815, *n.* 34 *et* 26.

quelles il accorde la grâce sont enregistrées dans les audiences solennelles des Cours royales. —V. *L.* 16 *therm. x, art.* 86; *décr.* 6 *juill.* 1810, *art.* 20; *Charte const., art.* 67.

II. La grâce n'est point une improbation ou une censure du jugement et des juges qui l'ont rendu, et elle ne doit produire aucun effet, ni sur la partie de la peine qui est déjà acquittée, ni sur les condamnations civiles ou autres droits acquis aux intéressés (14). —V. *avis cons. d'état,* 25 *janv.* 1807; *lettr. du minist. de la just. du* 9 *mai suivant* (*Moniteur, p.* 510).

Il résulte de là que les motifs qui peuvent faire obtenir sa grâce à un coupable, ne doivent point engager le juge à fléchir dans l'application rigoureuse de la loi. —V. *d. lett. du* 9 *mai* (14 *a*).

IV. Du droit de grâce qui appartient au Roi, dérive celui de *commutation de peine,* dont les lettres sont également enregistrées par les Cours royales. —V. *décr.* 6 *juill.* 1810, *art.* 20; *Charte, art.* 67. (15).

---

2. Donc, une circulaire ministérielle ne peut affranchir des peines qu'elles prononcent. —V. *dd. arr.* — Mais la citation d'une telle circulaire dans un jugement n'annulle point ce jugement si son dispositif peut d'ailleurs être justifié par une loi pénale. —V. *arr. cass.* 26 *févr.* 1818, *n.* 23, *p.* 67.

3. Le Roi use surtout de sa prérogative envers les condamnés qui se conduisent bien. —V. *à ce sujet, ordonn.* 6 *févr.* 1818.

(14) *Observations.* 1. Elle n'empêche pas non plus qu'on ne soit condamné pour récidive. —V. *ci-dev. p.* 65, *note* 3, *n.* 2.

2. Ni qu'on se pourvoie en révision de la 1re condamnation. —V. *arr.* 30 *nov.* 1810, *n.* 150.

(14 *a*) C'est par ce motif qu'on avait jadis donné aux cours spéciales (et par-là même aux cours prévôtales), dont les jugemens n'étaient pas passibles de recours, le droit d'en surseoir l'exécution pour recommander les condamnés à la clémence du Roi. —V. *C cr.* 595, 598, *et ci-dev. p.* 45, *note* 1.

(15) On peut, en quelque sorte, assimiler à la grâce, la faculté accordée, 1. aux communes ou aux particuliers solvables, de réclamer ou cautionner, avec l'agrément du gouvernement, les *vagabonds* français condamnés. —V. *à ce sujet C-pén.* 273. — 2. au mari de reprendre sa femme condamnée pour adultère. —V. *ci-dev. p.* 19, *note* 8, *n.* 2.

§ 4. *De l'Amnistie.*

On donne ce nom à un acte par lequel l'autorité supérieure, d'après des considérations politiques, remet les peines encourues pour certains délits (16).

L'amnistie étant une mesure extraordinaire, une exception à des lois d'ordre public, on a établi les règles suivantes ;

1. On ne doit appliquer l'amnistie que lorsque le délinquant a satisfait à toutes les conditions prescrites par la loi qui l'accorde ;

2. Elle est restreinte aux délits indiqués par la même loi ;

3. Elle ne s'étend pas aux délits postérieurs ;

4. Elle ne fait pas acquérir au délinquant les objets qu'il s'est appropriés par son délit.—V. *sur ces divers points, LL. 3 brum. iv, art. 3 à 5; 1 compl. vj; 14 mess. vij; arr. cass. 17 frim., 7 flor., 5 fruct. vij, n.* 129, 385, 614, *etc.; avis et décr.* 26 *et* 30 *juin* 1810.

---

(16) *Exemples d'amnisties.* 1. Pour faits et délits de conscription. —V. *décr.* 23 *avr.* 1814 ; *arr. cass.* 10 *août* 1815, *n.* 44.

2. Pour délits forestiers. —V. *ord.* 11 *juill.* 1814.

3. *Id.* de droits réunis. —V. *ord.* 13 *janv.* 1815.

4. *Id.* relatifs à l'usurpation. —V. *L.* 12 *janv.* 1816; *arr. cass.* 8 *févr. et* 21 *mars* 1817, *n.* 9 *et* 25.

5. *Id.* relatifs aux subsistances. —V. *ord.* 13 *août* 1817; *arr. cass.* 27 *févr.* 1818, *n.* 24.

TITRE VI.

De la Réhabilitation.

I. Lorsqu'un condamné à une peine afflictive ou infamante l'a subie, il peut, au bout de cinq ans, et en présentant des attestations de bonne conduite délivrées par les municipalités des lieux qu'il a habités, demander sa réhabilitation (1). —V. *au surplus*, *C-cr.* 619 *à* 629.

II. La réhabilitation est accordée par le Roi sur l'avis d'une Cour royale (2).... Elle anéantit toutes les incapacités qui résultent de la condamnation. —V. *C-cr.* 630 *à* 633.

Mais elle ne doit point anéantir les effets des condamnation civiles. — *Arg. du d. art.* 633. —V. *aussi M. Réal, exposé des motifs du liv.* 2*, tit.* 7*, ch.* 4 *du projet de Code criminel, corps législat., séance du 6 déc.* 1808; *C-pén. de* 1791*, part.* 1*, tit.* 7*, art.* 12.

III. Au reste, on n'y admet pas, 1° le condamné

---

(1) Il ne faut pas confondre cette réhabilitation avec celle des *faillis*, qui est accordée par les Cours royales. —V. *cours procéd.* p. 62.

Il semble qu'un condamné au bannissement et à la dégradation doive avoir la faculté de demander sa réhabilitation, puisque l'article 619 dit TOUT condamné... Tel paraît aussi être l'avis de M. Carnot, *d. art.*, *p.* 737. M. le Graverend, *t.* 2*, p.* 701, est d'un sentiment contraire à l'égard de la dégradation, parce que cette peine est, dit-il, perpétuelle de sa nature.

(2) L'affaire sera rapportée à la chambre *criminelle*, dit l'art. 623... Il nous semble que cette expression ne peut désigner que la chambre d'accusation, d'autant que la chambre correctionnelle ne connaît pas des crimes. Selon M. Le Graverend, *ij*, 702, celle-ci pourrait s'occuper de la réhabilitation; mais il avoue qu'il est plus régulier que ce soit la chambre d'accusation.

pour récidive (3). —V. *C-cr.* 634; — 2° le contumax; 3° celui qui a prescrit sa peine. —*Arg. de C-cr.* 619; *M. Carnot, d. art.; répert. ix,* 640.

---

(3) Effet de la réhabilitation, quant à la récidive.—V. *ci-devant, page* 65, *note* 3, *n.* 3.

FIN DE LA PREMIÈRE PARTIE.

COURS
DE DROIT CRIMINEL.

~~~~~~

SECONDE PARTIE.

PROCÉDURE CRIMINELLE.

OBSERVATIONS PRÉLIMINAIRES.

La procédure criminelle, nous l'avons dit, a pour but la répression des délits. Or, la répression des délits exige l'action de deux autorités distinctes; la police et la justice (v. *C-br.* 15; *ci-apr. p. 91, note 1 a*). Nous avons donc à traiter, dans cette partie de notre Cours, de l'une et de l'autre de ces deux autorités. Nous proposerons auparavant quelques règles qui s'appliquent à la procédure considérée en général.

1. *Notifications.* Le ministère des huissiers n'est pas nécessaire pour plusieurs des notifications de procédure criminelle. Ainsi, pour les délits forestiers, de droits réunis et de douanes, elles peuvent être faites par les gardes et préposés. —V. *rép. mots garde-bois, sect.* 1, § 3, *n.* 7, *et huissier,* § 1, *n.* 16 (1).

D'autre part, les règles du Code de procédure civile, ne leur sont pas en général, applicables. —V. *ci-apr.*

____

(1) *Observations.* 1. Mais ces gardes et préposés ne peuvent pas faire les *saisies* et exécutions pour l'exécution des jugemens. — V. *avis. cons.* d'État 16 mai 1807; *décr.* 2 *févr.* 1811.

2. *L'enregistrement* n'est pas de rigueur pour les exploits au criminel. —V. *arr. rej.* 23 *vent. xiij, rép. iv,* 764, *h. v.,* § 44, *et* 1er *févr.* 1816, *Jalbert,* 395. D'ailleurs, si la loi défend de rendre un jugement sur un acte non enregistré, ce n'est que sous peine de responsabilité *des droits;* d'où il résulte que si un tel jugement a été rendu il n'est pas nul. — V. *arr. cass.* 1er *mai* 1818, *n.* 57.
~~~~~~

tit. de la proc. de police simple, *note* 1, *n.* 2, *et de la proc. correctionn., in pr.*

2. *Jours fériés.* L'expédition des affaires criminelles (sauf quant aux exécutions) peut avoir lieu les jours fériés. —V. *L.* 17 *therm. vj, art.* 2 *et* 7; *C-pén.* 25 (2).

3. *Vacances.* Les tribunaux criminels n'en ont point. —V. *Cours de proc. p.* 27, *note* 37.

4. *Caution du jugé.* Elle peut être exigée au criminel, *suiv. arr. cass.* 3 *fév.* 1814, *n.* 121.—V. *aussi d. cours, p.* 227.

5. *Preuves.* Les délits (et par la même raison, la *non-culpabilité*) peuvent être établis par toutes sortes de preuves. —V. *M. Barris, au rép. xv,* 190, *mot dépôt,* § 1, *n. vj,* 3°; *arr. cass.* 2 *oct.* 1818, *n.* 124.

Par conséquent, la preuve vocale est en général admissible au criminel : à moins que le délit ne soit la suite d'un fait non caractérisé comme délit, et à l'égard duquel la loi civile n'admet pas cette preuve ; comme si le délit dépend de l'existence d'une convention (3) qui ne puisse être établie par témoins, qu'autant qu'il y a un commencement de preuve par écrit. —V. *id., d. p.* 190. —V. *aussi réqu. et arr. cass.* 5 *sept.* 1812 *et* 17 *juin* 1813, *B-c. n.* 205 *et* 129, *et rép. xij,* 502 (4).

6. *Récusation.* Ni le Code de brumaire, ni le Code criminel ne donnent des règles pour la récusation des juges ; mais on y supplée, en appliquant celles de la

---

(2) V. aussi arr. rej. 27 août 1807 et 14 avr. 1815, J-C-pr., 1, 22, avoués, xj, 286; L. 10, C. de feriis.

(3) S'il s'agit, par exemple, du délit de violation de dépôt, il faut d'abord constater l'existence du dépôt, et pour cela, au défaut de preuve littérale, il faut un commencement de preuve par écrit, pour pouvoir établir cette existence, par la preuve vocale. —V. *arr. rej.* 31 *juill.* 1812, au *d. n.* vi. —V. *aussi C-pén.* 408, *conf. avec* 406; *C-civ.* 1341, *conf. avec* 1347; *arr. cass.* 10 *avr.* 1819, *n.* 45.

(4) Dans ce cas, d'après le principe ci-devant établi (*p.* 32), que le juge de l'action est, en général, le juge de l'exception, le tribunal criminel pourra apprécier le commencement de preuve, et selon qu'il en reconnaîtra, ou non, l'existence, admettre ou rejeter la preuve vocale. — V. *au surplus, M. Barris, au d. n.* vi.

récusation en matière civile. —V. *rép. xj*, 91, *h. v.*, § 3, *art.* 2, *et pour ces règles, d. cours, p.* 325 (5). —V. *aussi arr. cass.* 8 *oct.* 1819, *n.* 110.

7. *Débats.* Leur publicité est de l'essence des procédures. —V. *M. Barris, rép. iij*, 433, *mot délit*, § 4; *Charte const.* 64 (6).

8. *Connexité.* Les délits connexes, fussent-ils de diverses espèces, doivent être instruits par la même procédure, et jugés par le même tribunal. —V. *rép. ij,* 847, *h. v.; ci-dev. p.* 46, *n.* 4; *ci-apr. ch. de l'accusation, n.* 1, *note* 2. —V. *aussi cours proc. p.* 224 *et* 263, *note* 10.

9. *Partage.* Le partage d'opinions est toujours vidé de plein droit *ad mitiorem*, c'est-à-dire pour l'avis le plus favorable au prévenu ou accusé. —V. *réqu. et arr. rej.* 27 *juin* 1811, *et* 5 *mars* 1813, *rép. ix*, 67, *et xv*, 290; *id., cass.* 5 *juill.* 1821, *n.* 110. —V. *aussi ci-apr. chap. des assises, note* 54; *d. cours procéd. p.* 248, *note* 17.

10. *Motifs.* Les jugemens définitifs doivent être motivés. —V. *C-cr.* 163; *ci-apr. tit. des procéd. de police*

---

(5) Ainsi, le juge criminel ne peut statuer sur la récusation proposée contre lui. — V. *réqu. et arr. cass.* 15 *févr.* 1811, 19 *mess. viij*, 30 *nov.* 1809, *B-c. n.* 24, 415 *et* 181, *et rép., d. art.* 2; *d. cours, p.* 331, *note* 31. —Ainsi, le ministère public ne peut être récusé lorsqu'il est partie principale. — V. *d. cours, p.* 26 *et note* 34, *ib., et rép. d. art.* 2.

Mais c'est au juge criminel et non point au juge civil à faire l'application des règles ci-dessus. — V. *arr. rej.* 24 *oct.* 1817, *B-c. de* 1818, *n.* 7.

(6) *Observations.* 1. Cette règle ne reçoit exception que lorsque cette publicité est dangereuse pour l'ordre et les mœurs, et, dans ce cas, le tribunal le déclare par un jugement. — V. *d. art.* 64.

2. Elle reçoit néanmoins une autre exception pour les instructions et décisions préliminaires des chambres du conseil et d'accusation (v. § *de l'instruction, n. III, et chap. de l'accusation, n.* 1), parce que, de leur nature, elles sont secrètes.

3. Au reste, la publicité ci-dessus doit être *rétablie* après les débats, c'est-à-dire après la réplique de l'accusé, parce que le résumé du président (v. *ci-apr. art. de l'examen, n.* 5) et les opérations suivantes, étant extrinsèques aux débats, doivent être publics. — V. *arr. cass.* 22 *avr.* 1820, *n.* 56.

(§ 3) *et correctionnelle, note* 7 ; *M. Laporte, mot juge-ment et motifs ; plus. arr. ib.* —V. *aussi d. cours, p.* 252, *note* 35 ; *arr. ib.*

11. *Jugemens.* Ils doivent aussi être fondés sur la conviction et une conviction naissant d'un examen, et non pas sur le doute ; car, s'il y a du doute, il faut aquitter le prévenu (7). —V. *arr. et réqu.* 25 *fruct. et* 15 *juin, ci-dev. p.* 5, *n.* 3 *et note* 12, *ib.,* et *p.* 62, *note* 15, *n.* 3 ; *autres, à cours proc. p.* 21, *note* 19, *et* 3 *déc.* 1813 *et* 4 *août* 1820, *n.* 256 *et* 109, *B-c.*

12. *Nullités.* Une nullité *légale,* telle que celle qui résulte d'un défaut de nombre suffisant de jurés sur une liste, ne peut être couverte par un consentement plus ou moins formel de l'accusé. —V. *à ce sujet, arr. cass.* 10 *avr.,* 22 *mai et* 24 *juin* 1819, *n.* 43, 62 *et* 72.

---

(7) Par la même raison on ne peut le fonder sur une alternative, déclarer par exemple, que N. est auteur ou complice d'un tel délit. —V. *à ce sujet, arr. cass.* 10 *août* 1820, *n.* 111.

SECTION PREMIÈRE.

DE LA POLICE.

Observations préliminaires.

La police est instituée pour maintenir l'ordre public. On la divise en police administrative et en police judiciaire. La première, qui est confiée aux autorités administratives, a pour but de prévenir les délits (1) : la deuxième, de les rechercher, d'en rassembler les preuves et d'en livrer les auteurs aux tribunaux (1 *a*). —V. *C-br.* 16 à 20. —V. *aussi C-cr.* 8. — C'est de la police judiciaire que nous allons nous occuper, et nous traiterons des officiers qui en sont chargés, ainsi que des règles à suivre dans leurs procédures.

----

(1) *Observations.* 1. Pour atteindre à ce but, la police administrative peut, entre autres, faire des règlemens sur les objets indiqués *ci-dev. p.* 8, *note* 5.

2. Au nombre de ces objets, on peut également ranger les mesures prescrites, soit pour la formation des établissemens insalubres et incommodes. — V. *décr.* 15 *oct.* 1810; *surtout ord.* 14 *janv.* 1815. — Soit pour prévenir la contagion des maladies épizootiques. —V. *ord.* 27 *janv.* 1815.

3. A l'égard des autorités administratives chargées de cette police, de leur hiérarchie, etc. — V. *cours proc. p.* 95.

(1 *a*) On verra ci-après § 1 *et* 3, *p.* 98 *et* 102, qu'en cas de flagrant délit, le procureur du Roi doit, sur le premier avis, constater le corps du délit et l'état des lieux; entendre ceux qui peuvent donner des renseignemens sur le délit; faire des perquisitions de domicile, d'effets, de papiers; ordonner l'arrestation des prévenus, etc.; en un mot, recueillir toutes les traces du délit, et aussitôt après, transmettre les procès-verbaux, pièces, etc., au juge instructeur, qui procède, comme on l'explique au § 3, p. 102.

Le procureur du Roi change alors de rôle; d'officier de police judiciaire, il devient partie poursuivante, et c'est alors aussi, que, selon la remarque de M. Barris (*rép.* 3e *édit.*, *t.* 7, *p.* 532, *mot magistrat de sûreté*, *n.* 8. —V. *aussi M. Bourguignon*, *art.* 45, *note* 1), c'est alors que *l'action de la justice commence*, *et que les fonctions de la police judiciaire cessent.* — V. *ci-dev. p.* 87, *observ. prélim.*

TITRE PREMIER.

Des Officiers de Police judiciaire.

I. Le procureur du Roi est chargé de la police judiciaire, quant aux délits (1) et aux crimes dont il a connaissance. —V. *C-cr.* 22. —V. *aussi L.* 7 *pluv. ix*, art. 1 ; *L.* 20 *avr.* 1810, *art.* 42 *et* 43 (2).

Nous disons : dont il a connaissance, parce que les procureurs du Roi, soit du lieu du délit, soit de la résidence du prévenu, soit du lieu où il peut être trouvé, sont également compétens pour la recherche et poursuite du délit. —V. *C-cr.* 23 (3).

Les mêmes règles de compétence s'appliquent au juge d'instruction dont on parlera ci-après (*p.* 94). —*Arg. de C-cr.* 69 (4).

---

(1) Aux délits correctionnels et non pas aux simples contraventions. —V. *C-cr.* 22.

(2) En cas d'empêchement du procureur du Roi ou de son substitut, il est remplacé par un juge, ou un auditeur, ou un suppléant nommé par le tribunal. — V. ; *au surplus*, *C-cr.*, *art.* 26 ; *décr.* 18 *août* 1810, *art.* 20 *et* 21 ; *M. Carnot, art.* 210, *n.* 12.

(3) *Observations.* 1. Cet article ne détermine point auquel de ces magistrats, en cas de concurrence, l'instruction doit rester. D'après les principes exposés au cours de procédure (*p.* 34, *n. iv*), il est naturel que ce soit au premier qui l'a commencée. Tel est aussi l'avis de M. Carnot, *d. art.* 23, *n.* 4 *et* 5, *par arg. de C-br.* 77 ; et c'est ce qui a été ensuite décidé. —V. *réqu. et arr. régl.* 13 *mars* 1812, *rép. xiv*, 821, *mot vol, sect.* 2, § 3 ; *art.* 4 ; *n.* 6.

2. Quel est le *premier saisi* (soit d'un procureur du Roi, soit d'un juge d'instruction)?.. C'est celui qui a le premier décerné un mandat de dépôt, d'amener ou d'arrêt. —V. *arr.* 25 *oct. et* 7 *nov.* 1811 *et* 9 *janv.* 1812, *Laporte*, 40 ; *M. Bourguignon*, *art.* 23, *arg. d. art.* 77.

3. Au reste, celui qui n'est dans aucun des trois cas précédens (comme si l'on n'a pas fait dans son ressort, un usage criminel d'une pièce prétendue fausse), doit se déclarer incompétent. — V. *réqu. et arr. rej.* 26 *nov.* 1812, *rép. xv*, 342.

(4) *Observations.* 1. Il doit, par conséquent, se déclarer incompétent dans le cas de la note 3, n. 3, ci-dessus. —V. *d. réqu. et arr.* 26 *nov.*

II. Le procureur du Roi exerce la police sous les ordres du procureur-général et sous l'autorité des Cours royales. —V. *C-cr.* 27, 9 *et* 274. — Il est aidé, dans cette fonction, par d'autres officiers de police judiciaire, qui sont placés en général sous sa surveillance.—V. *C-cr.* 48 *et suiv.*; *L.* 20 *avril* 1810, *art.* 45.

III. Les officiers de police auxiliaires sont les juges de paix, les officiers de gendarmerie (5), les commissaires généraux et particuliers de police, et les maires et adjoints. —V. *C-cr.* 48, 50.

Ils reçoivent et rédigent concurremment avec le procureur du Roi, mais à la charge de les lui envoyer, les dénonciations des crimes et délits, les déclarations de témoins, procès-verbaux et autres actes prélimi-

---

2. Et il le peut, même sans réquisition du procureur du Roi ; et la même faculté appartient à la chambre d'accusation, *suiv. d. réqu.*

3. Les règles ci-dessus s'appliquent aussi au maire, lorsqu'il exerce le ministère public ; mais, s'il a poursuivi un délit, quoique commis dans une commune autre que la sienne, et si le maire compétent a pris ensuite les conclusions sans réclamation de la partie, l'irrégularité primitive est couverte, *suivant l'auteur du répert. , xiv,* 207.

4. D'après les mêmes règles, on peut renvoyer une plainte en faux-téignage, au juge d'instruction d'un tribunal dans le ressort duquel les témoins ont déposé. — V. *arr. rej.* 6 *nov.* 1817, *n.* 108.

5. *Délits de la presse.* Le juge compétent pour l'*action publique* est celui du lieu où l'on a fait le dépôt de l'ouvrage, avec déclaration qu'on entend le publier... Quant à l'*action civile*, c'est celui du lieu quelconque où la publication a été faite.—V. *au surplus, L.* 26 *mai* 1819, *art.* 29; *M. Carnot, d. art., p.* 186 *et suiv. de l'examen cité ci-dev. p.* 11, *note* 13.

(5) Et non pas les simples gendarmes. — V. à ce sujet et pour d'autres questions, *arr. cass.* 3, 10 *et* 24 *févr.* 1820, *n.* 21, 23 *et* 32.

D'où il résulte, 1° que leurs verbaux ne font foi, ni jusques à inscription, ni jusques à preuve contraire ; 2° qu'on peut, quoique rédacteurs de verbaux, les entendre comme témoins (sauf à avoir tel égard que de raison à leur témoignage), d'autant qu'aucune loi ne défend les dépositions des rédacteurs de verbaux. — V. *dd. arr.*

Observations. 1. *Gendarmerie.* Fonctions, surtout pour la recherche des délits, v. *L.* 28 *germ. vj, art.* 125.—V. *aussi ci-apr. p.* 101 *et* 102, *notes* 12 *et* 13 ; *ci-dev. p.* 36, *note* 7 *, n.* 3.

2. Elle doit obtempérer aux réquisitions d'un commissaire de police, hors de son arrondissement, lorsqu'elles sont visées par le sous-préfet, ou à son défaut, par le maire. — V. *décision du ministre de la guerre, du* 10 *mai* 1808, *dans la législat. militaire d'H. Berriat, ij,* 285.

naires... Ils peuvent continuer l'instruction, s'il les y autorise. —V. *au surplus C-cr.* 48 *à* 54.

Les commissaires de police, et, s'ils sont empêchés, les maires, et si ces derniers le sont, les adjoints (6), font tous les actes de police judiciaire pour les contraventions; et il en est de même (7) des gardes champêtres et forestiers, quant aux contraventions et délits ruraux, et aux délits forestiers (8). Les premiers les transmettent au ministère public du tribunal de police les autres, ou à ce ministère, ou, s'il s'agit de délits, au procureur du Roi. —V. *C-cr.* 11 *à* 21.

IV. Les juges d'instruction, ou juges instructeurs (9),

____

(6) L'empêchement, soit du commissaire, soit du maire, est toujours présumé lorsqu'il n'est pas survenu et qu'il n'a pas réclamé. — V. *M. Carnot, art.* 11, *n.* 6 *et* 7; *arr. cass.* 1 *sept.* 1809, *ib. et B-c. n.* 149.

(7) *Idem,* des adjoints et gardes du génie, quant aux dégradations des fortifications, bâtimens militaires, etc. —V. *L.* 29 *mars* 1806, *art.* 1 *et* 2; *ord.* 10 *nov.* 1815. — Et quant aux constructions et usurpations, voisines des particuliers. —V. *ord.* 1ᵉʳ *août* 1821, *art.* 31, 49, etc.

(8) *Observations.* 1. Cette attribution motive la division que nous avons faite des contraventions, en plusieurs classes. —V. *ci-dev. p.* 9, *n.* 2. —Aussi a-t-on annullé un jugement de condamnation pour infraction à la loi des fêtes (*ci-dev. p.* 11), parce qu'il était uniquement fondé sur le procès-verbal d'un garde champêtre. — V. *arr. cass.* 13 *févr.* 1819, *n.* 21.

2. Les commissaires, maires et adjoints ont, quant à ces infractions, concurrence avec les gardes, et même prévention sur eux. — V. *C-cr.* 11; *M. Carnot, ib., n.* 4.

3. Les *gardes champêtres* des particuliers sont agens de la force publique. — V. *à ce sujet, et pour d'autres questions, arr. rej. ou cass.* 19 *juin* 1818, 17 *et* 24 *sept.* 1819, *et* 16 *févr.* 1821, *n.* 81, 103, 104 *et* 22.

4. Les *gardes forestiers* sont officiers de police judiciaire, et par-là même leur homicide est punissable de mort. — V. *arr. rej.* 9 *sept.* 1819, *n.* 106.

(9) *Observations.* 1. Le juge instructeur est choisi parmi les membres du tribunal civil. —V. *C-cr.* 55 *à* 58; *M. Carnot, i,* 157.

2. Ses fonctions sont relatives à la recherche des délits et des preuves qui les indiquent ou constatent, et à l'arrestation des prévenus. — V. *rép. vj,* 579, *h. v., n.* 1; *et pour les détails, M. Bourguignon, art.* 55.

3. Dans quelques cas elles sont remplies par le premier président ou par un membre de la cour royale. — V. *ib. n.* 2; *ci-apr.* § *des délits des juges.*

sont encore regardés comme officiers de police judiciaire; et les préfets, sans en avoir le titre (10), peuvent en faire tous les actes préliminaires, et livrer les
prévenus d'infractions aux tribunaux compétens.—V.
C-cr. 9 *et* 10 ; *M. Bourguignon, art.* 10 *et* 279; *M. Carnot, d. art.* 10.

V. Tous les officiers de police judiciaire sont sous la
surveillance du procureur-général. —V. *C-cr.* 279 *à*
282.

---

4. Le juge d'instruction peut-il siéger aux tribunaux correctionnels,
cours d'assises et chambres d'accusation ? —V. *ci-dev. p.* 49 *et* 51, *note*
14, *n.* 3 *et note* 22.

5. Ses ordonnances sont, en règle générale, susceptibles d'appel. —
V. à ce sujet, *arr. rej.* 4 *août* 1820, *n.* 110, *par arg. de C-cr.* 34 *et* 80.

6. Comme il est membre de la chambre du conseil, elle ne peut connaître de cet appel, qui, par conséquent, doit être porté à la chambre
d'accusation.—V. *d. arr.* 4 *août.*

(10) Un arrêt de cassation du 31 août 1815, n. 48, les nomme officiers
de police administrative.

TITRE II.

Des Procédures de Police judiciaire.

Nous allons jeter un coup d'œil sur les actes ou circonstances qui déterminent les procédures de police judiciaire, c'est-à-dire la recherche des délits et de leurs auteurs; sur la traduction et l'arrestation des prévenus ou inculpés, et sur l'instruction dont se composent ces procédures.

§ 1er *Des Actes ou Circonstances qui donnent lieu aux Procédures de police judiciaire.*

Ces procédures se font d'après les actes ou dans les cas suivans, savoir : 1. d'office; 2. d'après un avis officiel; 3. d'après une dénonciation particulière; 4. d'après une plainte; 5. en cas de flagrant délit.

1. *D'office*, c'est-à-dire immédiatement par les officiers de police, ou même par la Cour royale, ou d'après ses ordres. —V. *C-cr.* 22, 47, 59, 235, *etc.* —V. *aussi C-br.* 100 *et* 101 ; *ci-dev., p.* 50., *n.* 1, *et surtout note* 18, *ib.*

2. D'après un *avis officiel*, c'est-à-dire sur l'indication que tous les fonctionnaires ou officiers publics sont tenus de donner des crimes ou délits dont ils sont informés pendant l'exercice de leurs fonctions. —V. *C-cr.* 29 (1).

____

(1) *Observations.* 1. Cet avis ne peut être donné par une disposition qui fait partie d'un jugement, surtout, lorsqu'on en ordonne l'affiche, puisque c'est alors une véritable peine qui, dans ce cas, est illégalement prononcée. —V. *arr. cass.* 30 *frim. xij, n.* 46; *M. Carnot, art.* 29, *n.* 12.

2. Dès que ce n'est qu'un *avis*, le fonctionnaire est libre de le transmettre par une simple lettre ; il n'est pas tenu d'y observer les formes prescrites pour une dénonciation. Cela avait d'ailleurs été jugé sous le Code de brumaire, quoiqu'il donnât (*art.* 8) le titre de dénonciation à cet avis. —V. *arr. cass.* 8 *mess. xiij, n.* 164, *et rép. iij,* 543, *h. v. n.* 12.

3. D'après une *dénonciation particulière*... Et il faut observer que cette dénonciation est d'obligation lorsqu'il s'agit d'un attentat contre la sureté publique, ou contre la vie ou propriété d'un individu. —V. *pour ses formes*, *C-cr.* 3o *et* 3r (2).

4. D'après une *plainte* que fait le particulier, lésé par le crime ou délit. —V. *C-cr.* 63 (3).

Le plaignant se constitue *partie civile*, soit par une déclaration expresse, faite dans la plainte ou dans un acte subséquent, pourvu que ce soit avant la clôture des débats (4), soit par des conclusions en dommages, prises dans la plainte ou l'acte.—V. *C-cr.* 66, 67.

Il peut se départir dans les 24 heures. Il est alors affranchi des dépens, mais il *peut* encore être condamné à des dommages. V. *dd. art.; Mrs Bourguignon et Carnot, ib.*

La plainte se porte au juge d'instruction compétent (*v. ci-dev. p.* 92), soit directement, soit par l'entremise du procureur du Roi et des officiers de police auxiliaires.—V. *au reste C-cr.* 63, 64 *et* 69 (5).

---

(2) Elle doit entre autres être signée par le dénonciateur (s'il ne sait pas ou ne veut pas signer, on en fait mention). —V. *d. art.* 3r. —Sinon il ne peut être condamné à des dommages, etc., comme ayant fait, *par écrit*, une fausse dénonciation. —V. *arr. cass.* 3 *déc.* 1819, *n.* 129.

A l'égard de ces *dommages* et des cas où le dénonciateur en est passible, v. *ci-apr. ch. des cours d'assises, note* 64.

(3) Il résulte de là que; pour porter une plainte, il faut avoir un intérêt direct et un droit *formel*, de constater et poursuivre le délit. — V. *à ce sujet et pour une exception, ci-dev. p.* 25, *notes* 28 *et* 29, *ib.*

(4) *Observations.* — *Intervention.* 1. Il peut donc intervenir jusqu'alors, quand même il a déclaré primitivement ne vouloir être ni plaignant, ni partie civile. —V. *arr. rej. et cass.* 27 *déc.* 1811 *et* 16 *oct.* 1812 (*B-c. n.* 222), *rép. vj,* 504, *h. v.,* § 2.

2. Il le peut même en cassation, lorsque, dans le principe, il s'est rendu partie civile. —V. *réqu. et arr. cass. rép., sup.,* 506, 5°.

3. Celui qui n'est ni plaignant, ni accusé, peut-il intervenir lorsqu'il a un intérêt indirect à la décision future?.. La négative de cette question délicate a été soutenue, avec son talent accoutumé, par M. le comte de Lally-Tolendal, contre M. Désprémenil. —V. *d. rép.* 509 *et suiv.*

(5) *Observations.* 1. La plainte, refusée par un officier auxiliaire, peut

La plainte est le titre fondamental de l'action publique; cette action existe par le seul fait de la plainte,
qu'il y ait eu ou non un mandat. — V. *arr. cass. civ.* 18
nov. 1812, *n.* 122.

Elle est rédigée par le plaignant ou le procureur du
Roi, et signée par l'un et l'autre à chaque page. Elle
contient une élection de domicile au greffe, si le
plaignant ne demeure pas dans l'arrondissement où
se fait l'instruction. — V. *au surplus C-cr,* 65, 31
et 68.

5. Enfin les procédures ont lieu en cas de *flagrant
délit.*

On nomme flagrant délit, le délit qui se commet ou
qui vient de se commettre; et l'on répute aussi comme
tel, le cas où l'inculpé est poursuivi par la clameur
publique, ou bien saisi d'effets qui donnent lieu de
croire qu'il est auteur ou complice d'un délit récent.
— V. *C-cr.* 41.

Dans le cas de flagrant délit, et même lorsque cela
est demandé par le chef d'une maison où l'on a commis
un autre délit, le procureur du Roi doit, pour faire
les premiers actes (v. *ci-après* § 3), se transporter
sur les lieux; il en avertit le juge instructeur (6),
mais il peut agir sans l'attendre. — V. *C-cr.* 32
et 46.

Dans les autres cas, le procureur du Roi requiert
seulement le juge instructeur d'ordonner une infor-

être successivement présentée au procureur du Roi, au juge d'instruction,
et au procureur-général.... Si c'est par la chambre du conseil, elle peut
l'être à la chambre d'accusation, par la voie de l'opposition. — V. *rép.*
ix, 304, 305, *mot plainte, n.* 4; *ci-apr.* § 3, *n.* 4, *p.* 105.

2. La procédure n'est pas nulle, quoique la plainte ait été adressée à un
fonctionnaire sans qualité. — V. *arr. cass.* 8 *prair.* xj, *n.* 147, *et rép.*
ix, 303, *sup., n.* 2.

3. Au reste, on a vu que le plaignant ne peut varier dans son choix
d'action. — V. *ci-dev. p.* 26 *et* 27, *n.* 2 *et* 3.

(6) Ce juge a les mêmes droits dans les mêmes cas. — V. *C-cr.* 59.

mation, ou de se transporter sur les lieux pour faire les mêmes actes. — V. *C-cr.* 47 (7).

§ 2. *De la Comparution et Arrestation des Prévenus.*

Les modes de comparution et d'arrestation ou tra-duction, varient suivant que la procédure a été com-mencée par le procureur du Roi (v. *ci-dev. p.* 98 , *n.* 5), ou par le juge instructeur.

I. Dans le 1er cas, s'il s'agit d'un crime, et si l'indi-vidu à l'égard duquel il y a des indices graves, n'est pas présent, le procureur du Roi le fait comparaître par un *mandat d'amener* (8), ou ordre, en vertu duquel on est contraint par corps de paraître. — V. *C-cr.* 40, ¥. 1.

Si l'inculpé est amené, ou est présent, ou a été arrêté en flagrant délit (9) le procureur du Roi l'in-

---

(7) Ainsi, hors le cas de flagrant-délit, il doit requérir et non pas faire les actes d'instruction. — V. *M. Bourguignon*, *art.* 32 , *note* 1 ; *M. Carnot*, *art.* 47, *n.* 1.

(8) *Observations.* 1. Ce n'est que dans le seul cas de *flagrant délit*, que le procureur du Roi peut décerner un mandat *d'amener* ; et quant au man-dat de *dépôt*, dans les deux cas indiqués aux articles 34 et 100... Hors ces cas, le seul juge d'instruction décerne les mandats, de quelque espèce qu'ils soient. — V. *arr. rej.* 18 *avr.* 1816, *Jalbert*, 451 ; *M. Carnot*, *art.* 40, *n.* 13 ; *M. Le Graverend*, *i*, 290.

2. Le juge civil décerne quelquefois les mandats d'amener, par exem-ple, contre les témoins défaillans. — V. *Cours proc. p.* 292 , *note* 35.

(9) *Observations.* 1. Toute personne est tenue de saisir un prévenu sur-pris en flagrant délit, ou après un délit considéré comme tel (*ci-dev. p.* 98), et de le conduire au procureur du Roi, si le délit est un crime. — V. *C-cr.* 106.

2. On nomme *inculpé* celui qui est appelé par un mandat de comparu-tion, ou qui se justifie, ou qui n'est accusé que d'une contravention. On appelle *prévenu* celui qui est sous les liens des autres mandats, ou auquel on impute un crime ou délit. — V. *M. Bourguignon*, *art.* 94.

terroge...; il fait aussi les actes préliminaires d'instruction, et les envoie au juge instructeur...; alors l'inculpé reste en état de mandat d'amener. —V. *C-cr.* 40, *in pr. et* 45.

II. Dans le second cas, s'il s'agit d'un simple délit commis par un individu domicilié, le juge instructeur peut ne décerner qu'un mandat de *comparution*, c'est-à-dire un ordre de paraître, sans contrainte par corps. —V. *C-cr.* 91 ; *M. Bourguignon*, *ibid.*

Si l'inculpé fait défaut, ou s'il s'agit d'un crime, ce juge décerne un mandat d'amener. —V. *d. article* 91.

S'il se présente ou s'il est amené, le juge l'interroge, et, examen fait des réponses et de la procédure, prend l'un des partis suivans :

1. Si l'inculpé paraît innocent, il le met en liberté provisoirement et jusqu'à la décision de la chambre du conseil (v- *ci-apr.* § 3, *n.* 3, *p.* 104).

2. Si l'inculpé ne s'est pas justifié, et si les charges sont insuffisantes, ou la procédure incomplète, le juge décerne contre lui un mandat de *dépôt*, ou ordre de le retenir (10) provisoirement dans une maison d'arrêt.

3. Si les charges paraissent fondées sur des preuves,

---

(10) *Observations.* 1. Il pourra convertir ce mandat en mandat d'arrêt, si les charges deviennent suffisantes. —V. *M. Bourguignon*, *d. art.* 91.

2. Le mandat de dépôt peut être considéré comme un commencement *de poursuites*, et ainsi faire exclure un coupable du bénéfice d'une amnistie accordée pour le cas où il n'y aurait pas eu de poursuites. — V. *arr. rej.* 14 *juin* 1816, *avoués*, *xiv*, 265.

3. Il tient le milieu entre le mandat d'amener et le mandat d'arrêt. Il ne fait constituer le prévenu qu'en arrestation provisoire et sans écrou. Il n'est assujetti qu'aux formes des mandats d'amener et de comparution, tandis qu'il faut, en outre, dans le mandat d'arrêt, l'énonciation du fait imputé et de la loi qui le caractérise comme délit. —V. *C-cr.* 95 *et* 96, *et M. Carnot*, *art.* 91, *n.* 15 *à* 18.

il décerne, mais après avoir entendu le procureur du Roi, un mandat *d'arrêt*, ou ordre qui constitue l'inculpé en état d'arrestation dans une semblable maison (il y est écroué). —V. *sur tous ces points*, C-cr. 91, 93, 94, 603, 608 (11).

III. Les mandats précédens sont exécutoires dans toute la France. —V. C-cr. 98 (12).

Ils ne peuvent être exécutés pendant la nuit dans

---

(11) V. aussi M. Bourguignon, *sup.*, et surtout M. Carnot, *d. art.* 91; et quant à la mise en liberté provisoire, *id. art.* 61, *n.* 5 *et suiv.*; et pour les autres cas de communication au procureur du Roi, *ci-apr.*, *p.* 103, *n.* 2 *et note* 15, *ibid.*

Observations. 1. Le juge d'instruction peut décerner le mandat d'arrêt sans entendre le prévenu, lorsque celui-ci s'est soustrait à un mandat d'amener. —V. *arr. rej.* 4 *août* 1820, *n.* 110.

2. S'il refuse de le décerner ou le décerne mal à propos, il est soumis aux règles de discipline du code, art. 279 et suiv. —V. *d. arr.*

3. Mais son refus ne peut opérer une nullité, parce que le Code, à l'égard du mandat d'arrêt, ne s'exprime qu'en termes facultatifs. —V. *d. arr.*

4. On y suppléera par l'ordonnance de prise de corps que pourra rendre la chambre quand le juge instructeur (ci-apr. p. 104) lui rendra compte de l'affaire. —V. *d. arr.*

(12) *Observations.* 1. Sauf le *visa* du juge de paix, ou maire, ou adjoint, ou commissaire de police du lieu où sont exécutés les mandats de dépôt ou d'arrêt, quand il n'est pas dans le ressort du juge qui les a décernés... A cet effet on conduit l'arrêté devant l'un de ces fonctionnaires. —V. *d. art.* 98.

2. Quant à la forme, notification et exécution des mandats, *voyez* C-cr. 95 à 112.

3. On a le droit de requérir la force publique, telle que la *gendarmerie*, ou de s'en faire assister, pour cette exécution. —V. C-cr. 97, 99, 108.

4. Mais, pour l'exercice de ses fonctions ordinaires, entre autres, pour l'arrestation des déserteurs, la gendarmerie n'a pas besoin de la réquisition des autorités civiles. —V. L. 28 *germ. vj*, art. 125; *réqu. et arr. cass. sect. réun.*, 16 *avr.* 1812 (*B-c. n.* 93), *rép. x*, 745, *mot rebellion*, § 2, *n.* 6.

5. Les mandats peuvent, en cas de flagrant délit, être décernés sans autorisation, contre un agent du gouvernement, et tout autre fonctionnaire. —*Arg. de C-pén.* 121 *et de Charte const.* 52; M. Carnot, *art.* 91, *n.* 26 *et suiv.*; M. *Le Graverend, i,* 159.

6. Si les prévenus sont dans une maison royale, ou ses dépendances, le juge instructeur, le procureur du roi, ou le juge de paix s'y présentent, et s'adressent au gouverneur, pour l'exécution. — V., *au surplus, ord,* 20 *août* 1817.

une maison, à moins de réclamation faite de l'intérieur de cette maison. —V. *LL.* 22 *frim. viij, art.* 74;
28 *germ. vj, art.* 131 (13).

§ 3. *De l'instruction.*

I. On a vu au § 1er, page 88, que, quand il y a
flagrant délit, le procureur du Roi doit et le juge instructeur peut se transporter sur les lieux et décerner
les mandats indiqués au § 2, p. 99.

Dans ce cas, la première précaution à prendre est
celle de constater le délit par un *procès-verbal* (14).
On y décrit le corps du délit avec toutes ses circonstances, et dans cet objet on appelle les particuliers

---

(13) *Observations.* 1. Pendant la *nuit*, c'est-à dire, du 1er octobre au
31 mars, depuis 6 heures du soir jusqu'à 6 heures du matin, et dans les
autres mois, depuis 9 heures du soir jusqu'à 4 heures du matin. —V. *Décr.*
4 *août* 1806; *cours procéd. p.* 144, *note* 2, *et p.* 628, *note* 5.

2. Si les agens d'exécution, tels que les gendarmes, veulent alors
s'introduire dans une maison, malgré le maître, sa résistance, même
avec armes, est légitime. Ils peuvent seulement demander l'entrée de la
maison, et en cas de refus, l'observer et l'entourer à quelque distance.
Leur *tirer dessus*, dans cet état, est une rébellion. — V. *d. réqu. et arr.*
16 *avr.* 1812.

M. Le Graverend, *ij*, 456, n'approuve pas cette décision. Il observe
que des agens de la force publique ne peuvent être reconnus pour tels
dans cette position, puisque des brigands pourraient abuser de ce moyen,
pour menacer la vie et la propriété des citoyens paisibles, en violant
leur domicile sous l'autorité de la loi.... La réponse à ses objections se
trouve dans un arrêt du 3 brumaire an 14 (*B-c. n.* 224, *et rép., sup., x,*
750, *n.* 7), qui décide qu'il n'y a pas rebellion si les gendarmes sont
déguisés; d'où il résulte que la cour suprême n'entend considérer la
résistance comme une rébellion, que dans le cas où les hommes placés
en observation ont dû être reconnus comme agens de la force publique.

3. Le même auteur insiste sur ce qu'on ne saurait voir dans une famille, même nombreuse, rassemblée dans son domicile, la *réunion armée*
qui, d'après la loi, est nécessaire pour constituer le crime de *rebellion*, à
main armée... Cette observation nous paraît très-juste.

4. A l'égard des arrestations et détentions arbitraires, *v. ci-apr.* note
20, *p.* 105; *cours de proc. p.* 663, *note* 23.

(14) L'omission de rédiger ce procès-verbal, n'est pas une nullité, *suiv.*
arr. rej. 19 *juin* 1817, *au B-c. n.* 47.

(des officiers de santé par exemple), qui, par leur profession, sont en état d'apprécier les mêmes circonstances. On entend les personnes qui peuvent donner des renseignemens; on examine le lieu du délit, les demeure, papiers, effets, etc. des inculpés; en un mot, on fait toutes les recherches propres à éclairer sur le délit ou sur son auteur. —V. *C-cr.* 32 *à* 44 (15).

Lorsque ce n'est pas le juge instructeur qui a fait ces actes préliminaires, il doit les examiner et les refaire (15*a*), s'ils lui paraissent, soit incomplets (v. *C-cr.* 60), soit irréguliers. —V. *M. Carnot, ibid.*

II. Dans les autres cas, l'instruction est faite directement par ce juge, et toujours après communication au procureur du Roi. —V. *C-cr.* 61; *M. Carnot, d. art.* (15 *b*).

L'instruction consiste dans l'action de recueillir tous les genres de preuves possibles, tels que des dépositions de témoins (16), des examens d'effets, papiers et do-

---

(15) On a vu, p. 93., n. 3, que les officiers de police auxiliaires ont les mêmes droits, et sont tenus des mêmes obligations.

(15*a*) *Observations.* 1. Il doit les refaire, mais non pas les *annuller.* — V. *arr. cass.* 27 *août* 1818, *n.* 108.

2. C'est que l'annullation d'un acte, étant l'exercice du droit de rendre des jugemens, ne doit (hors les cas spécialement déterminés par la loi) appartenir qu'aux tribunaux. —V. *d. arr.*

3. S'il y a lieu à l'annullation d'un acte d'instruction, elle ne peut être prononcée que par la chambre du conseil en premier ressort, et par la chambre d'accusation, soit sur un appel, soit sur des renvois qui lui ont été faits, soit même directement lorsqu'elle peut-être immédiatement saisie des procédures.... Ce droit de la chambre d'accusation résulte de l'article 415. — V. *d. arr.* — V. *aussi arr.* 6 *mars* 1818, *n.* 38, *et ci-dev.* p. 51.

(15*b*) Ainsi, en cas de flagrant délit, il n'est pas besoin de communication au procureur du Roi pour les procédures préliminaires, et en aucun cas, pour décerner les mandats de dépôt et d'amener. — V. *M. Carnot, ib.*, *n.* 2, 10 *et* 11.

(16) *Observations.* 1. Le mineur de quinze ans est entendu par forme de déclaration et *sans prestation de serment*, dit l'art. 79.

2. Cette dispense du serment s'applique-t-elle aux mineurs de 15 ans,

miciles; des interrogatoires des inculpés ou prévenus; des commissions à d'autres magistrats pour ces opérations, etc. — V. *C-cr.* 32 à 44; 71 à 90.

III. Le juge instructeur rend ensuite compte de l'affaire à la chambre du conseil (17), qui, après communication au procureur du Roi et selon la nature des charges et des inculpations, prend l'une des décisions suivantes. — V. *C-cr.* 127 à 136. (18).

1. Déclaration qu'il n'y a lieu à aucune poursuite. —V. *C-cr.* 128 (19).

---

entendus aux débats (v. *ci-apr. art. de l'examen, n. üj*), où l'art. 317 exige en général le serment des témoins? La négative avait d'abord été adoptée par la section criminelle de cassation (v. *arr.* 7 et 20 *févr.* et 19 *mars* 1812, *n.* 20, 32 et 60), mais on a ensuite reconnu que la dispense du serment était générale. — V. *réqu. et arr. rej., sect. réunies,* 3 *déc.* 1812, *rép. xiij,* 438, *mot témoin,* § 3. — Néanmoins leur prestation de serment n'opère pas une nullité. — V. *arr. rej.* 2 *janv.* 1813, *n.* 3.

(17) Telle est la marche ordinaire. Mais le juge instructeur n'est pas tenu d'instruire à fond une affaire avant d'en rendre compte; il peut même en rendre compte aussitôt après qu'elle lui a été déférée, parce qu'il y a des affaires tellement simples que, sur l'inspection de la plainte ou dénonciation, on est en état de reconnaître qu'elles sont du ressort des tribunaux de police simple ou correctionnelle. Il convient alors de les renvoyer sur-le-champ à ces autorités au lieu de se livrer préalablement à une instruction souvent longue, toujours coûteuse, et qui serait inutile, puisque la véritable instruction de ces délits se fait à l'audience. — V. *réqu. et arr. rej.* 1 *avr.* 1813, *rép. xv,* 541, *mot opposition, n.* 7, *par arg. de C-cr.* 127, 130 *et* 132 *combinés; Lett. du ministre de la justice,* 23 *sept.* 1812, *ib.*

(18) M. Carnot pense que, lorsqu'un mandat a été décerné, le juge instructeur ne peut prendre sur *lui seul,* et même de concert avec le procureur du Roi, de déclarer qu'il n'y a lieu à suivre. —V. *id.*, art. 61, *n.* 5 *et suiv.* — V., à ce sujet, M. Le Graverend, *i,* 353, qui approuve cette décision, mais propose diverses mesures.

(19) *Observations.* 1. Cette décision peut être motivée (sauf l'opposition... v. *ci-apr. n. iv, p.* 105))sur ce qu'il y a prescription. — V. *ci-dev. p.* 80, *n.* 3.

2. Elle doit être prise lorsqu'il n'y a *aucune charge* contre le prévenu. — V. *C-cr.* 128. — Ce qu'il faut entendre aussi de l'hypothèse où les charges sont très-légères, et détruites, en quelque sorte, par la bonne réputation dont il jouit. — V. *M. Carnot, ib., n.* 5.

3. Si la prévention porte sur un crime, il faut l'unanimité des suffrages pour cette décision. — *Arg. de C-cr.* 133, 134; *M. Carnot, sup., n.* 9.

2. Renvoi du prévenu à la police simple; et dans ces deuxcas, il est mis en liberté. — V. *C-cr.* 128, 129.

3. Renvoi du même à la police correctionnelle, et *retention* ou élargissement, avec ou sans caution, selon que le délit est punissable d'emprisonnement, ou que la caution est admissible, et sauf l'opposition du procureur du Roi (19*a*) ou de la partie civile. — V. *C-cr.* 130 *à* 132, 135, 136, 113 *à* 126.

4. Renvoi de l'affaire au procureur-général, et ordonnance de prise de corps, ou ordre de conduire et retenir le prévenu dans une maison de justice. — V. *C-cr.* 133, 134, 603 (20).

IV. L'opposition dont on vient de parler, peut être formée dans les premiers cas et dans le délai de vingt-quatre heures (21). Elle se porte à la chambre d'accusation. — V. *ci-dev. p.* 51.

(19*a*) De lui seul et non pas du procureur général. — V. *arr. cass.* 6 *mars* 1818, *n.* 38.

Il suit de là que le procureur-général ne peut en recourir; d'autant que le recours ne concerne que les jugemens en dernier ressort, et que ces ordonnances sont passibles d'opposition. — V. *d. arr.*

(20) *Observations.* 1. Cette ordonnance est un acte provisoire, qui ne devient définitif et ne reçoit sa forme d'exécution que par l'arrêt d'accusation. — V. *arr. régl.* 19 *févr.* 1819, *n.* 27.

2. Quant à la police des maisons d'arrêts et aux moyens d'assurer la liberté individuelle contre les détentions arbitraires; v. *C-cr.* 603 *à* 618.

3. Lorsque de plusieurs délinquans, les un sont été renvoyés au procureur général et successivement mis en accusation par un arrêt (v. ci-apr. ch. de l'accusation, n. iij), et les autres renvoyés des poursuites par un *n'y a lieu à suivre*, s'il survient de nouvelles charges contre ces derniers, l'instruction devra en être faite d'après les règles du présent titre, c'est-à-dire par le juge d'instruction, la chambre du conseil, etc., et non point par la chambre d'accusation. Celle-ci n'est chargée de l'instruction sur les *nouvelles charges*, que dans le cas où elle a prononcé un *n'y a lieu* à accusation d'après l'examen des anciennes.—V. *B. C.* 31 *août* 1821, *n.* 139, *et d. n. iij.*

(21) *Observations.* 1. Ce délai court de l'ordonnance, pour le ministère public, et de sa signification au domicile élu, pour la partie civile. — V. *C-cr.* 135.

2. Passé ce délai, ils sont non-recevables à s'opposer. — V. *réqu. et arr. rej.* 27 *févr.* 1812, *à rép. xv,* 532; *autres arr., ib.*

Il résulte de là que, passé ce délai, le prévenu ne peut plus être poursuivi (mais v. *ci-après*), de sorte qu'une erreur de la chambre et une

(106)

V. A l'égard de la *caution*, le prévenu d'un simple délit correctionnel, lorsqu'il en fournit une qui est solvable, et qui se soumet à payer une certaine somme dans le cas où il ne se représentera pas pendant la procédure, peut obtenir provisoirement sa liberté.— V. *au surplus C-cr.* 113 *à* 126 (22).

---

négligence du procureur du Roi à s'opposer, peuvent procurer une espèce d'absolution à un vrai coupable.

Frappé de ces graves inconvéniens, M. Le Graverend, dans une dissertation très-développée (*i*, 364 *à* 379), attaque avec force la décision précédente, quoique consacrée par une jurisprudence constante. Il soutient que le délai de 24 heures n'est fatal que quant à la mise en liberté du prévenu; mais que, tant qu'il n'y a pas accusation, la cour, et par-là même le procureur-général, peut, d'après l'art. 235, ordonner de nouvelles poursuites contre le prévenu à l'égard duquel la chambre du conseil a déclaré n'y avoir lieu à suivre. L'auteur du réquisitoire du 27 février soutient de son côté (*rép. xv*, 533) que les inconvéniens de la même décision ne sont pas aussi graves qu'ils le paraissent, parce que le prévenu pourra être poursuivi s'il survient de nouvelles charges (*id.*, *arr. 4 mars et 5 août* 1813, *Laporte, p.* 32).

3. D'ailleurs, si le prévenu n'a pas proposé la fin de non-recevoir fondée sur le défaut ou le retard de l'opposition, et a été mis en accusation et condamné, il ne peut s'en faire un moyen de cassation, *suiv. arr. rej.* 17 *et* 23 *juill.* 1812, *à rép. xv*, 540, *mot opposition*, *n.* 5.

4. Il résulte, soit des remarques précédentes, soit du texte, que l'opposition dont on vient de parler, n'est point une opposition proprement dite (v. *Cours procéd. p.* 258 *et* 395), puisqu'on admet les parties présentes, c'est-à-dire le procureur du Roi, et le plaignant, à la former, et qu'elle se porte à un tribunal supérieur. Elle n'est point non plus un *appel*, puisque, si elle a été formée par le plaignant, elle sert, on en convient, au procureur du Roi, et réciproquement, tandis que l'appel, excepté pour les matières indivisibles, ne profite qu'à la partie appelante (v. *d. Cours, p.* 414, *et ci-apr. tit.* 2, *note* 8, *n.* 3). Cette opposition est donc un acte d'une espèce particulière, auquel on ne peut appliquer les règles de l'appel ni de l'opposition ordinaires.—V. *réqu. et arr.* 17 *oct.* 1811, *rép. xv*, 87.

(22) *Observations.* 1. La demande de mise en liberté sous caution peut être formée et adjugée même en appel. — V. *réqu. et arr. cass.* 24 *août* 1811, *n.* 121, *et rép. xv*, 222.

2. Celui qui est arrêté pour des contraventions aux lois sur les tabacs, a la même faculté. V. *L.* 24 *déc.* 1814, *art.* 49, *et* 28 *avr.* 1816, *art.* 224.

3. Mais non pas le vagabond ou l'individu déjà repris de justice (v. *C-cr.* 115), c'est-à-dire condamné à une peine afflictive ou infamante. — V. *M. Carnot, art.* 115, *n.* 6 *et suiv.*

4. Le prévenu est admis à être sa propre caution. — V. *C-cr.* 118.

5. *Quid*, s'il ne se représente qu'après avoir *fait défaut?*.. La somme du cautionnement n'est pas pour cela acquise à l'état. — V. *arr. cass.* 19 *oct.* 1821 (*affaire Cauchois-Lemaire*).

SECTION SECONDE.

DE LA JUSTICE.

Observations préliminaires.

La justice pour la répression des délits, est administrée par des Tribunaux de police, des Tribunaux correctionnels, des Cours royales et des Cours d'assises. Nous avons déjà indiqué la compétence de ces Tribunaux (v. *part.* 1, *sect.* 1, *p.* 45 *et suiv.*); nous allons parler de leur procédure, ainsi que de celle qui est relative aux voies de recours contre l'instruction et les jugemens.

TITRE PREMIER.

De la Procédure de simple Police.

Nous avons à exposer, quant à cette procédure, les règles qui concernent la comparution, le défaut, l'instruction, le jugement et l'appel.

§ Ier. *De la Comparution et du Défaut.*

I. *Comparution.* Les parties paraissent en personne, ou par procureur spécial, devant le Tribunal, ou volontairement sur un simple avertissement, ou en vertu d'une citation. — V. *C-cr.* 147, 152, 169 (1).

---

(1). *Observations.* 1. Les huissiers de la justice de paix étant chargé^s du service pour les affaires de police (v. *C-cr.* 141) devraient aussi l'être exclusivement des citations; mais, comme l'article 145 ne parle en géné^e ral que d'un *huissier*, la citation donnée par un huissier du tribunal civil,

La citation est donnée à la requéte du ministère public ou du plaignant. Le délai est au moins de vingt-quatre heures (1 *a*) (en cas d'urgence, le juge peut l'a-bréger). — V. *C-cr.* 145, 146.

II. *Défaut.* Le défendeur qui ne comparaît pas est jugé par défaut (2), sauf l'opposition dans les trois jours de la signification; opposition qui est portée à la première audience après les délais, et qui est réputée non avenue, si l'opposant ne s'y présente pas. — V. *C-cr.* 149 *à* 151 (3).

§. II. *De l'Instruction.*

I. L'instruction se fait publiquement, sous peine de nullité, et dans l'ordre ci-après. — V. *C-cr.* 153 *et* 171 (4).

---

dont le ressort embrasse celui du tribunal de police, ne serait pas nulle. — V. *M. Carnot, d. art., n.* 3; *arr. cass.* 23 *mai* 1817, *n.* 40.

2. Les règles du Code de procédure ne sont pas applicables à ces matières (v. *d. arr.* 23 *mai et ci-dev. p.* 87, *n.* 1) et en conséquence, le tribunal de police ne peut, comme celui de paix, juger sur le local contentieux. — V. *cours proc. p.* 28, *note* 41; *arr. cass.* 1 *prair. vij*, 9 *therm. ix, etc.*

(1*a*) Sous peine de nullité de la citation et du jugement. — V. *arr. cass.* 25 *janv.* 1819, *n.* 28.

(2) Il s'agit ici du défendeur appelé par une citation; s'il l'avait été par un simple *avertissement*, il pourrait être jugé par défaut au tribunal de police, tenu par le maire, où l'avertissement équivaut à une citation, mais non pas à celui qui est tenu par le juge de paix, *suiv. M. Carnot, art.* 145, *n.* 2, *et art.* 147, *par arg. de C-cr.* 149 *et* 169.

(3) *Observations:* 1. L'opposition emporte de plein droit citation à cette audience. — V. *d. art.* 151.

2. On conclut de là et de ce que le délai peut n'être que de 24 heures, que l'opposant est tenu de se présenter à l'audience ordinaire qui échoit le lendemain même de l'opposition, faute de quoi son adversaire peut demander et obtenir la déchéance de l'opposition. — V. *arr. cass.* 31 *août* 1820, *n.* 117 (cette décision nous paraît beaucoup trop rigoureuse).

3. M. Carnot, *art.* 250, *n.* 12 *et* 13, soutient que les tiers peuvent agir par la voie de la tierce opposition.

(4) *Observations.* 1. Il ne suffit donc pas que la prononciation, il faut

1. On lit les procès-verbaux. — V. *d. art.* 153.

2. On entend les témoins du ministère public et du plaignant, et celui-ci prend ses conclusions. — V. *d. art.* 153.

3. Le défendeur fait entendre les siens, et propose sa défense. — V. *id.* (5).

4. Le ministère public résume l'affaire, et donne ses conclusions. — V. *id.*

5. Le défendeur peut proposer des observations. — V. *id.*

II. Les preuves admissibles sont les procès-verbaux et les témoins à leur appui ou à leur défaut (5 *a*); car la preuve vocale n'est pas recevable contre et outre les procès-verbaux d'officiers de police, autorisés à constater les délits ou contraventions, tels que les gardes-forestiers (6); procès-verbaux qui, par conséquent, font foi jusques à inscription —V. *C-cr.* 154;

---

encore que tous les débats aient lieu en public. —V. *arr. cass.* 17 *mai et* 24 *mai* 1811. *n.* 68 *et* 81, *et rép. x,* 314; *ci-dessous, note* 5.

2. On ne doit pas y procéder avant l'époque indiquée pour l'audience. —V. *arr. cass.* 7 *mars* 1817, *n.* 19.

(5) Ainsi, les témoins sont nécessairement entendus à l'audience : on ne peut se contenter de leurs déclarations écrites qui auront été reçues, par exemple, par le procureur du roi ou le juge instructeur, et renvoyées, avec l'affaire, à la police. —V. *arr. cass.* 24 *mai* 1811 *et* 29 *déc.* 1815, *n.* 81 *et* 69.

(5a) *Observations.* 1. D'où il résulte que si le procès-verbal est nul (si, par exemple, un *garde champêtre* a constaté une violation à la loi sur les fêtes.... v. *ci-dev. p.* 94, *note* 8), on ne peut pas refuser au ministère public de prouver la contravention par témoins. —V. *arr. cass.* 22 *avr.* 1820 *et* 6 *juill.* 1821, *n.* 55 *et* 112.

2. Par la même raison, on peut, en appel, suppléer par la preuve vocale, à un procès-verbal insuffisant. — V. *arr. cass.* 21 *juill.* 1820, 9 *févr. et* 21 *juin* 1821, *n.* 103, 20 *et* 99.

3. Bien plus, les rédacteurs de ces procès-verbaux peuvent eux-mêmes être témoins, sauf à avoir tel égard que de raison à leurs dépositions, *suiv. d. arr.* 6 *et* 21 *juill., et autre* 8 *mars* 1821, *n.* 31.

4, 5, etc. Autres questions sur les procès-verbaux... V. *les tables du bulletin criminel, de* 1818 *à* 1821.

(6) Tels sont aussi 1° les préposés des octrois. —V. *ord.* 9 *déc.* 1814, *art.* 75. — 2° Ceux des droits réunis. —V. *décr.* 1 *germ. xiij, art.* 26;

M. Carnot, ibid.; répert. x, 62 et 102 et suiv., mot procès-verbal, § 2, n. 4, et § 6, n. 10 et suiv.; plus. arrêts aux dd. n.; autres, 23 févr. 1815, 26 janv. 1816 et 3 déc. 1819, B-c. n. 12, 5 et 131 (7).

A l'égard des procès - verbaux des autres officiers de police, tels que les commissaires de police et les gardes-champêtres, ils font seulement foi jusques à la preuve contraire; preuve que néanmoins le Tribunal est libre de ne pas admettre. — V. *C-cr.* 154; *M. Carnot, ib.; ci-dev. p.* 93, *note* 5; *rép. x,* 112; *arr. cass. ou rej.*, 11 *mai* 1810, 9 *févr. et* 10 *mars* 1815, 31 *juill.* 1818 *et* 24 *mai* 1821, *n.* 66, 10, 113 *et* 82 (8).

---

un grand nombre d'arrêts à rép. sup. § 4, et au mot inscription, et au B-c., surtout de 1813 (*v. ses tables*). — 3° Ceux des douanes. — V. *L. 9 flor. vij, tit.* 4, *art.* 11; *rép. x,* 67, *ib.,* § 3.

(7) *Observations.* 1. Mais ils ne font pas foi des injures proférées et des voies de fait commises contre les gardes et préposés, à moins que la mention qui en est faite dans le procès-verbal, n'ait eu pour objet que de constater les obstacles apportés à l'exercice de leurs fonctions. — V. *rép. x,* 75, 89, 91 *et* 108, *sup.,* § 3, *n.* 13, § 4, *n.* 8 *et* 10, § 7, *n.* 16; *et arrêts, ibid.*

2. Lorsqu'un délit forestier est passible de plus de cent francs d'indemnité et amende, il faut que le procès - verbal soit soutenu d'un autre témoignage. — V. *à ce sujet L.* 29 *sept.* 1791, *tit.* 9, *art* 13 *et* 14; *rép. v,* 499 *et x,* 96 *et* 109, *mot gardes-bois, sect.* 1, § 3, *n.* 14, *et procès-verbal,* § 6, *n.* 4 *et* 18; *arrêts, ibid.*

Mais, dans ce cas, il faut que celui qui contredit le procès-verbal fasse l'offre de la preuve contraire, offre que, comme on va le voir au texte, le tribunal est libre d'admettre ou rejeter. — V. *arr. rej.* 2 *févr.* 1816, *Jalbert,* 393.

3. Ce procès-verbal doit être enregistré sous peine de nullité. — V. *d.* § 3, *n.* 9, *p.* 498, *et ci-apr. note* 8, *n.* 3.

4. Il doit aussi être *affirmé* dans les vingt-quatre heures (à dater de sa clôture). — V. *arr. cass.* 29 *mai* 1818, *n.* 65. — Et être écrit de la main du garde. — V. *id.,* 26 *juill.* 1821, *n.* 120.

5. Au reste, l'*affirmation* d'un procès-verbal quelconque n'est nécessaire que quand la loi l'exige. — V. *arr. cass.* 24 *mai* 1821, *n.* 82.

(8) *Observations.* 1. Une simple dénégation, sans offre de la preuve contraire, ne suffit pas pour en détruire la foi. — V. *d. arr.* 11 *mai; et arr.* 2 *fév. à note* 7, *n.* 2; 5 *mars* 1818 *et* 15 *juill.* 1820, *n.* 28 *et* 102.

2. Il n'est pas nécessaire que le commissaire de police soit en costume lorsqu'il fait son verbal. — V. *d. arr.* 10 *mars; et ci-dev., p.* 13, *note* 18, *n.* 5.

3. Les procès-verbaux ci-dessus ne sont pas, comme ceux des gardes

III. Les témoins ne doivent point être ascendans ou descendans, frères et sœurs, beaux-frères ou belles-sœurs, ou conjoints du prévenu. — V. *C-cr.* 156 (9).

Avant de déposer, ils prêtent, sous peine de nullité, serment de dire toute la vérité, rien que la vérité. — V. *C-cr.* 155 (10).

§. III. *Du Jugement et de l'Appel.*

I. Le jugement est motivé et fondé sur le texte de la

---

forestiers, nuls pour défaut d'enregistrement. — V. *rép. ib.*, 65, § 2, *n.* 7 ; *arrêts, ibid.; autres, 5 mars* 1819 *et* 18 *févr.* 1820, *B-c.*, *n.* 31 *et* 30.

4. Au surplus, on peut poursuivre un délit prévu par les *lois générales*, quoiqu'on n'en ait pas dressé procès-verbal. — V. *rép. x*, 62, *d.* § 2, *n.* 3 ; *arr. rej.* 28 *nov.* 1806, *ib.* — Et à plus forte raison, quoiqu'on n'en ait pas dressé aussitôt après qu'il a été commis. — V. *arr. rej.* 30 *janv.* 1807, *ib.*

Mais peut-on, sans *verbal*, poursuivre un délit *réglé* par des *lois spéciales*, tel qu'un délit forestier, de douanes ou de droits réunis?. M. Carnot, *art.* 154, *n.* 1 *et* 2, soutient que *non*, attendu que le mode de constater ces délits est assujetti à des formes particulières qui le *sortent* du droit commun. M. Le Graverend, *ij*, 280, combat cette opinion, parce que l'art. 154 du Code criminel ne fait aucune distinction, et il prétend même que telle est la jurisprudence de la cour suprême. Mais, d'après une dissertation manuscrite de M. Carnot, qui nous a été communiquée et où il persiste dans son avis, la cour n'a seulement admis la preuve testimoniale pour suppléer à des procès-verbaux insuffisans ou irréguliers (*v.* aussi *id.*, *t.* 3, *p.* 69, *et les arrêts cités ci-dev. note* 5 *a*, *p.* 109), et elle a toujours exigé qu'il existât des procès-verbaux.

(9) A moins que les parties ne se soient pas opposées à leur audition. — V. *d. art.*

(10) *Observations.* 1. Cette règle s'applique aux témoignages correctionnels. — V. *C-cr.* 189. — Même en appel, quoique la seule partie civile ait appelé. — V. *arr. cass.* 23 *juill.* 1813 (*rép. xij*, 513), 15 *mars* 1816 *et* 27 *août* 1818, *n.* 159, 13 *et* 109. — Néanmoins, le serment ne doit pas y être répété, lorsque le témoin est requis d'expliquer sa déposition. — V. *arr. rej.* 13 *avr.* 1816, *Jalbert*, 416.

2. La loi n'exigeant pas, comme pour les témoins des assises (*ci-apr. tit.* 3), le serment de parler sans haine et sans crainte, la formule ci-dessus est suffisante au petit-criminel. — V. *arr. cass.* 23 *nov.* 1815, *n.* 65.

3. Le défaut de prestation de serment d'un témoin, par quelque partie qu'il ait été produit, entraîne la nullité du jugement. — V. *arr. cass.* 8 *août* 1817, *n.* 71.

4. La prestation doit être constatée par le greffier (*C-cr.* 155), sinon par le jugement. — V. *arr. cass.* 5 *mai et* 10 *nov.* 1820, *n.* 71 *et* 144.

loi ; texte qu'on doit y insérer. — V. *C-cr.* 163 à 165.
—V. *aussi arr. cass.* 14 *janv. et* 25 *févr.* 1819, *n.* 4
et 29 (11).

S'il y a contravention, il prononce la peine ; s'il n'y
en a point, il annulle la citation ; dans les deux cas,
il statue sur les dommages et les dépens. — V. *C-cr.*
161, 159, 162. — V. *aussi C-cr.* 191, 212, 194 (12).

Si le fait est un délit ou un crime il renvoie les parties
au procureur du Roi. — V. *C-cr.* 160. — V. *aussi arr.
cass.* 30. oct. 1813, *n.* 239 (13).

Dans tous les cas, le jugement est rendu en la présence ou avec le concours du ministère public (14).

II. L'appel doit être interjeté dans les dix jours de

---

(11) *Observations.* 1. L'insertion d'un texte inapplicable n'annulle pas si
un autre texte justifie la condamnation, *suiv. arr. rej.* 25 *janv.* 1821, *n.* 17
(cette décision nous paraît susceptible d'objections sérieuses).

2. Il n'est pas nécessaire d'insérer le texte qui concerne les réparations civiles, parce qu'elles ne sont pas proprement des peines, *suiv.
arr. rej.* 25 *avr.* 1815, *Jalbert*, 1816, 450.

(12) *Observations.* 1. Si le fait imputé n'est pas une contravention, le
tribunal ne peut condamner le défendeur à réparer les dommages que
ce fait a causé au plaignant ; il doit renvoyer celui-ci à se pourvoir par
la voie civile. — V. *rép. xiv*, 204, *n.* 7, *mot Trib. de police, sect.* 1,
§ 2 ; *plus. arrêts, cités ib.* ; *surtout ci-dev.* p. 28 et 29, et note 42, *ib.*

2. Il peut au contraire en accorder alors au défendeur. — V. *d. note* 42.

3. *Quid*, si le seul plaignant a appelé ?... V. *ci-dev.* p. 23 et note 20, *ib.*

4. La partie qui succombe est toujours condamnée aux dépens, même
envers le ministère public. — V. *dd. art.* 162 et 194, *et ci-dev.* p. 74,
n. 1, *et* p. 69 et 70, *note* 3.

(13) Si le tribunal a commencé, comme juge civil, l'instruction d'une
affaire où il s'agit d'un dommage causé par un délit, il ne peut la continuer comme juge de police. — V. *rép. xiv*, 204, *sup., d.* §. 2 ; *arr. cass.*
1 *avr.* 1813, *n.* 64 ; *cours procéd.* p. 38, *note* 1 ; *ci-dev.* p. 45, *note* 1.

(14) *Observations.* 1. Cette règle est la conséquence des principes relatifs
à l'exercice de l'action publique. — V. en *ci-dev.* le §, *n.* 1 et 4, p. 20 et 23,
et les arrêts de la note 22, *d.* p. 23.

2. A l'égard des fonctionnaires qui exercent ce ministère auprès du tribunal de police tenu, soit par le juge de paix, soit par le maire, de ceux
qui doivent les remplacer et du mode de remplacement, en cas d'empêchement, v. *C-cr.* 144, 145, 167 ; *ci-d.* p. 21 et note 12, *ib.* ; *Mrs Carnot, art.*
144 ; *Laporte*, 257, *n.* 10 et 11 ; *Le Graverend, ij*, 305.

la signification (15). On observe dans la procédure et le jugement, les formes propres aux appels des justices de paix, ainsi que les règles du § 2, p. 108, et du n°. précédent, p. 111. — V. *C-cr.* 173 *à* 176; *cours procéd.*, *p.* 373 (15 *a*).

A l'égard 1° des questions sur lesquelles peut statuer le juge d'appel, surtout en cas qu'il n'y ait pas appel de la part de toutes les parties, v. *ci-dev. p.* 22 *et* 23, *n.* 3, *et notes ibid.* ; 2° des personnes qui peuvent appeler, v. *ci-dev. p.* 48, *note* 11 (16).

---

(15) *Observations.* 1. Ce délai concerne l'appel des jugemens par défaut, comme celui des contradictoires, l'article 174 du Code étant général. — V. *arr.* 19 *févr.* 1813, *Laporte, mot appel, n.* 29.

2. Mais ni le procureur du Roi, ni le procureur-général n'ont le droit d'appeler, comme (v. *ci-apr. p.* 118, § 2) lorsqu'il s'agit d'un jugement correctionnel. —V. *M. le Graverend,* ij, 309, *qui cite un arrêt du* 7 *nov.* 1812.

(15 *a*) *Observations.* 1. On peut refuser d'y entendre des témoins lorsqu'il y en a eu d'entendus en 1re instance. —V. *arr. cass.* 3, 10 *et* 24 *févr.* 1820, *n.* 21, 23 *et* 32.

2. Si le tribunal d'appel annulle le jugement, il doit en même temps statuer sur le fond, d'après C-proc. 473.—V. *arr. cass.* 22 *mars* 1821, *n.* 39; *et d. cours de proc.*, *p.* 434.

3. Questions diverses sur l'appel d'un jugement mal qualifié, et sur l'appel incident de la partie civile... V. *arr. cass.* 6 *mars et* 24 *juill.* 1821, *n.* 39 *et* 91.

(16) *Observations.* 1. L'amende du fol appel (v. *cours proc.*, *p.* 438) n'est exigée ni en matière de police, ni en matière correctionnelle. —V. *arr. cass.* 19 *juin* 1817, *n.* 46.

2. Quand au recours en cassation, v. *C-cr.* 177 *et ci-apr. tit.* 4, *surtout art.* 3 (*des nullités*).

TITRE II.

De la Procédure correctionnelle.

L'INSTRUCTION des délits correctionnels étant assujettie à l'épreuve des deux degrés, nous traiterons séparément des procédures de première instance et d'appel.

Nous observerons auparavant, qu'en général, le Code de procédure n'est pas applicable à ces matières. —V. 4 arr. cass. du 5 mai 1809, n. 85 (et rép. viij, 663); autre, 2 avril 1819, n. 40 (1).

§ Ier. De la Procédure de première instance.

I. *Demande.* Le Tribunal est saisi, ou par le renvoi, soit de la chambre du conseil, soit du Tribunal de police (*ci-dev. p.* 105 *et* 112), soit de la chambre d'accusation (2) ; ou par la citation, soit d'un agent-forestier, soit du procureur du Roi, soit de la partie civile (3). — V. *C-cr.* 182, 230.

---

(1) *Observations.* 1. Ainsi l'omission du *parlant à*, dans la copie de la citation, ne l'annulle pas. —V. *arr. cass.* 18 *nov.* 1813, *n.* 249, *et d. arr.* 2 *avr.*

2. Règle contraire pour les notifications des listes de jurés dans les procès de diffamation. —V. *arr. cass.* 10 *nov.* 1820, *n.* 145. —V. *aussi ci-apr. art. de l'examen, n.* 1, 2°.

(2) Dans ce cas, s'il décide qu'il n'est pas compétent (il le peut... v. *ci-dev. p.* 52, *n.* 4), son jugement ne peut être annullé par la chambre d'accusation; il ne peut être attaqué que par appel. —V. *arr. cass.* 2 *sept.* 1813, *n.* 192.

(3) Ils ne peuvent varier dans leur action.—V. *ci-dev. p.* 26, *n.* 2.—On y a vu que, lorsque la partie civile a d'abord choisi la voie de la plainte et a échoué, elle n'a plus le droit d'agir au correctionnel.

La citation tient lieu de plainte. Le réclamant y énonce les faits, et élit domicile dans la ville où siége le Tribunal. Elle est donnée à trois jours au moins. — V. *C-cr.* 183 , 184 (3 *a*).

II. *Instruction et jugement.* Les règles en sont à peu près les mêmes que pour la procédure de police (4).

Voici les différences les plus remarquables.

1. L'affaire est exposée par le procureur du Roi, par la partie civile *ou* son défenseur (5) ; et, pour les délits des forêts, par un préposé. — V. *C-cr.* 190.

(3*a*) *Observations.* 1. *Énonciation des faits.* Elle n'est pas prescrite sous peine de nullité. —V. *arr. rej.* 12 *févr.* 1819, *n.* 20.

2. *Délai.* Son inobservation n'annulle pas la citation : on ne doit annuller que la condamnation par défaut qui serait prononcée avant l'expiration des trois jours. —V. *arr. cass.* 25 *janv.* 1819 *et* 15 *févr.* 1821, *n.* 28 *et* 21.

(4) Ainsi 1. l'instruction est publique, les dépositions sont reçues, les pièces (telles que procès-verbaux) lues, les plaidoiries faites, etc., en général, dans le même ordre. —V. *pour les détails, C-cr.* 190, *et ci-dev.* p. 108, § 2. —V. *aussi la note suivante.*

2. Les procès-verbaux y font foi, et les témoins y déposent, dans les cas, et avec le serment, les modifications et formes indiquées ci-devant, p. 109. —V. *C-cr.* 289. — Autre question... V. *ci-apr. chap. des assises , note* 37, *n.* 2.

3. Lorsque le fait imputé n'est ni contravention, ni délit, le tribunal annulle l'instruction et statue sur les demandes en dommages (du prévenu seulement). —V. *C-cr.* 191 ; *M. Carnot, ib., n.* 6 ; *et surtout ci-dev.* p. 112, note 12, *et* p. 29, *et note* 42, *ib.*

4. Le condamné supporte les dépens. —V. *C-cr.* 194, *et* p. 74, *n.* 1.

5. Le concours du ministère public y est nécessaire. —V. *C-cr.* 190.— S'il est absent, on continue la cause à une autre audience, ou bien si elle est pressante, on le remplace d'après le mode indiqué ci-dev. p. 92, note 2. —V. *M. Carnot, art.* 210, *n.* 12.

(5) On a conclu de cette disposition alternative, que l'audition du plaignant *en personne,* n'est point une forme *substantielle* du jugement ; que le tribunal correctionnel a essentiellement et par une sorte de pouvoir discrétionnaire, le droit d'examiner si la présence du plaignant est ou non nécessaire à l'instruction ; qu'en conséquence, lorsqu'il juge cette présence non nécessaire, il peut refuser d'autoriser l'extraction d'un plaignant détenu, qui demande à paraître pour soutenir lui-même sa plainte. —V. *arr. cass.* 11 *juill.* 1817 ; *n.* 61.

Ce système, dont les conséquences peuvent être si graves, est susceptible d'une foule d'objections sérieuses, et entre autres des suivantes.

Le droit de défense étant fondé sur la loi naturelle, on ne doit y admettre de restriction que lorsque cela résulte d'une disposition claire et formelle

2. Si le délit n'est pas puni d'un emprisonnement, le défendeur peut se faire représenter par un avoué. — V. *C-cr.* 185.

3. Le défaillant peut former son opposition dans le

---

de la loi positive, d'autant qu'en général il n'est pas permis à celle-ci (v. *Instit. de legit. agnat. tut.*, § *ult.*) de déroger à celle-là. Nos lois positives ont reconnu ce principe, puisque, loin de chercher à restreindre le droit de défense, elles lui donnent la plus grande latitude, et que, lorsqu'elles y apportent quelque modification, c'est ordinairement pour l'avantage du plaideur, comme lorsqu'elles permettent aux juges civils de lui interdire la défense orale s'il n'est pas en état de les éclairer sur sa cause (v. *C-pr.* 85 et 86; *cours de proc. p.* 236, *note* 3).

Cela posé, comment trouver dans l'alternative de l'art. 190, l'autorisation au juge, d'anéantir en quelque sorte le droit de défense en forçant le plaignant à ne se servir que de son conseil? *La partie civile ou son défenseur exposera l'affaire*, signifie bien que la partie civile a la faculté de se faire remplacer par un défenseur, mais rien de plus. On ne saurait en induire qu'elle n'ait pas le droit de plaider elle-même si bon lui semble, ou d'assister à la plaidoirie de son défenseur pour lui fournir, ce qui est surtout nécessaire dans les causes, purement de fait, soumises aux juges correctionnels, des documens qu'elle aura oublié de lui transmettre, ou dont il ne se sera pas souvenu... Comment le tribunal serait-il en état de juger de l'utilité ou inutilité de la présence de la partie à une discussion qui n'a pas encore eu lieu, à une cause qu'il ne connaît point encore ?... La partie elle-même est exposée à se tromper sur ce point, puisque les débats font souvent apercevoir des circonstances qui nécessitent de nouvelles explications.

Pourquoi d'ailleurs, l'art. 190 a-t-il mis l'alternative précédente?... C'est parce que l'art. 153, sur lequel il est modelé, n'ayant point parlé de l'assistance d'un défenseur pour les causes de police simple, on aura cru devoir l'indiquer expressément pour les causes, plus importantes, de police correctionnelle. L'intention du législateur, d'accorder en ceci un avantage aux parties pour leur défense, et non de restreindre cette défense, paraît évidente, surtout si l'on compare ces articles avec ceux du Code de brumaire d'où ils ont été tirés, mode d'interprétation employé souvent et avec raison par la Cour suprême.

Or ce Code, après avoir défendu (*art.* 161) au prévenu de se faire représenter à la police simple par un défenseur officieux ou conseil, ce qui s'appliquait sans doute au plaignant, toujours moins favorisé, déclarait (*art.* 187) que chacune des parties avait, au correctionnel, LE DROIT *d'employer le ministère d'un défenseur officieux.*

C'est ce même droit, assurément non exclusif de celui de se défendre soi-même ou d'assister à la plaidoirie du défenseur, que le Code criminel a maintenu, par les termes déjà cités de l'art. 190, *la partie civile ou son défenseur exposera l'affaire.* Si l'on eût voulu en priver le plaignant, dès qu'il lui était acquis et par la loi naturelle et par la loi positive ancienne que le Code criminel remplace, on eût ajouté, comme le fait à peu près le Code de procédure, lorsqu'il y aura un défenseur, le tribunal aura la faculté « d'interdire la plaidoirie à la partie ».

délai de cinq jours (outre l'augmentation), à dater de la signification (5 *a*); et le Tribunal accorder une provision. — V. *C-cr.* 187, 188.

4. Si le fait n'est qu'une contravention, et si l'on n'a pas demandé le renvoi à la police, le Tribunal y statue, et en dernier ressort. — V. *C-cr.* 192. — V. *aussi C-cr.* 213; *arr. cass.* 2 oct. 1813 (6).

5. S'il s'agit d'un crime, il décerne sur-le-champ le mandat de dépôt ou d'arrêt, et renvoie le prévenu au juge instructeur. — V. *C-cr.* 193. — V. *aussi C-cr.* 214; *arr. cass.* 11 *juin* 1819, *n.* 67.

6. Les faits imputés sont énoncés dans le jugement, et la loi appliquée est lue à l'audience. — V. *C-cr.* 195 (7).

7, etc. Quant aux autres règles, V. *C-cr.* 179 *à* 198.

Il semble, d'après ces observations, qu'on pourrait considérer l'assistance et la défense du plaignant, lorsqu'il veut ou assister ou se défendre en personne, comme une forme substantielle du jugement correctionnel.

(5*a*) *Observ.* 1. Ce délai court quoique la signification n'ait été faite que par l'une des deux autres parties. — V. *arr. rej.* 21 *sept.* 1820, *n.* 131.

2. Les frais de l'opposition et de l'expédition et signification du jugement de défaut (il est regardé comme non avenu) sont à la charge de l'opposant. — V. *C-cr.* 187, 211; *arr. cass.* 30 *août* 1821, *n.* 132.

3. L'appel interjeté par la partie civile (v. ci-apr. § 2, p. 118), d'un jugement rendu contradictoirement avec elle, et par défaut contre l'inculpé, n'ôte point à celui-ci le droit de former opposition s'il est dans son délai. L'efficacité ou la *non-efficacité* de l'appel dépend dans ce cas de l'existence ou de la *non-existence* de l'opposition. — V. *arr. cass.* 30 *août* 1821, *n.* 137.

(6) *Observations.* 1. La retenue du fond est donc autorisée, quoiqu'il y ait incompétence, ce qui est contraire aux principes généraux (v. *cours proc.* p. 434, *note* 113); mais il faut observer que le silence des parties a couvert cette incompétence. — V. *encore ci-apr. p.* 121, *note* 17, *n.* 1.

2. L'appel de ce jugement n'est pas recevable. — V. *arr. cass.* 22 *juin* 1821, *n.* 102.

3. Mais il l'est si l'appelant soutient et a raison de soutenir que le fait imputé est un *délit* et non pas une simple contravention. — V. *arr. cass.* 1 *févr.* 1821, *n.* 25.

(7) *Observations.* 1. Si le texte de la loi n'y est pas inséré, il n'y a pas nullité (mais amende contre le greffier); et cette règle s'applique aux matières de grand-crimininel. — V. *rép. vj*, 609 *et ix*, 206, *mots jugement*, § 2, *et peine, n.* 8; *arr. rej.* 12 *sept.* 1812 *à d. p.* 609; *autres*, 21 *sept.* 1820 *et* 12 *févr.* 1821, *n.* 131 *et* 20. — D'ailleurs l'insertion n'est prescrite que quand on condamne en appliquant une loi pénale. — V. *d. arr.* 21 *sept.*

§ II. *De la Procédure d'Appel.*

I. *Appel.* Indépendamment des parties (8) et du procureur du Roi, le droit d'appeler appartient au ministère public du Tribunal d'appel (9). — V. *C-cr.* 202. — Et même au procureur-général. — V. *arr. cass.* 1 *juill.* 1813 *et* 14 *mars* 1817, *n.* 140 *et* 21.

L'appel doit être fait au greffe, dix jours au plus tard (10) après la prononciation, faute de quoi le prévenu acquitté est élargi... Si le jugement est par dé-

---

2. Règle contraire s'il n'y a pas de motifs. —V. *M. Carnot, art.* 195, *n.* 3½; *rép., d. p.* 609, *et deux arrêts, ibid., et t.* 15, *p.* 368; *ci-dev. p.* 89 *et* 90, *n.* 10.— Mais il suffit qu'on y ait *adopté* les motifs du premier juge, lorsque celui-ci a énoncé la loi. —V. *arr. rej.* 14 *août* 1818, *n.* 116.

(8) *Observations.* 1. Il peut aussi être interjeté par un procureur, pourvu qu'il ait un mandat spécial, au moins pour toutes sortes d'appels.—V. *réqu. et arr. rej.* 18 *janv.* 1813, *à rép. x,* 118.—Et l'on regarde à cet égard le père comme étant de droit en vertu de sa puissance paternelle, le procureur spécial de ses enfans mineurs délinquans.—V. *arr. rej.* 2 *juin* 1821, *n.* 106.

2. *Id.,* par un avoué au tribunal correctionnel.—V. *arr.* 23 *janv.* 1813, *Laporte, mot appel, n.* 26; 18 *mai et* 17 *août* 1821, *B. c. n.* 78 *et* 131.

3. Mais l'appel d'un consort ne profite pas à son co-condamné; et l'appel incident émis par celui-ci, après le délai légal et à l'audience, est non-recevable. —V. *arr. cass.* 16 *mars* 1815, *n.* 18; *ci-dev. p.* 106, *note* 21, *n.* 4.

(9) *Observations.* 1. Il peut appeler dans le délai ci-après indiqué, même lorsque le jugement a été acquiescé par le ministère public de 1re instance et exécuté par le condamné.—V. *réqu. et arr. cass.* 15 *déc.* 1814, *B-c. n.* 44 *et rép. xv,* 24; *arr. rej.* 2 *août* 1815, *Jalbert,* 529, *par arg. de C-cr.* 202; *arr. cass.* 17 *juin* 1819, *n.* 68.

2. L'appel du ministère public rétablit le prévenu dans le droit de faire valoir les moyens même omis en 1re instance. —V. *arr.* 22 *janv.* 1813, *Laporte, mot appel, n.* 19.

3. Mais il faut qu'il y fasse valoir les *nullités* de 1re instance. —V. *à la fin, l'article des nullités, note* 17, *n.* 2.

4. *Quid* si le seul lésé a appelé? —V. *ci-dev. p.* 22 *et* 23, *et note* 20, *ib.*

(10) *Observations.* 1. Il n'est pas besoin de le notifier. Cela est exigé pour le ministère public d'appel, mais non pas pour le prévenu, pour le ministère public de 1re instance, ou l'administration forestière. —V. *arr. cass.* 21 *janv.* 1814 *et* 29 *juin* 1815, *n.* 8 *et* 43.

2. Il n'est pas non plus nécessaire de donner en appel un extrait de la déclaration faite au greffe, qui le contient. —V. *arr. cass.* 11 *janv.* 1817, *n.* 5.

3. *Délai.* Le onzième jour en est exclu. —V. *arr. cass.* 18 *juin* 1817, *n.* 65.

faut, c'est dix jours après la signification. — V. *C-cr.*
203, 206 (11).

Les moyens en sont donnés dans une requête signée
de la partie ou d'un avoué, ou d'un procureur spécial,
et remise au greffe de première instance ou d'appel.
— V. *C-cr.* 204 (12).

Quant au ministère public du Tribunal d'appel, il
doit notifier son recours à la partie, dans le mois de la
signification, ou dans les deux mois de la prononciation.
— V. *C-cr.* 205 (13).

Les délais ci-dessus de dix jours, un mois et deux
mois, sont de rigueur, et emportent la déchéance. —
V. *arr. cass.* 20 *mars* 1812, 12 *avril et* 27 *juin* 1817,
n. 67, 31 *et* 57 (14).

---

4. *Id... Droits réunis.* Il court de la notification. —V. *arr. cass.* 7 *juin*
1821, *n.* 92.

(11) Le défaillant peut s'opposer. —V. *ci-apr. note* 15, *n.* 4, *p.* 120.

(12) La production de cette requête est purement facultative. —V. *d.
arr.* 29 *juin* 1815.

(13) *Observations.* 1. La notification ci-dessus suffit; il n'a pas besoin de
faire l'appel au greffe. —V. *arr. cass.* 13 *août* 1813, *n.* 180.
2. Elle ne peut être faite par un huissier de Cour d'assises, étranger
au ressort du tribunal correctionnel. —V. *réqu. et arr. cass.* 20 *févr.* 1812,
n. 33, *et rép. xv,* 30; *cours proc. p.* 76.
Mais dans ce cas, elle peut être suppléée par une notification régulière
donnée dans le délai. — D. *arr.* 20 *févr.*
3. Ce ministère public peut aussi appeler verbalement, et même incidemment, à l'audience, s'il est dans le délai, *suiv. d. réqu. et arr.* 20 *févr.;*
autres, 11 *juin* 1813 *et* 21 *avr.* 1820, *n.* 127 *et* 54, *et* 14 *iuill.* 1815, *Jalbert,* 526.
On fonde cette décision sur ce que l'art. 205 ne donnant point de formes
pour la notification de l'appel, peu importe qu'elle soit verbale, pourvu
qu'elle soit certaine comme l'est celle qu'on fait à l'audience, au prévenu.
Mais il nous semble qu'outre qu'une notification verbale n'offre pas de la cer-
titude, puisque le prévenu peut ne l'avoir pas entendue ou comprise, par
cela seul que l'article 205 emploie le mot *notifier,* il veut qu'on *donne une
copie* de l'appel, puisque ce mot a toujours été entendu dans ce sens (v.
cours proc. p. 166 *et* 181'). D'ailleurs, il indique qu'il le prend dans ce sens,
en parlant, à la fin, de la *notification légale* du jugement, parce que,
comme on ne notifie point *de vive voix* un jugement, il ne peut entendre
par là qu'une notification à l'aide d'une *dation de copie;* et rien n'annonce
qu'il emploie, au commencement, le mot *notifier* dans une autre acception.

(14) *Observations.* 1. Un premier jugement qui statue sur des reproches

II. *Jugement.* Les règles en sont les mêmes que pour le jugement de première instance (15), sauf les modifications ci-après.

1. Il doit être rendu dans le délai d'un mois. La discussion des parties est précédée d'un rapport fait par un juge. — V. *C-cr.* 209 (16).

---

de témoins, étant définitif, à cet égard, il faut en appeler dans les délais ci-dessus. —V. *arr. rej.* 20 *mars* 1817, *Jalbert*, 237.

2. La déchéance a lieu lors même que l'intimé ne l'a pas demandée en appel, *suiv. M. Carnot, art* 203, *et plus. arr. ib.* —V. *aussi arr.* 20 *mars* 1812, *n.* 67.

3. Ces délais courent des époques ci-dessus indiquées, et non pas de l'ordonnance de la chambre du conseil qui a renvoyé la cause au correctionnel. —V. *arr. cass.* 4 *sept.* 1813, *n.* 200.

4. Le délai de l'appel incident court des mêmes époques. —V. *arr. ci-dev. note* 8, *n.* 3, *et note* 13, *n.* 3, *p.* 118 *et* 119.

5. Mais l'appel du ministère public de 1re instance, suffit pour *saisir*, lorsque celui du ministère public d'appel est trop tardif. —V. *arr. cass.* 10 *mai* 1816, *n.* 28.

6. Si le dernier jour est *férié*, l'appel ne peut pas être fait le lendemain. —V. *arr.* 28 *août* 1812, *Laporte, mot appel, n.* 15 (c'est que la loi dit 10 jours, *au plus tard*). —V. *aussi cours proc. p.* 148 (*note* 8a) *et* 150.

(15) Ainsi 1. l'on doit également y statuer sur le fait qui n'est qu'une contravention. —V. *arr.* 2 *oct. ci-dev. n.* 4, *p.* 117.

2. Lorsque le jugement est annullé parce que le fait imputé est un crime, on décerne un mandat contre le prévenu, et on le renvoie au fonctionnaire compétent. —V. *C-cr.* 214, *et pour les exceptions, ci-dev. p.* 22, *et notes* 18 *et* 19, *ib.*

3. Lorsqu'il l'est parce que ce fait n'est ni délit, ni contravention, on renvoie le prévenu, et on peut lui accorder des dommages, mais non pas au plaignant. — *Arg. de C-cr.* 212. —V. *arr. cass.* 30 *avr.* 1813, *n.* 88 *et rép. xiv*, 229; *autres*, 9 *juin* 1815, *n.* 37; *autres, ci-dev. p.* 115, *note* 4, *n.* 3, *et les passages où il renvoie.*

4. Le défaillant a le droit de former opposition. —V. *C-cr.* 208. — Et ce droit est commun à l'appelant et à l'intimé, de sorte que l'appelant n'en est pas exclu pour avoir remis au greffe une requête contenant ses moyens d'appel. —V. *réqu. et arr. cass.* 22 *août* 1811, *n.* 119, *et rép. xiv*, 227. —V. *aussi ci-dev. note* 5 a , *p.* 117.

5. Le délai d'opposition est de cinq jours, etc. (v. *ci-dev. p.* 116, *n.* 2); mais on ne peut pas en opposer l'inobservation pour la première fois devant la cour suprême. —V. *arr.* 5 *mars* 1819, *n.* 32.

(16) *Observations.* 1. Après le rapport, on entend les dépositions, car on a la faculté de produire, soit les témoins de 1re instance, soit de nouveaux témoins.—V. *M. Carnot, art.* 210, *n.* 2, 5 *et* 6, *par arg. de C-cr.*

2. Si le jugement est annullé pour violation ou omis-sion (non réparée) de formes prescrites par la loi, sous peine de nullité, comme dans le cas où l'un des trois juges qui l'ont rendu, n'a pas assisté à toutes les audiences (16 *a*), on statue sur le fond. — V. *C-cr.* 215. — V. *aussi L.* 20 *avril* 1810, *art.* 7 (17).

3, etc. A l'égard, 1° des autres règles, v. *C-cr.* 199 à 216; *ci-dev. note* 10, *p.* 111, *etc.* (18).

211; *M. Bourguignon, d. art.* ; *M. Le Graverend, iij,* 357 ; *arr.* 26 *juin* 1812, *Laporte, mot appel, n.* 13.

2. Mais pour exercer cette faculté, il faut en avoir obtenu la permission du tribunal, ou seulement du président, *suiv. M. Carnot, ib., n.* 6.

3. Il faut que tous les juges aient assisté à l'audience où l'on a fait le rapport, ou même interrogé les inculpés. —V. *arr. cass.* 29 *sept.* 1820, *et* 30 *août* 1821, *n.* 128 *et* 138.

4. Le délai ci-dessus d'un mois n'est que comminatoire. —V. *arr. rej.* 12 *févr.* 1819, *n.* 20 *et cours proc. p.* 140, *note* 7. .

(16 *a*) *Observations.* 1. Dans ce cas le tribunal d'appel ne doit pas ren-voyer sous prétexte qu'il n'existe pas de jugement, parce que ayant été rendu par trois juges il est par-là même revêtu de la forme extérieure. —V. *arr. cass.* 24 *oct.* 1817. —V. *aussi cours proc. p.* 250 *et* 406.

2. Autre question d'annullation et de retenue de fond... v. *rép. xiij,* 450, *mot témoin judiciaire,* § 3, *in f.*

(17) *Observations.* 1. Il en est de même lorsqu'il est annullé parce que le premier juge s'est mal à propos déclaré incompétent (il y a encore ici retenue du fond.... v. *p.* 117, *note* 6). —V. *arr. cass.* 14 *mai et* 27 *août* 1813, *et* 5 *avr.* 1816, *n.* 102, 190 *et* 17.

2. *Idem,* lorsque c'est pour avoir admis une inscription de faux inutile. —V. *d. arr.* 27 *août, et rép. xiv,* 231.

(18) *Observations.* 1. Les juges doivent être au nombre de cinq. —V. *L.* 20 *avr.* 1810, *art.* 40 ; *décr.* 6 *juill. suiv.*, *art.* 2.— Mais le jugement est valable quoiqu'il y en ait davantage, pourvu que tous appartiennent à la chambre chargée des appels correctionnels. —V. *arr.* 20 *mars à note* 14, *p.* 120 ; *et* 30 *août* 1821, *B. C. n.* 132. — *Quid* si alors il y a partage ?—V. *ci-dev. p.* 89, *n.* 9.

2. Si sur un appel *à minimâ,* le ministère public succombe, le condamné en 1re instance qui obtient gain de cause en appel, quant à l'augmentation de la peine, doit néanmoins être condamné aux dépens de l'instance d'appel, *suiv. arr. cass.* 31 *déc.* 1813, *n.* 266. — On fonde cette décision sur l'article 156 du décret du 18 juin 1811, où on lit que « la condamna-« tion aux frais sera prononcée contre tous les auteurs et complices du même « fait... » Une disposition aussi vague, une disposition qui, par la généra-

2.º Des questions sur lesquelles le Tribunal peut statuer lorsqu'il n'y a pas appel de toutes les parties.... V. ci-dev. p. 22 et 23, n. 3 et notes ib.

3. Des cas où l'on peut recourir des jugemens qu'il a rendus en dernier ressort... *Voyez ci-après, tit. de la cassation, art. 3 (des nullités), n.º ij.*

---

lité des termes qu'elle emploie, est censée s'en référer aux règles communes pour les exceptions dont elle est susceptible, ne saurait justifier une décision, telle que la précédente, qui nous paraît contraire, et aux principes en matière de dépens (v. *cours de proc. p.* 156), et à ceux de l'équité.

TITRE III.

De la Procédure criminelle, proprement dite.

On a vu que, lorsqu'il s'agit de statuer sur une contravention ou sur un délit, les prévenus ou inculpés sont traduits immédiatement aux Tribunaux de police ou correctionnels. Il n'en est pas de même lorsqu'il s'agit d'un crime. L'importance de la matière, soit rélativement au prévenu, soit relativement à la société, a fait exiger deux épreuves, savoir : la mise en accusation qui est confiée aux Cours royales, et le jugement de l'accusé dont sont chargées les Cours d'assises..... Nous en traiterons sommairement dans deux chapitres.

CHAPITRE PREMIER.

De l'Accusation.

I. L'ACCUSATION est prononcée, s'il y a lieu, par la chambre d'accusation de la Cour royale (elle est composée de cinq juges au moins), sur le rapport du procureur-général, sans entendre les parties ni les témoins. — V. C-cr. 218, 223; décr. 6 juillet 1810, art. 2, et ci-dev. p. 50, n. 3, et note 20, ib. — V. aussi pour le partage d'opinions, ci-dev. p. 89, n. 9.

Les parties ont seulement la faculté de fournir des mémoires avant la présentation du rapport, qui est faite par un substitut, sous la direction du procureurgénéral, dans les dix jours, au plus tard, après la réception des pièces. — V. C-cr. 217; décr. 6 juillet 1810, art. 45 (1).

____

(1) *Observations.* 1. Le reste de l'instruction est abandonné à la conscience de la chambre. — V. arr. rej. 13 janv. 1818, n. 21, p. 60.

La chambre prononce sur la lecture de toutes les pièces et des mémoires, dans les trois jours, sans désemparer, ni communiquer avec personne. — V. *C-cr.* 219, 222, 224, 225 (2).

II. Si elle n'aperçoit aucune trace d'un délit, ou si elle ne trouve pas des indices suffisans de culpabilité, elle ordonne la mise en liberté du prévenu. — V. *C-cr.* 229 (3).

Si les indices suffisent, mais si le fait n'est qu'un délit, proprement dit, ou une contravention, elle renvoie le prévenu aux Tribunaux correctionnels ou de police, avec mise en liberté dans ce dernier cas. — V. *C-cr.* 230 (4).

Dans toutes ces hypothèses, le prévenu ne peut plus être traduit aux Cours d'assises à raison du même fait, à moins qu'il ne survienne de nouvelles charges. —

---

2. Les pièces dont on parle ci-dessus ont dû être envoyées par les chambres du conseil. — V. *C-cr.* 217, 133 *et* 135.

(2) *Observations.* 1. Le procureur-général et le greffier ne peuvent pas même être présens à la délibération. — V. *d. art.* 224; *arr. cass.* 22 *août* 1817, *n.* 79.

2. *Connexité.* La chambre statue par un seul arrêt (cela n'est pas prescrit à peine de nullité... v. *arr. rej.* 28 *déc.* 1816, *Jalbert*, 1817, 340) sur les délits *connexes* qui lui sont soumis. — V. *C-cr.* 226, 227 ; *réqu. et arr. rej.* 18 *nov.* 1813, *rép. xv,* 287.

Dans ce cas, le prévenu d'un simple délit est renvoyé à la Cour d'assises avec le prévenu du crime auquel le délit est connexe. Cette Cour, statuant alors sur son délit, la procédure d'assises doit lui être commune; par exemple, il faut lui notifier, comme au prévenu de crime, la liste des jurés. — V. *arr. cass.* 4 *nov.* 1813, *n.* 241 ; *ci-apr. ch.* 2, *art.* 2, *n.* 1, *p.* 133 ; *ci-d. part.* 1, *p.* 46, *n.* 4, *et p.* 52, *note* 24.

(3) *Observations.* 1. Cet arrêt est-il passible de recours?... V. *ci-apr. n.* iv, *p.* 126 *à* 128.

2. Il peut être fondé sur la prescription. — V. *ci-dev. p.* 80, *n.* 3.

3. *Idem*, sur l'amnistie, *suiv.* M. *Carnot, art.* 246, *n.* 13.

4. Il peut aussi et doit même l'être sur la légitime défense. — V. *arr. cass.* 27 *mars* 1818 *et* 8 *janv.* 1819, *n.* 36 *et* 3.

5. Mais il ne peut pas l'être sur la possibilité de la bonne foi d'un bigame. — V. *ci-dev. p.* 13, *note* 19, *n.* 2.

(4) Ces tribunaux peuvent décider qu'ils ne sont pas compétens. — V. *ci-dev. p.* 114, *note* 2, *surtout p.* 52 *et* 53, *et la note* 5 *ci-après.*

V. *C-cr.* 246 ; *Mrs Bourguignon et Carnot, ibid.* — V. *aussi arr. rej.* 15 *juin* 1820., *n.* 91 (5).

On considère comme telles, les dépositions et pièces non présentées à la Cour, et propres à fortifier les preuves qui ont paru trop faibles, ou à donner aux faits de nouveaux développemens utiles à la manifestation de la vérité. — V. *C-cr.* 247, 248. — V. *aussi L.* 6 *vent. an ij ; et quant à l'instruction sur les* nouvelles charges, *ci-dev. p.* 105, *note* 20, *n.* 3.

III. Si le fait est un crime, et si la Cour trouve les charges suffisantes pour motiver la mise en accusation, elle renvoie le prévenu devant une Cour d'assises. — V. *C-cr.* 231 (6).

____

(5) L'application de l'art. 246 a donné lieu à des difficultés, dans l'hypothèse suivante. Une chambre d'accusation renvoie un individu au tribunal correctionnel, comme prévenu d'un délit. Le tribunal, pensant que le fait imputé est un crime, se déclare incompétent. Sur l'appel, la chambre correctionnelle réforme. Elle se fonde sur ce que le prévenu n'ayant pas été renvoyé à la Cour d'assises, par la chambre d'accusation, il ne pouvait plus y être traduit, d'après l'art. 246 ; qu'autant qu'il y aurait de *nouvelles charges*, et dans la cause il n'y en avait pas. La Cour de cassation, au contraire, expliquant l'art. 246, d'après C-brum. 255, 241 et 237 combinés, où il a été puisé, a décidé qu'il ne se rapporte qu'au seul cas où les charges ont été *reconnues insuffisantes*. En conséquence, et en considérant aussi que le tribunal correctionnel ne peut retenir le jugement d'un fait qu'il reconnaît être un crime, elle a cassé l'arrêt de la chambre correctionnelle. —V. *arr.* 12 *juin* 1817, *n.* 45. —V. aussi *arr.* 26 *août,* *sect. réun.,* *n.* 80. —Au reste, ceci est une confirmation des principes exposés, *ci-dev. p.* 52 *et* 53, *n.* IV *et notes ib.*

(6) *Observations.* 1. Elle ne juge que sur des présomptions et indices, de sorte que son appréciation des faits ne lie point la Cour d'assises. —V. *réqu. et arr. cass.* 25 *févr.* 1813, *n.* 35, *et rép. xv,* 264, *arr. rej.* 2 *déc.* 1814, *ib., xv,* 600.

C'est un des motifs pour lesquels elle doit, comme on l'a vu (*p.* 72, *note* 10), renvoyer, à la Cour d'assises, l'appréciation de l'excuse proposée par un prévenu.

2. Mais des indices *graves* suffisent ; il n'est pas besoin de preuves... Enfin elle est obligée d'examiner ces indices par rapport à tous les chefs d'imputation contenus dans le réquisitoire du procureur-général. —V. *arr. cass.* 2 *août* 1821, *n.* 123.

3. Pour l'effet de l'arrêt d'accusation, quant à la compétence de la Cour d'assises, v. *ci-dev. p.* 51, § 4.

4. L'accusation suspend l'exercice du droit de cité ; —V. *L.* 22 *frim. viij, art.* 5 ; — et rend reprochable un témoin. — V. *cours proc. p.* 294.

Le substitut du procureur-général rédige alors un acte d'accusation, où il expose, 1° la nature du délit (7) qui en forme la base ; 2° le fait et toutes les circonstances qui peuvent aggraver ou diminuer la peine. Il y nomme et désigne clairement le prévenu. — V. *C-cr.* 241 ; *décr.* 6 *juill.* 1810, *art.* 45.

L'acte et l'arrêt de renvoi sont ensuite signifiés à l'accusé, et, dans les vingt-quatre heures on le transfère dans la maison de justice (8), et l'on envoie les pièces au greffe de la Cour où il doit être jugé. — V. *C-cr.* 242, 243, 291, 292.

IV. Les arrêts des chambres d'accusation sont passibles du recours en cassation, dans deux hypothèses.

Première HYPOTHÈSE. Lorsqu'il y a une des nullités qui seront exposées au *chapitre* 2, *art.* 1er, *n. ij, p.* 131.

Seconde HYPOTHÈSE. Lorsqu'il y a incompétence, ce qui comprend deux cas.

---

(7) Il faut que le fait imputé soit un crime, puisqu'il n'est permis d'accuser que pour un crime ; sinon, l'arrêt d'accusation est susceptible d'annullation comme dans le cas de la note 10, *n.* 1, *p.* 67, où l'on avait imputé un *recel*, sans ajouter qu'il avait eu lieu *sciemment*.

(8) *Observations.* 1. Il n'est pas permis de l'autoriser à en sortir momentanément, sous la garde de la gendarmerie et à ses frais, pour aller faire des recherches de papiers relatifs à son délit : telle est la décision d'un arrêt de cassation *du* 21 *mai* 1813, *n.* 108.

On la fonde sur ce qu'il résulte de l'art. 243, que l'accusé doit demeurer dans la maison de justice jusqu'à ce qu'il en soit extrait pour les débats. Mais l'art. 243 se borne à dire qu'il sera *transféré* dans cette maison ; aucune de ses expressions n'est exclusive d'une tolérance réclamée par l'humanité, et qui ne fait pas courir de risques pour l'évasion de l'accusé, en prenant les précautions convenables.

On observe aussi que la clôture non interrompue de l'accusé est une conséquence de l'ordonnance de prise de corps décernée contre lui. Mais l'article (134) relatif à cette ordonnance, ne prête non plus à aucune induction de ce genre.

D'après l'art. 603, il est vrai, la maison de justice est destinée à *retenir* l'accusé pris au corps ; mais cette expression y étant aussi employée à l'égard des *prévenus*, il nous paraît clair que la loi n'y a point attaché un sens absolu. Au reste, répétons-le : en cas de doute, il faut interpréter la loi (v. *L.* 18, *ff. de legib.*) dans le sens le plus favorable à l'humanité.

2. Quoiqu'il en soit, le détenu peut être transféré dans un hospice, lorsqu'il tombe malade. — V. *cours proc. p.* 637, *note* 38.

Premier Cas. Lorsque les juges d'accusation ont mal à propos ordonné un renvoi aux Tribunaux criminels (9).

Deuxième Cas. Lorsque, sans apprécier les indices ou preuves à la charge de l'accusé (10), et en se fondant uniquement sur ce que, suivant eux, le fait imputé n'est pas un crime, ou bien sur ce que le crime imputé est couvert par la prescription ou par la chose jugée, ils déclarent qu'il n'y a pas lieu à suivre une plainte (11).... Mais dans ce dernier cas, leurs arrêts ne

---

(9) Dans l'hypothèse où le fait n'est pas de la compétence de ces tribunaux.

Observations. 1. A l'égard des cas, délais, formes, etc., de ces recours lorsqu'il s'agit d'un renvoi à une *Cour d'assises*, voyez *d. p.* 131, *n.* 2, *surtout note* 20, *n.* 2.

2. Si le renvoi est fait à un *tribunal correctionnel*, l'accusé peut recourir dans le délai de trois jours francs, à dater du jour où on lui a notifié (par un huissier) l'arrêt de la chambre d'accusation. —V. *rép. xv*, 97, *mot cassation*, § 5, *n.* 10 *bis*; *réqu. et arr. rej.* 18 *mars* 1813, *rép. xiv*, 711, *mot vol, sect.* 1, *n.* 5.

Mais dans ce cas, le ministère public n'a pas le droit de recourir, sauf à lui à provoquer auprès du tribunal correctionnel une déclaration d'incompétence pour l'hypothèse où le délit serait un crime, *suiv. M. Le Graverend*, *i*, 422, *qui cite un arr. rej.* 30 *juill.* 1812.

(10) Si au contraire, c'est d'après l'appréciation des charges qu'ils ont décidé la mise en accusation ou le renvoi d'accusation, ils ne sont pas passibles de recours.—V. *réqu. et arr.* 7 *juin* 1811, *rép. xv*, 94 *et suiv.*, *mot cassation*, § 5, *n.* 10 *bis*, *surtout p.* 94. —V. *aussi id. p.* 85, *n.* 10; *arr.* 5 *mars* 1813 *et* 12 *oct.* 1811, *ib.*, *xv*, 295 *et* 480.

(11) *Observations.* 1. Le ministère public a le droit de recourir d'un arrêt de cette dernière espèce parce que l'arrêt qui, en négligeant l'appréciation des charges (v. *la note* 10), et en se bornant à celle du fait imputé, a décidé que ce fait n'était ni crime ni délit, etc., a statué sur une question de compétence, et que d'après l'art. 416, tous les jugemens quelconques relatifs à la compétence, son passibles de recours. —V. *à ce sujet, d. p.* 85, *n.* 10; *dd. réqu.* 7 *juin et* 12 *oct.*, *rép. xv*, 95, 96 *et* 478; *autres*, 17 *oct.* 1811, *p.* 87; *dd. arr.* 5 *mars et* 12 *octobre.* —V. *aussi ci-apr. note* 21, *n.* 1, *p.* 132.

2. Le ministère public peut user de ce droit dans les trois jours francs, à dater de celui où il a eu connaissance de l'arrêt, par la voie du greffe. —V. *rép. xv*, 97, *d. n.* 10 *bis*; *réqu.* 29 *oct.* 1812, *rép. xiv*, 703, *mot vol, sect.* 1, *n.* 4; *arr. cass.* 22 *août* 1817, *n.* 79. — Par exemple, à dater du jour où le greffier lui en a remis l'extrait.—V. *arr. rej.* 1 *mars* 1816, *Jalbert*, 449, *et* 6 *mars* 1817, *id.* 167.

peuvent pas être attaqués par la partie civile. — V.
pour ce dernier point, réqu. et arr. rej. 17 *oct.* 1811 ,
rép. ix , 305, *et* xv, 85; *arr.* 2 *nov.* 1811, *Laporte*,
278; *arr. rej.* 20 *janvier* 1820 , *B-c.*, *n.* 10 ; *surtout*
M. Carnot, art. 246, *n.* 9 *et suiv.* (12).

V. La chambre d'accusation statue aussi sur les *op-*
positions aux ordonnances de celle du conseil. — V. *à*
ce sujet, ci-dev. p. 51 *et* 105.

CHAPITRE II.

De la Procédure des Cours d'Assises.

Observations Préliminaires.

I. Les assises se tiennent tous les trois·mois, au chef-
lieu de chaque département (13), et ne se terminent
que lorsque toutes les affaires en état, au moment de
leur ouverture, y ont été portées. Néanmoins, l'accusé
peut demander (ainsi que le procureur-général), et le
président ordonner un ajournement de sa cause particulière. — V. *C-cr.* 258, 260 *et* 306. — V. *aussi arr.*
rej. 16 *avril* 1818 , *n.* 52.

II. La Cour d'assises est composée d'un président et

---

3. Au surplus, on s'en rapporte même à son affirmation (surtout con-
signée dans un verbal), quant à ce jour. —V. *dd. réqu.* 29 *oct.* *et arr.*
22 *août.*

(12) Il ne déclare la partie civile non-recevable, que dans le cas où la
plainte a porté sur un *crime.*

Observations. 1. Le plaignant ne souffre pas de ce système, parce que,
suivant le même réquisitoire (xv, 88), il résulte tacitement de l'arrêt de
n'y a lieu à accusation, qu'il pourra agir devant un tribunal civil.

2. Au reste, le plaignant peut aussi recourir d'un arrêt où la chambre
d'accusation, en laissant subsister l'action publique, s'est bornée à se
déclarer incompétente, *suiv. rép.* xv, 90, *et réqu.* 26 *nov.* 1812, *ib.* 341.

(13) Elles peuvent se tenir plus souvent si le besoin l'exige (v. *C-cr.*
259), et être convoquées alors par une simple ordonnance du premier
président de la Cour royale. —V. *M. Carnot,* d. *art; arr. rej.* 18 *janv.*
1816, *Jalbert,* 399.

de quatre juges, nommés par le premier président de la Cour royale (14), du procureur - général ou d'un substitut et d'un greffier. — V. *pour les détails, C-cr.* 252 *et suiv.*; *L.* 25. *déc.* 1815; *et quant à sa jurisdiction, ci-dev. p.* 51 (15).

ARTICLE PREMIER.

Des Actes antérieurs à l'Examen.

I. Vingt-quatre heures après la remise des pièces au greffe, et l'arrivée de l'accusé dans la maison de justice, il est interrogé par le président ou par un juge (16). Il indique alors son conseil, sinon le juge (sous peine de nullité) en désigne un (17), qui peut dès-lors com-

---

(14) *Observations.* 1. Il les nomme dans une ordonnance qui est publiée. —V. *décr.* 6 *juill.* 1810, *art.* 80, 82, 88 *et* 89.

Mais il n'est pas nécessaire de publier celle par laquelle il remplace, en cas d'empêchement, un des premiers juges nommés. —V. *arr. rej.* 13 *août* 1816, *Jalbert,* 511.

2. Dans les départemens où ne siége pas la Cour, les 4 juges sont pris parmi ceux du tribunal civil du lieu des assises. —V. *C-cr.* 253. — Ils peuvent alors (non ceux de la Cour royale) être remplacés par des avocats. —V. *M. Carnot, art.* 299, *n.* 12; *arr. rej.* 26 *déc.* 1811, *ib.*

3. On peut appeler un 5ᵉ juge pour suppléer au besoin celui des 4 premiers qui tomberait malade, etc. —V. *d. arr.* 16 *avril* 1818; *autre,* 27 *juill.* 1820, *n.* 106.

4, 5, etc. Autres questions... V. *arr. rej. ou cass.* 16 *juill.* 1821, *n.* 111 (président empêché); 6 *juill.* 1818, *n.* 20 *et d. arr.* 16 *avr.* (auditeurs); 24 *sept.* 1819, *B. C.* 1820, *n* 60 (juges empêchés).

(15) *Observations.* 1. Si le nombre de juges est moindre que celui ci-dessus, il y a nullité. —V. *arr. cass.* 15 *déc.* 1815, *n.* 67.

2. Les juges et jurés peuvent être proches parens dans la même session. —V. *arr. rej.* 14 *mars et* 29 *mai* 1817 *et* 16 *janv.* 1818, *n.* 23, 42 *et* 7.

3. Le greffier doit avoir 27 ans. —V. *L.* 20 *avr.* 1810, *art.* 65. — Mais v. aussi, *arr. rej.* 8 *mars* 1816, *Jalbert,* 431.

(16) Ce juge est délégué par le président. —V. *C-cr.* 293. — Mais la mention de l'ordonnance de délégation n'est pas nécessaire. —V. *arr. rej.* 26 *juin* 1817, *B-c. n.* 53. — Autre question... V. *arr. rej.* 5 *févr.* 1819, *n.* 17.

(17) *Observations.* 1. Il lui faut un conseil lors-même qu'il n'a à plaider que sur la peine, comme dans le cas où l'arrêt d'assises n'ayant été cassé

muniquer avec lui et prendre connaissance et copie des pièces. — V. *C-cr.* 293 à 295, 402, 305; *décr.* 6 *juillet* 1810, *art.* 91. — V. *aussi arr. rej.* 4 *juin* 1818, *n.* 72, *et* 25 *juin* 1819, *n.* 74 (18).

---

que pour fausse application de la peine, la Cour à laquelle on renvoie n'a plus à juger que ce point. —V. *arr.* 22. *avr.* 1813, *n.* 80. —Autres questions... V. *arr. rej. ou cass.* 28 *mai* 1818 *et* 4 *janv.* 1821, *n.* 74 *et* 4.

2. Son interprète ne peut lui en tenir lieu. —V. *d. arr.*

3. Mais le défaut de présence du conseil aux débats, ne les annulle pas. —V. *arr. rej.* 9 *févr.* 1816, *Jalbert*, 391.

On conçoit que dans un système différent, il serait facile à l'accusé de se procurer un moyen de cassation. Néanmoins, nous désirerions qu'à l'exemple de ce qui se pratiquait en matière civile (v. *cours procéd. p.* 397, *note* 9), on fît, en cas d'absence, avertir le conseil au moment de l'ouverture des débats. On assure qu'un accusé fut condamné à mort sans défense!, parce qu'on négligea de prendre ce soin envers un conseil nommé d'office, qui s'était trompé d'heure.

4. Suivant un arrêt du 12 juillet 1810 (*Laporte*, 52, *n.* 1), l'ordre de ne laisser communiquer l'accusé avec son conseil, qu'en la présence du geolier, ne fournit pas un moyen de nullité, parce que la loi n'a pas déterminé le mode de la communication.

Ce motif ne nous semble point concluant. La loi, en autorisant la communication, a voulu sans doute qu'elle fût utile à la défense. Or, la présence d'un homme tel que le geolier, qui est dans la dépendance du ministère public, c'est-à-dire de l'adversaire de l'accusé, peut, presque toujours, rendre inutile la communication. L'accusé osera-t-il, par exemple, devant un tel témoin informer son conseil, de circonstances qui tendent à atténuer ou éluder l'accusation principale, mais qui, en elles-mêmes sont répréhensibles ?.... Enfin, dès qu'un tel ordre tend à gêner la défense de l'accusé, il nous paraît violer une forme substantielle et être contraire à l'esprit général du Code. —V. *ci-apr. note* 34, *n.* 4, *p.* 137.

5. *Dr. ancien...* Point de conseil. —V. *ci-dev. p.* 41, *note* 4, *n.* 3.

(18) *Observations.* 1. Un procès-verbal constatant, non le délit, mais la culpabilité peut être produit pour la première fois aux débats; d'autant que l'accusé a la faculté de proposer alors des moyens contre les inductions que le ministère public tire de ce verbal, *suiv. d. arr.* 25 *juin.*

Cette décision nous paraît susceptible de difficulté. 1° Elle porte atteinte au droit qu'a l'accusé (*d. art.* 305) de prendre copie de telles pièces du procès qu'il juge utiles à sa défense, car ce verbal est sans contredit une des pièces du procès. 2° A-t-il aux débats, le temps d'examiner ce verbal avec assez de soin pour discuter des inductions que le ministère public a pu préparer à loisir?... Son droit de défense légitime est donc restreint, et tout au moins, la condition des parties n'est plus égale (v. *cours procéd. p.* 168).

2. *Interprète.* On en nomme un (sauf récusation) pour l'accusé et le

II. Pendant l'interrogatoire, on doit l'avertir qu'il peut former une demande en nullité, dans les cinq jours suivans (19), délai fatal, qui est commun au ministère public. — V. *C-cr.* 296 à 298. — V. *aussi arr. rej.* 20 *avr. et* 13 *juill.* 1820, *n.* 63 *et* 99.

Cette demande qui est faite au greffe, ne peut être formée que contre l'arrêt de renvoi à la Cour d'assises et dans l'un des trois cas suivans, savoir : 1° lorsque le fait imputé n'est pas un crime ; 2° lorsque le ministère public n'a pas été entendu ; 3° lorsqu'il n'y a pas eu le nombre légal de juges. — V. *C-cr.* 299 ; *arr. cass.* 26 *avr.* 1816, *et* 5 *mars* 1818, *n.* 24 *et* 27 (20).

D'où il résulte qu'on ne peut attaquer, par voie de nullité, la procédure antérieure à cet arrêt. — V. *M. Bourguignon, art.* 299, 408 *et* 415 ; *M. Carnot, art.* 408, *n.* 13 ; *M. Le Graverend, ij,* 375 ; *arr. rej. ou cass.,* 11 *avril* 1817, *B-c. de* 1818, *n.* 1 ; *et* 30 *janvier* 1818, *n.* 15 ; *autres, ci-après, chap. des voies de recours, note* 14.

La demande en nullité est soumise aussitôt à la Cour

---

témoin qui ne sait pas la langue française ; il doit sous peine de nullité, prêter serment. —V. *C-cr.* 332 ; *arr. cass.* 21 *oct.* 1813, *n.* 227.

Autres questions sur l'interprète... V. *id.* 21 *févr. et* 4 *juin* 1812, *n.* 30 *et* 136 ; *rép. vj,* 479, *h. v ; autres arr.* 3 *et* 16 *avr.* 1818, 4 *févr.* 1819, 27 *avr.* 1820 *et* 19 *janv.* 1821, *n.* 49, 52, 14, 64 *et* 15.

(19) Tandis que, pour la cassation, on n'a que trois jours. —V. *ci-apr. son art. (tit.* 4, *art.* 4).—Au reste, on peut anticiper ce délai, et se pourvoir, même avant d'être traduit à la Cour d'assises. — V. *réqu.* 9 *sept.* 1813, *rép. xv,* 297 ; *arr.* 7 *nov.* 1812, *Laporte,* 296, *n.* 14.

(20) *Observations.* 1. L'accusé peut proposer la nullité, après les cinq jours et en attaquant l'arrêt définitif, lorsqu'il n'a pas été averti comme on vient de le dire. —V. *C-cr.* 297 ; *Mrs Bourguignon, art.* 299, *note* 1, *et Carnot, art.* 408, *n.* 7 *et* 8.

2. Lors même qu'il a été averti, il a le droit (ainsi que le procureur-général) d'attaquer l'arrêt d'accusation lors de son recours contre l'arrêt définitif, pour les cas d'incompétence développés ci-devant ch. 1, n. iv, p. 127 et 128. —V. *M. Carnot, sup., n.* 9 *à* 11. —V. *aussi id., art.* 217, *n.* 13 (il se fonde notamment sur ce que la faculté d'attaquer le 1er arrêt, accordée par l'art. 408, *ci-apr. tit.* 4, *art.* 3, *n.* 1 , serait sans cela illusoire).

de cassation (21); mais l'instruction sur le fond, est continuée à la Cour d'assises, jusques aux débats exclusivement. — V. *C-cr.* 300, 301 (22). — V. *aussi ci-apr.* *l'art. des nullités.*

III. Après l'interrogatoire, le président peut, au besoin, entendre ou faire entendre de nouveaux témoins. Il statue aussi sur les demandes du procureur-général en jonction de plusieurs actes d'accusation, ou disjonction de plusieurs délits non connexes, contenus dans le même acte. — V. *C-cr.* 303, 304, 307, 308; *ci-dev. p.* 124, *note* 2. —V. *aussi d. arr.* 11 *avr.* 1817; *autre,* 30 *mai* 1818, *n.* 68.

ARTICLE II.

De l'Examen.

L'EXAMEN est fait par la Cour d'assises et par un jury. — V. *C-cr.* 309; *Charte const.* 65.

I. Le jury se forme avant l'audience, en présence des jurés, de l'accusé et du ministère public.—V. *C-cr.* 399 (23).

---

(21) *Observations.* 1. La Cour de cassation a *exclusivement* le droit de statuer sur les demandes en nullité des arrêts d'accusation, surtout dans le cas d'incompétence.—V. *arr. cass.* 28 *mars et* 13 *juin* 1816, *n.* 15 *et* 33. —V. *aussi ci-dev. note* 11, *p.* 127.

2. L'exercice de ce droit n'offre pas d'inconvéniens, parce que, en cas que la Cour, induite en erreur sur les faits, maintienne mal à propos l'arrêt d'accusation, elle peut ensuite rétablir les règles de la jurisdiction en usant du pouvoir que lui accorde l'article 441.—V. *arr. cass.* 19 *juill.* 1816, *n.* 43. —V. à ce sujet, *ci-apr. chap. des voies de recours,* note 29.

3. Au reste, l'exercice du même droit est subordonné au pourvoi toujours facultatif du ministère public et de l'accusé.—V. *dd. arr.* 13 *juin et* 19 *juill.*

(22) On ne doit pas même surseoir aux débats si le pourvoi n'énonce pas un des trois moyens de nullité précédens, *suiv. arr.* 24 *déc.* 1812, *Laporte,* 326; *et M. Le Graverend, ij,* 128. — Autres questions... V. *arr. rej.* 5 *févr.* 1819, *n.* 17.

(23) *Observations.* 1. On n'est point tenu d'y laisser assister le conseil

Dans cet objet, on tire d'une urne les noms de trente à trente-six jurés, qu'on a notifiés la veille à l'accusé, et qui ont été choisis par le président, sur une liste de soixante citoyens notables, formée par le préfet. —V. *C-cr.* 387, 394, 395, 399.

Ici plusieurs observations importantes à présenter.

1° Il faut que les jurés soumis au tirage, soient au moins au nombre de trente : on regarde ce nombre comme tellement substantiel, que le consentement même de l'accusé, à ce que le tirage se fasse sur 29 jurés, n'empêcherait pas l'annullation de la procédure, parce qu'il s'agit alors d'une des nullités légales dont on a parlé p. 90, n. 12. — V. *arr. cass. 5 et 19 avril 1821, n. 54 et 62; et pour un cas analogue, id. 25 janvier et 19 juillet 1821, n. 9 et 114.*

2° La notification de la liste de ces jurés doit, d'une part, être complète, car l'omission d'un seul nom la vicierait. — V. *arr. cass. 10 avr. 1819, et 6 juill. 1821, n. 43 et 111;*—de l'autre, avoir lieu la veille, ni plutôt ni plus tard, sous peine de nullité. — V. *d. art.* 394;

---

de l'accusé. —V. *arr. rej.* 1 *oct.* 1812, *rép. vj*, 678, *mot juré*, § 4, *n.* 4; 17 *août* 1815, *avoués*, *xij*, 207 ; 31 *janv.* et 29 *mai* 1817, *B-c. n.* 8 et 42.

2. Il nous semble que le silence de la loi sur cette assistance devrait être interprété en faveur de l'accusé. En autorisant son conseil à communiquer avec lui (v. *C-cr.* 302, *et ci-dev. p.* 129) on a sans contredit entendu que l'exercice de cette faculté serait permis toutes les fois qu'il serait utile, et il l'est bien évidemment pour le tirage. La note suivante en fournit un exemple et il nous serait facile d'en citer d'autres et de plus décisifs.

3. Malgré ces considérations qui nous semblent n'avoir rien perdu de leur force, non-seulement on a maintenu la jurisprudence précédente, mais quoiqu'on eut d'abord jugé que l'assistance du conseil n'opérait point une irrégularité (*arr.* 29 *avr.* 1813, *Laporte*, 53, *n.* 6), on a fini par déclarer qu'elle était une violation de la loi. —V. *arr.* 1 *déc.* 1820, *n.* 150.

4. On a également décidé que la présence du président et du procureur-général était seule exigée au tirage, et non pas celle des autres juges des assises. —V. *arr. rej.* 10 *oct.* 1817 et 27 *avr.* 1820, *n.* 94 et 64. —Mais comment concilier ceci avec l'art. 397 qui attribue à la cour d'assises l'appréciation des excuses des jurés défaillans?.. Ne suppose-t-il pas qu'elle est réunie lors du tirage, puisque d'après l'art. 399, l'excuse a pû être proposée un moment avant cette opération?...

arr. 14 *août* 1818, 16 *juill.* 1819, 23 *mai* 1820 *et* 5 *avr.* 1821, *n.* 164, 81, 44 *et* 53.—Enfin être faite à chacun des accusés, parlant à sa personne. — V. *arr.* 12 *mars et* 13 *nov.* 1818, *et* 16 *mars* 1820, *n.* 31, 137 *et* 42 (24). — V. *aussi ci-dev. p.* 114, *note* 1, *n.* 2.

3° L'accusé et le procureur-général peuvent, mais sans exprimer de motifs, récuser les jurés, à mesure que leurs noms sortent (25). — V. *d. art.* 399.

---

(24) *Observations.* 1. Les erreurs de qualités des jurés pportés sur la liste notifiée à l'accusé, n'annullent pas, *suivant arr. rej.* 9 *févr.* 1816 (*Jalbert*, 391), parce que, dit-on, l'accusé étant libre de récuser ces jurés, son défaut de récusation annonce qu'il a reconnu tacitement leur *identité*.

Ce motif ne nous semble rien moins que concluant, parce que l'accusé, trompé par la fausse qualification de certains jurés, a pu être détourné de les récuser, et entraîné à faire porter ses récusations sur d'autres qui lui étaient moins suspects et dont les noms sont sortis les premiers de l'urne. Lorque la loi (*art.* 394) a prescrit, sous peine de nullité, la notification de la liste, c'est évidemment pour mettre l'accusé en état d'exercer ses récusations. Son désir serait éludé si l'on notifiait une liste qui ne les fît pas exactement connaître à l'avance, et sur laquelle l'accusé ne pût pas consulter avec fruit son défenseur, dont on a vu que, d'après la jurisprudence, l'assistance au tirage n'est pas nécessaire. —*Voir* toutefois deux arrêts (*rej.* 24 *sept.* 1819, *au B. C.* 1820, *n.* 60, *et* 17 *mai* 1821, *n.* 84) fondés sur des motifs à peu près analogues à ceux de l'arrêt du 9 février.

2. Si au jour indiqué pour l'affaire, il se présente moins de 30 jurés, ce nombre est complété par un tirage, fait publiquement et au sort, de notables ayant les qualités requises pour être jurés. —V. *au surplus C-cr.* 395 ; *ar. rej.* 19 *avr.* 1821, *n.* 64. — Autres questions relatives à cette hypothèse... V. *arr. rej.* 11 *avr.* 1817, *B. C.* 1818, *n.* 1 ; 10 *oct.* 1817, 29 *et* 30 *avr. et* 31 *déc.* 1819, 13 *janv. et* 27 *avr.* 1820, *et cass.* 22 *févr.* 1821, *n.* 94, 53, 56, 142, 5 *et* 24.

3. On n'est point tenu de notifier la liste de ces jurés remplaçans. —V. *arr. rej.* 28 *janv.* 1814 *et* 21 *sept.* 1815, *Jalbert,* 502 *et* 348, *et* 20 *juin* 1817, *B-c. n.* 48 ; *autres,* 1818 *et* 1819, *n.* 20, 49 *et* 132, 14, 55 *et* 64.

Mais il faut suivre une règle différente pour les affaires suivantes de la session, et notifier la liste des 30, complétés comme ci-devant. —V. *Laporte, mot juré, n.* 1 *et* 12 ; *plus. arr.* 1811 *et* 1812, *ib.*

4. Leur tirage *public* n'étant pas prescrit à peine de nullité, il n'est pas défendu de le faire à la chambre du conseil, *suiv. arr. rej.* 9 *août* 1811, *Laporte, ib. n.* 14, *et* 22 *juin* 1815, *avoués, xiij,* 162.

5. La liste se notifie aussi au simple délinquant. —V. *p.* 124, *note* 2.

(25) Leur tirage simultané ne vicie pas néanmoins la procédure, parce que le tirage *successif* n'est pas prescrit sous peine de nullité, et que l'autre espèce de tirage ne porte point atteinte au caractère des jurés, etc., *suivant arr. rej.* 20 *juin* 1817, *B-c. n.* 49.

(135)

4° Le tableau est formé aussitôt qu'il en est sorti douze sans récusation. — V. *d. art.* 399 (26).

5° A l'égard des fonctions et qualités incompatibles avec les fonctions des jurés, telles que celles de juge, procureur du Roi, officier de police, interprète, témoin, expert, partie (27)...

Des qualités qu'ils doivent avoir, telles que les droits civils et politiques, et la majorité de trente ans (28)...

Des qualités des notables portés sur la liste du préfet, telles que celles d'électeurs, fortement imposés, admi-

---

Cette décision nous paraît susceptible d'objections sérieuses; mais il faudrait trop d'espace pour les développer.

(26) *Observations.* 1. Le ministère public et l'accusé ont un droit égal à ces récusations (en cas de nombre impair, celui-ci peut en faire une de plus), de sorte que si l'un d'eux ne fait qu'une partie de ses récusations, 3, par exemple, au lieu de 11, l'autre ne pourra les faire pour lui, par exemple, 18 au lieu de 10. —V. *au surplus arr. cass.* 24 *déc.* 1813, *n.* 261, *et rej.* 27 *déc.* 1811 *et* 22 *oct.* 1812, *rép. xj,* 89 *et* 91.

2. Si, au lieu de 12 jurés, la liste définitive en contient 13, c'est une nullité, lorsque rien ne constate lequel des 13 a été ensuite retranché de la liste. —V. *arr. cass.* 27 *avr.* 1815, *n.* 29.

3. Dans les affaires qui exigent de longs débats, la loi du 25 brumaire an 8, prévoyant le cas où, à raison de quelque événement, des jurés n'y assisteraient pas jusques à la clôture, les faisait remplacer par des suppléans. On a d'abord douté que cette sage mesure fût conciliable avec les règles du Code. — V. *arr. cass.* 31 *janv.* 1812, *n.* 17, *et* 1 *juill.* 1814, *Jalbert,* 498. — Mais on a ensuite reconnu, conformément à l'avis de Mrs Merlin (*rép. vj,* 681) et Carnot (*art.* 309 *et* 353), qu'elle était encore applicable. —V. *arr.* 30 *août.* 1816, *n.* 59, *et* 22 *oct. et* 13 *nov.* 1819, *n.* 139 *et* 123, où l'on en indique les cas et conditions, notamment le consentement de l'accusé, émis sur chacun des jurés, etc. —V. *aussi arr.* 27 *juill. et* 15 *sept.* 1820, *n.* 102 *et* 123.

(27) *Observations.* 1. Un juge suppléant peut être juré. —V. *lett. du minist. de la justice,* 25 *sept.* 1811, *et arr. rej.* 10 *mars* 1815, *avoués, xij,* 71; *et* 6 *arr. de* 1811 *et* 1812, *Laporte, mot juré, n.* 2; *autre,* 18 *juin* 1821, *B. c. n.* 85.

2. *Idem,* un commissaire de police. —V. *arr. rej.* 2 *mai* 1816, *Jalbert,* 512.

3 *et* 4. *Idem,* un juge de commerce, un parent de l'accusé. —V. *arr.* 15 *juin et* 15 *juill.* 1820, *n.* 91 *et* 100.

5. Quant aux témoins et experts... V. *C-cr.* 383; *arr. cass.* 22 *mai* 1819 *et* 23 *févr.* 1821, *n.* 62 *et* 47.

(28) La présence d'un seul juré mineur de 30 ans, suffit pour annuller la déclaration du jury et tout ce qui a suivi. — *Arg. de C-cr.* 381; V. *arr. cass.* 3 *et* 23 *mars* 1815 *et* 27 *juin* 1816, *n.* 14, 19 *et* 35; 5 *févr.* 1818, *n.* 17.

nistrateurs nommés par le Roi, notaires, etc. (29); des règles relatives à la formation de cette liste, etc.... V. *C-cr.* 381 *et suiv.; C-pén.* 28 et 42; *rép. vj,* 670 *et suiv., mot juré, etc.* (30).

II. Aussitôt après la formation du tableau, on procède de la manière suivante à l'examen. — V. *C-cr.* 405 (31.).

---

(29) *Observations.* 1. Si des notables de la liste n'ont aucune de ces qualités, comme c'est un acte administratif à l'abri de la censure des tribunaux, la procédure d'assises n'en est pas viciée pour cela. — V. *plus. arr. rej. à* rép. *vj,* 673, *h. v.,* §. 1 ; *surtout dans Laporte,* 239, *h. v., n.* 5 à 11; *autre,* 9 *avr.* 1818, *B. C. n.* 50.

2. M. Le Graverend, *ij,* 60, approuve cette décision, quant aux jurés étrangers à la cause, et la blâme, quant aux 12 qui en ont fait partie. Il ne paraît, en effet, d'abord, ni juste, ni conforme aux règles de la jurisdiction, de donner à un accusé, pour juges de son délit, des hommes dépourvus des qualités auxquelles la loi attache l'aptitude à la jurisdiction, et en fait même une condition si rigoureuse, qu'on déclare (*art.* 382 *in f.*) que les jurés *ne pourront* être pris parmi d'autres personnes, expressions qui renferment tacitement une *clause irritante* (*v. rec. alph., i,* 119 *et* 375, *mots appel,* §. 9 *et chose jugée,* §. 2; *rép., i,* 838, *mot bordereau, etc.*) et qui ont peut-être conduit à établir la règle (*v. arr.* 31 *déc.* 1819 *et* 13 *janv.* 1820, *n.* 142 *et* 5) « qu'un jury formé sur un nombre de citoyens parmi « lesquels il s'en trouve un ou plusieurs auxquels la loi n'en a pas donné « le caractère, est *illégal* ... »

Mais on peut répondre que la jurisprudence de cassation est conforme aux règles du droit administratif (*v. cours procéd. p.* 98), et que d'ailleurs, elle ne prive point l'accusé de ses moyens contre la liste du préfet. Il est libre d'en demander la réformation par voie de recours au conseil d'Etat (*v. d. p.* 98) : s'il l'obtient, la conséquence de la décision devra être, vu la clause irritante, l'anéantissement de toute la procédure à laquelle auront participé les 12 jurés définitifs, et même, à notre avis, les 24 autres du tirage (rien ne doit mettre obstacle au droit de récusation de l'accusé), si le défaut de qualité de quelqu'un d'entr'eux a motivé la décision du conseil.

(30) *Observations.* 1. Les jurés peuvent être parens et alliés entr'eux, et la voix de chacun de ces parens compte. —V. *arr. cass.* 10 *févr.* 1809, *n.* 28; *et rej.* 19 *déc.* 1811, *Laporte,* 276, *et* 9 *mars* 1816, *Jalbert,* 305; *autre,* 19 *avr.* 1821, *B. c. n.* 64.

2. *Idem,* les juges et jurés. —V. *ci-dev. p.* 129, *note* 15, *n.* 2.

3 et 4. *Idem,* les jurés avec les témoins. —V. *d. arr.* 19 *avr.*—et même avec les accusés.—V. *arr. rej.* 10 *oct.* 1817, *n.* 93.

(31) Néanmoins, il n'y a pas nullité si l'on s'est interrompu quelques heures pour une autre affaire, *suiv. réqu. et arr cass.* 3 *sept.* 1812, *rép. xv,* 336 *à* 340.

1° L'accusé est introduit dans l'intérieur de l'auditoire avec son conseil, les témoins et les plaignans; on lui ôte ses fers; on lui demande ses noms, âge et qualités; les jurés prêtent serment. — V. *C-cr.* 310 à 312 (32).

2° L'acte d'accusation est lu par le greffier et résumé par le président. — V. *C-cr.* 313, 314 (33).

3° Le procureur-général en expose le sujet et présente la liste des témoins, liste qu'on a dû notifier; depuis vingt-quatre heures au moins, à l'accusé ou au ministère public (34), faute de quoi, l'on peut s'op-

---

(32) *Observations.* 1. C'est de cette formalité (prescrite sous peine de nul lité... v. *C-cr.* 312) que date l'ouverture des débats; et en conséquence on fait aussitôt évacuer l'auditoire lorsque, dans le cas indiqué à *note* 6, *p.* 89, on a ordonné qu'ils auraient lieu à huis-clos. — Quant à leur clôture, V. *d. note* 6, *n.* 3.

2. Le serment non mentionné au procès-verbal, (v. *ci-apr. art.* 3, *n. ij*) est présumé n'avoir pas été prêté, ce qui opère une nullité. — V. *arr.* 15 *juin* 1820, *n.* 82.

(33) *Observations.* 1. On doit aussi donner lecture de l'arrêt d'accusation. —V. *C-cr.* 313. — Mais l'omission de cette lecture n'est pas une nullité. — V. *M. Carnot, d. art.; arr.* 5 *nov.* 1811, *ib.*

2. On peut aussi lire l'interrogatoire, *suiv. arr. rej.* 22 *juin* 1820, *n.* 22.

(34) *Observations.* 1. C'est 24 heures avant l'ouverture de la séance destinée aux débats. —V. *réqu. et arr. rej.* 5 *nov.* 1812, *rép. xiij*, 443, *par arg. de C-cr.* 315. — M. Carnot, *d. art., n.* 11 *et* 12, paraît d'un avis contraire. Mais l'exactitude et la sagesse de l'interprétation de la Cour suprême sont, à notre avis, parfaitement démontrées dans le réquisitoire du 5 novembre, que nous venons de citer.

2. M. Carnot, *n.* 13, et M. Le Graverend, *ij*, 166, pensent aussi qu'on pourrait ensuite notifier des listes supplétives de témoins, comme cela se pratiquait sous le Code de brumaire (v. *arrêts, ib.*). Il nous semble que cette mesure ne devrait être permise que du consentement de toutes les parties, autrement on serait exposé aux graves inconvéniens développés au même réquisitoire.

3. Le délai de 24 heures s'applique à la notification des témoins à *décharge*, que l'accusé doit faire au ministère public. — V. *dd. réqu. et arr.* 5 *nov.*

4. La production des témoins à décharge est une pure faculté que la loi (*C-cr.* 321) accorde à l'accusé; il suffit donc, d'après C-cr. 408 (v. *ci-apr. tit.* 4, *art. des nullités.*), que la Cour statue d'une manière quelconque sur la demande qu'il fait d'en user, et en conséquence, le refus qu'elle fait d'entendre ces témoins, ne peut former un moyen de nullité, *suivant arr. rej.* 5 *nov.* 1812 *et* 3 *nov.* 1814, *rép. xiij*, 447 *et* 453, *h. v.; et* 18 *juin* 1813, *Laporte*, 260, *n.* 1. — V. *aussi arr. rej.* 19 *avr.* 1821, *B. c. n.* 64.

En admettant que les circonstances particulières des causes sur lesquelles

poser à leur audition. — V. *C-cr.* 315. — D'où il résulte qu'il n'y a pas irrégularité si l'on n'a point réclamé contre cette audition. — V. *arr. cass. ou rej.*, 29 *avril* 1819, 22 *juin et* 13 *juill.* 1820, *et* 22 *mars* 1821, *n.* 55, 92, 99 *et* 52.

4° L'examen une fois entamé, ne peut être interrompu, ni suspendu, hors le temps nécessaire au repos (35), jusques à la déclaration du jury, inclusi-

---

ont statué ces arrêts, justifient leur décision, la règle générale qui en est le motif principal, et dont les conséquences peuvent être si graves pour l'accusé, est susceptible des objections les plus sérieuses : nous en indiquerons quelques-unes.

Il est vrai, sans doute, que la loi ne prononce point de nullité pour le refus d'entendre les témoins à décharge; et cela est naturel, puisque s'énonçant quant à leur audition, en termes impératifs (*l'accusé* FERA *entendre...* v. C-cr. 321), elle ne suppose pas même la possibilité d'un refus, mais le refus n'en doit pas moins opérer la nullité de la procédure, s'il est une violation d'une forme SUBSTANTIELLE (v. *cours proc. p.* 139, 140, *et note* 6, *ib.*). Or, que l'audition des témoins à décharge soit une forme substantielle, c'est ce qui ne paraît pas avoir besoin de démonstration détaillée; il suffit d'observer que la défense de l'accusé peut reposer uniquement sur leur déposition, de sorte que, dans cette hypothèse, refuser de les entendre, c'est par-là même, interdire à l'accusé la défense.

Où voit-on d'ailleurs, que la production des témoins à décharge ne soit qu'une faculté accordée à l'accusé? Aucune des expressions de la loi ne le donne à penser, et loin de-là, puisque, comme on l'a vu, elle est conçue en termes impératifs. Et quant elle le serait en termes *permissifs*, on ne saurait rien en induire, parce que les termes *permissifs*, selon la nature du droit auquel, ils se rapportent, ou selon la tournure de la phrase dont ils dépendent, équivalent souvent à des termes impératifs. Par exemple, le droit de proposer la défense n'est établi qu'en termes *permissifs* (« La partie » civile et le procureur-général entendus...., *l'accusé ou son conseil* POUR-» RONT *leur répondre.* ». — C-cr. 335); et cependant, oserait-on dire que la défense n'est qu'une simple faculté accordée par la loi positive ?... Mais il résulterait de là que le refus d'entendre la défense ne formerait point un moyen de nullité, et quelque étrange que paraisse cette conséquence, elle découlerait *à fortiori* de la doctrine que nous discutons, puisque si l'on s'en tient à la lettre de la loi, la défense est simplement permise, tandis que l'audition des témoins à décharge est ordonnée.

Terminons en observant que, dans notre opinion, toutes les formes qui tendent à assurer ou faciliter la défense d'un accusé, doivent, d'après l'esprit général de la loi, être considérées comme substantielles.

(35) Il n'y a pas nullité si, avant la clôture des débats, les jurés ont communiqué au dehors pour leurs repas ou autres motifs.—V. *rép. vj*, 692; *et réqu. et arr. rej.* 6 *fév.* 1812, *ib.; xiij*, 468, *mot tentative, n.* 6; M. *Carnot, art.* 353, *n.* 4; *arr. rej.* 9 *et* 29 *août* 1811, *ib.; autre,* 17 *août* 1815, *avoués, xij*,

vement, excepté dans les deux circonstances qu'on va
indiquer.

Première. Lorsqu'avant la première déposition l'on
s'aperçoit de l'absence d'un témoin (36). — V. *C - cr.*
353 *à* 356.

Deuxième. Lorsque d'après les débats il paraît que
la déposition d'un témoin est fausse, et qu'on le met
en arrestation (37). — V. *C-cr.* 330, 331 ; *réqu. et arr.
cass.* 20 *mai* 1813, *n.* 107, *et rép. xij,* 781.

Dans l'une et l'autre circonstance, on renvoie l'affaire
à la session suivante. — V. *C-cr.* 331 *et* 354 (38).

III. On ne peut, du moins lorsqu'une des parties s'y
oppose, entendre comme témoins, les ascendans et
descendans, frères et sœurs, beaux-frères et belles-
sœurs, et conjoints des accusés ; non plus que les dénonciateurs, lorsque la loi récompense leur dénonciation. — V. *C- cr.* 322, 323 (39).... Et les accusés

---

207 ; *plus. autres de* 1811 *et* 1812, *Laporte,* 76 ; *autres au B. c.* 1817, 1818,
1819 *et* 1821, *n.* 107, 1, 106 *et* 13.

(36) Le renvoi de l'affaire peut être refusé s'il ne s'agit que de l'absence
d'un témoin à décharge. — V. *arr. rej.* 13 oct. 1815, *Jalbert,* 1816, 346.
— Ou d'un témoin dont la déposition n'est pas jugée nécessaire. —V. *arr.*
20 *oct.* 1820, *B. c.* 1821, *n.* 11.

(37) *Observations.* 1. A moins que les autres dépositions ne soient suffisantes. —V. *arr. rej.* 21 *janv.* 1814, *rép. xij,* 786, *n.* 5 *ter.*
2. La règle du texte a lieu, même au correctionnel. — *D. arr.* 21 *janv.*

(38) On peut encore ordonner le renvoi, si quelque événement imprévu,
par exemple, une maladie d'un témoin essentiel, survenue avant sa déposition, met obstacle à la découverte de la vérité. — *Arg. de C-cr.* 406 ; *M.
Carnot, ib., n.* 6 *et suiv.* — V. *aussi arr. rej.* 1 oct. 1813, *Nevers,* 555 ; 6
juill. 1815, *Jalbert,* 544 ; en un mot les art. 331 et 354 ne sont pas res-
trictifs. —V. *arr. rej.* 12 *févr.* 1818 *et* 22 *mars* 1821, *n.* 38 *et* 52.

(39) *Observations.* 1. Il en est de même des condamnés à peine afflictive, et autres indiqués aux articles 28, 34, 374, 401, 405, 407 et 410
du Code pénal, si ce n'est par forme de déclaration et pour fournir de
simples renseignemens. —V. *M. Carnot, art.* 322, *n.* 31, *et* 156, *n.* 6.
2. Le jury doit être averti de la qualité de dénonciateur. — *C-cr.* 323.
— Mais cela n'est pas prescrit à peine de nullité. — V. *arr. rej.* 18 *mai*
1815, *avoués, xij,* 154 *et* 9 *fév.* 1816 ; *Jalbert,* 391 ; *autres arr.,* 10 *oct.*
1817, 16 *et* 23 *juillet* 1818 ; *B-c.,* *n.* 93, 90 *et* 111.

peuvent d'ailleurs, après une déposition, dire contre le témoin et son témoignage, tout ce qu'ils croient utile à leur défense. — V. *C-cr.* 319; *arr. rej.* 31 *oct.* 1817, *n.* 107. — V. *aussi id.*, 11 *août* 1820, *n.* 113.

Les témoins, après s'être retirés, rentrent et déposent successivement, à moins qu'on ne demande qu'ils soient entendus ensemble. — V. *C-cr.* 316, 317, 326, 327.—V. *aussi à ce sujet, arr. cass.* 22 *juin* 1820, *n.* 92 (39 *a*).

Ils prêtent auparavant, et sous peine de nullité, serment (40) « de parler sans haine et sans crainte, de « dire toute la vérité, et rien que la vérité » (41). On

---

3. Les proches parens des co-accusés acquittés précédemment peuvent déposer. —V. *arr. rej. cr.* 10 *janv.* 1817, *B-c. n.* 2.

3 *a. Idem*, les co-prévenus renvoyés d'accusation, *suiv. arr. rej.* 6 *mai* 1815, *avoués, xij,* 137.

4. Lors même qu'une partie ne s'oppose pas à l'audition des personnes prohibées, indiquées ci-dessus, la Cour n'est pas forcée de les entendre, *suiv. réqu. et arr. rej.* 3 *sept.* 1812, *rép. xv,* 336.

5. Mais le président peut les faire entendre par forme de déclaration et sans serment, en vertu de son pouvoir discrétionnaire (v. *ci-apr. n° ix, p.* 149); et cela quand même la Cour, sur l'opposition d'une partie, a refusé leur audition. —V. *à ce sujet arr. rej.* 18 *décembre* 1817, *n.* 116; 30 *mai et* 21 *oct.* 1818, *n.* 68 *et* 136; 18 *nov.* 1819, *n.* 120; 16 *mars et* 13 *avr.* 1821, *n.* 50 *et* 58.

M. Carnot n'approuve point cette jurisprudence. —V. *ses motifs, sup., t.* 2, *p.* 138, *n.* 10; *et t.* 3, *p.* 174.—Nous sommes de son avis. Il nous paraît impossible que la loi ait voulu autoriser à entendre, sous quelque forme que ce soit, un fils contre son père, un père contre son fils... C'est néanmoins où peut conduire la doctrine précédente; et déjà, l'on a toléré (*dd. arr.* 16 *mars et* 13 *avr.*) l'audition des beau-frère et belle-sœur.

6. Au reste, il n'y a de *prohibées* que les personnes indiquées ci-dessus; ainsi il est permis d'entendre un officier de police qui a concouru à l'instruction, un rédacteur de procès-verbal, un oncle, un neveu, etc. —V. *arr.* 31 *oct. et* 7 *nov.* 1817, 13 *janvier* 1820, 16 *mars* 1821, *n.* 107, 102, 6 *et* 50.

(39 *a*) *V.* encore pour d'autres questions sur cette matière, *arr.* 3 *et* 16 *avr. et* 18 *mai* 1818, *n.* 49, 52 *et* 71; 19 *août* 1819, *n.* 97; 22 *mars et* 13 *avr.* (permission à un témoin de se retirer) 1821, *n.* 52 *et* 58.

(40) Une simple *promesse* ne suffit pas. —V. *arr. cass.* 16 *janv. et* 9 *avr.* 1812, *n.* 10 *et* 87; *M. Carnot, art.* 317, *n.* 2; *autres arr. ib.* — A l'égard des impubères, *v. ci-dev. p.* 103, *note* 16, *n.* 2.

(41) *Observations.* 1. Cette formule est de rigueur; on ne peut en omettre aucune partie; par exemple, faire jurer de dire *la vérité*, au lieu

leur demande aussi leurs noms, prénoms, âges, professions et domiciles ou résidences; s'ils sont parens, alliés, ou attachés au service des parties; s'ils connaissaient l'accusé avant le fait mentionné dans l'accusation (42). — V. *C-cr.* 317.

Ils déposent de vive voix et on ne lit même pas les déclarations écrites des absens (43). — V. *d. art.* 317, *et art.* 341.

---

de *toute la vérité;* de parler *sans crainte,* au lieu de *sans haine et sans crainte,* etc. — V. *rép. xij,* 506 et 512, *mot serment; arrêts ibid.; autres,* 29 *mai,* 1 *et* 2 *juillet* 1813, 3 *févr.,* 16 *juin,* 1 *et* 6 *oct.* 1814, 5 *janv.* 1815, 6 *févr.,* 29 *juin,* 6 *et* 12 *sept.* 1816, 9 *oct.* 1817, 19 *et* 26 *avr.,* 18 *mai et* 15 *juin* 1821, *tous au B-c.*

2. La prestation du serment ne se présume pas; il faut qu'elle soit constatée, et pour tous les témoins, par le procès-verbal. — V. *rép. xiij,* 447, *mot témoin, n.* 9; *arrêts ibid.; autres,* 16 *mars* 1815, 25 *et* 26 *juill. et* 1 *août* 1816, 14 *févr.,* 26 *sept. et* 9 *oct.* 1817 *et* 9 *janv.* 1818, *B-c.* — De telle sorte qu'elle est réputée non faite, si les mots précédens ou autres y sont surchargés ou interlignés sans approbation. — V. *arr. cass.* 4 *janv.* 1821, *n.* 1.

3. Néanmoins, l'énonciation que le serment *exigé par l'art.* 317, a été prêté (par tous les témoins), est suffisante, *suiv. arr. rej.* 2 *juill.* 1812, *rép. xij,* 507, *et* 20 *oct.* 1820, *B-c.* 1821, *n.* 11.

4. Les règles ci-dessus s'appliquent aux témoins à décharge. — V. *rép. xiij,* 447, *n.* 8; *arrêts ibid.; autres,* 27 *janv.* 1815, 26 *sept.* 1816, 9 *oct.* 1817, *et* 13 *janv.* 1820, *B-c.* — A moins qu'ils ne soient entendus que par forme de déclaration, en vertu du pouvoir discrétionnaire du président. — V. *d. n.* 8.

(42) Ces demandes ne sont pas prescrites sous peine de nullité. — V. *arr. rej.* 19 *oct.* 1815, *Jalbert,* 1816, 373; 13 *avr.* 1821, *B-c.,* n. 58. — V. *aussi id.* 16 *juill.* 1818, *n.* 111.

(43) *Observations.* 1. Cette règle reçoit exception à l'égard des princes et de plusieurs grands fonctionnaires. — V. *C-cr.* 510 *à* 517. — V. aussi *décr.* 4 *mai* 1812.

2. Elle en reçoit également à l'égard des militaires en activité de service, d'après la loi du 18 prairial an ij. On a, il est vrai, été partagé sur le point de savoir si cette loi est en vigueur. — V. *M. Carnot, art.* 317, *n.* 12. — Mais il paraît que l'affirmative a passé. — V. *rép. xiij,* 427, *mot témoin jud.,* § 1, *art.* 5; *arr. rej.* 14 *avr.* 1815, *Jalbert,* 293; *M. Le Graverend, i,* 246; *arr.* 17 *déc.* 1812, *Laporte,* 333.

3. La lecture des déclarations écrites d'autres témoins absens n'est pas défendue sous peine de nullité, *suiv. arr. rej.* 22 *mars* 1821, *n.* 52. — Non sans doute, mais elle nous paraît absolument contraire au système oral de nos débats.

On ne peut les interrompre : mais après la déposition, le procureur-général, les juges et jurés, en demandant la parole au président, et l'accusé, ses conseils et la partie civile, par l'organe de ce magistrat, peuvent leur faire des questions, tandis que les témoins, entre eux, n'ont pas la même faculté. — V. *C-cr.* 319 *et* 325 (44).

A l'égard de leurs propres déclarations, on tient note des points où elles diffèrent de leur déposition orale. — V. *au surplus, C-cr.* 318. — V. *aussi arr. rej.* 28 *mai* 1818, *n.* 71. — L'accusé peut même en demander la lecture pour faire remarquer les discordances ; mais ce n'est qu'après la déposition orale, autrement il y aurait violation d'une règle substantielle, parce que la déclaration pourrait avoir de l'influence sur la déposition des témoins. — V. *arr. cass.* 19 *août* 1819, *n.* 90, *et* 26 *oct.* 1820, *n.* 137.

Dans le cours ou à la suite des dépositions, 1° on représente à l'accusé, et, s'il y a lieu, aux témoins, les pièces qui peuvent servir à la conviction, et on lui demande s'il les reconnaît. — V. *C-cr.* 329 (44*a*).

2° Le président peut examiner séparément les accusés, et en conséquence faire retirer momentanément, un ou plusieurs d'entre eux ; mais à leur retour il doit les informer de ce qui s'est passé en leur absence. — V. *C-cr.* 327. — V. *aussi arr. rej.* 3 *avr.* 1818, *n.* 49 ; 10 *avr. et* 19 *août* 1819, *n.* 44 *et* 97 (44*b*).

---

(44) *Observations.* 1. A plus forte raison, le président peut leur demander, ainsi qu'à l'accusé, des éclaircissemens. — V. *d. art.* 319.

2. Les jurés, le procureur-général et les juges peuvent, pendant l'examen, prendre des notes sur les débats, mais sans interrompre la discussion. — V. *C-cr.* 328.

3. Autre question... V. *arr. rej.* 11 *avr.* 1817 à *B-c.* 1818, *n.* 1.

(44*a*) L'omission de cette représentation n'opère pas une nullité, *suiv. arr.* 23 *et* 31 *oct.* 1817, 10 *avr.* 1819 *et* 19 *avr.* 1821, *n.* 106, 107, 44 *et* 64.

(44*b*) L'omission de cette *information* n'opère pas non plus une nullité, *suiv. d. arr.* 10 *avr.* — Cependant, ne nuit-elle pas à la défense de l'ac_

IV. Les dépositions terminées, le plaignant et le ministère public exposent les moyens de l'accusation ; l'accusé et son conseil répondent ; la réplique est permise aux autres ; mais l'accusé a la parole le dernier. — V. *C-cr.* 335 (45).

V. Aussitôt après, le président ferme les débats, présente un résumé de l'affaire où il indique notamment les principales preuves pour ou contre l'accusé, et pose les questions qui doivent être décidées par les jurés. — V. *C-cr.* 335, 336. — V. *aussi arr. cass. 28 avril 1820, n. 59 (45 a).*

Les parties peuvent réclamer contre la position des questions ; dans ce cas, la Cour d'assises la règle définitivement. — V. *arr. cass. 28 mai 1812, 1ᵉʳ octobre 1813, 30 mars et 16 juin 1815, n. 129, 213, 21 et 39.* — V. *surtout id., 30 août 1817, n. 81, et dans Jalbert, 447 et suiv., et d. arr. 28 avr. 1820 (46).*

---

cusé ?.. Comment pourrait-il éclaircir ou discuter ce dont il n'a pas connaissance ?

(45) Comme cet article ne prononce point de nullité, on ne doit point casser la condamnation si l'on n'a pas permis à l'accusé cette dernière et précieuse réplique, quoiqu'il en ait fait la demande, *suiv. arr. rej. 8 avr. 1813, Laporte, mot condamné.*

M. Le Graverend, *ij,* 186, s'élève fortement et avec raison, contre cette jurisprudence. Il observe, entre autres, qu'en partant du même motif, on ne pourrait non plus casser un arrêt où l'on aurait refusé d'entendre la *défense* des parties, puisque l'art. (335) qui la règle, n'a point prononcé de nullité. — V. *aussi ci-dev. note* 34, *n. 4, p.* 137 *et* 138; *et* M. Carnot, *t.* 3, *p.* 182, *qui est du même avis.*

(45 a) *Observations.* 1. Personne n'a le droit d'interrompre ce résumé.— V. *d. arr.*

2. Quand il est terminé on ne peut prendre la parole que dans le seul cas où le président y aurait présenté des faits nouveaux ou pièces nouvelles ; et alors on conclura à ce que la clôture des débats soit annullée par la cour, et à ce qu'ils soient repris sur ces faits et pièces. —V. *d. arr.*

(46) *Observations.* 1. Cette règle reçoit exception lorsqu'un changement dans la position faite par le président ne pourrait conduire à absoudre l'accusé ou à modifier la peine. — V. *réqu. et arr. rej.* 5 *nov.* 1812, *rép. x,* 526, *mot question; autres,* 27 *août* 1812, 28 *janv. et* 1 *juill.* 1813, *Laporte,* 310, *n.* 14.

2. Si l'on ne réclame point, l'ordonnance du président sur la position, est inattaquable. — V. *arr. cass.* 12 *mars* 1813, *n.* 50.

La première question tend à savoir si l'accusé a commis tel délit avec les circonstances indiquées dans l'acte d'accusation…. Par les autres, qui ne sont qu'occasionelles, on demande s'il l'a commis avec telle circonstance résultant des débats, si le fait qu'il propose pour excuse est constant (47), si l'accusé mineur de 16 ans, a agi avec discernement.

Voilà les objets des questions tels qu'ils sont indiqués par la loi (*C-cr.* 337 *à* 340); mais ils n'y sont indiqués que comme des exemples et par forme démonstrative, et non pas d'une manière exclusive (48); de sorte qu'on peut poser des questions moins générales, en les subdivisant pour plus de clarté (49); qu'en général on doit aussi en poser (et l'on y est même tenu, sous peine de nullité, lorsque cela est requis), sur les faits

---

3. Il n'y a pas nullité si la Cour refuse d'entendre la réclamation de l'accusé, à ce sujet, *suiv. arr. rej.* 13 *juin* 1816, *Jalbert*, 455. — Mais un tel système rendrait sans effet la faculté qui résulte des arrêts cités au texte. Néanmoins, l'exercice de cette faculté est bien important pour l'accusé, puisque, dans beaucoup de causes, la manière de poser les questions peut avoir de l'influence sur la déclaration d'un jury peu expérimenté. D'autre part, quel préjudice la réclamation de l'accusé cause-t-elle, dès que la Cour, en y statuant, est libre de maintenir la position de questions qu'elle concerne ?

(47) **V.**, à ce sujet, ci-dev. p. 71 , note 6, n. 4.
Il n'est pas nécessaire que la première question soit conçue précisément dans les mêmes termes que l'acte. — **V.** *arr.* 5 *fév.* 1818, *n.* 20.

(48) **V.**, à ce sujet, arr. rej. 31 janv. 1817, B-c. n. 21. — **V.** aussi id. 17 nov. 1812 et 28 mai 1815, Jalbert, 1815, 441 ; 4 juin 1818, 3 févr. et 19 avr. 1821, B-c. n. 72 , 26 et 64.

(49) **V.** arr. rej. 27 déc. 1811, rép. x, 524, h. v., n. 1; autres rej. ou cass. 14 août et 26 sept. 1817, n. 73 et 85, surtout 10 avr. 1819, n. 44.
Observations. 1. Mais on n'est pas forcé de les diviser. — **V.** *réqu. et arr. rej.* 26 *mars* 1812, *ib.*, 525. — Il suffit que le fait y soit exposé de manière à soumettre au jury, celui de l'accusation avec toutes ses circonstances. — **V.** *arr. rej.* 14 *fév.* 1817, *B-c. n.* 11. — **V.** *aussi M. Le Graverend*, ij, 193, *note* 3 ; *arrêts ibid.*

2. D'ailleurs, la position des questions est régulière et légale, soit qu'elle présente le fait tel qu'il résulte de l'acte d'accusation, soit qu'elle présente celui de l'acte, tel qu'il a été modifié par les débats. — **V.** *arr. rej.* 10 *juill.* 1817, *B-c. n.* 69.

accessoires résultant des débats, qui se rattachent au fait principal de l'accusation, et qui en sont proprement des circonstances, soit aggravantes, soit atténuantes, et par là tendent à en modifier le caractère tout comme la décision de la Cour. — V. *à ce sujet, arr. cass.* 10 *déc.* 1812, *et* 14 *mai* 1813, *n.* 262 *et* 103; *autres,* 3 *et* 10 *oct.* 1817, *n.* 88 *et* 94; *autre, ci - dev. p.* 61, *note* 14, *n.* 2 (50).

Mais, 1° on ne peut en poser que sur les faits légalement imputés, c'est-à-dire retracés dans le dispositif de l'arrêt d'accusation. — V. *à ce sujet arr. rej. et cass.* 16 *oct.* 1817, *n.* 96, *p.* 255 *et suiv.; et pour des exemples de* questions, *répert., x,* 524 *et suiv., h. v.*

2° S'il est permis, comme on l'a dit, d'en poser sur des faits qui se rattachent à ceux-là (50 *a*), cela est absolument défendu à l'égard des faits non connexes, lors même que l'accusé y consentirait. — V. *arr. cass.* 24 *juin et* 16 *sept.* 1819, *n.* 72 *et* 102. — V. *aussi arr.* 16 *janv. et* 13 *août* 1818, *et* 19 *avr.* 1821, *n.* 7, 114 *et* 64; *surtout les règles énoncées ci-dessous, note* 50.

Les questions sont remises aux jurés avec toutes les pièces (51), sauf les déclarations écrites des témoins. — *C-cr.* 341.

---

(50) *Observations.* 1. On en voit des exemples aux arrêts suivans : 17 *août* 1820, *n.* 114 (révélation de faux monnoyage); *et* 3 *févr.* 1821, *n.* 18 *et* 26 (tentative de violence et légitime défense).

2. Quant au nouveau délit découvert pendant les débats, M. Le Graverend, *ij,* 192 *à* 194, propose des règles très-judicieuses. — 1o Si ce délit se rattache au délit indiqué dans l'accusation, et n'est pas, à raison de cette connexité, susceptible de donner lieu à une procédure particulière, il faut le considérer comme une circonstance aggravante et, par conséquent, poser à cet égard une question. — 2° Dans le cas contraire, c'est-à-dire, s'il est un délit distinct, non connexe, et par-là passible d'être poursuivi séparément, on ne devra point poser de question. — Au reste, ces règles avaient déjà été énoncées en substance dans un arrêt du 12 février 1813 (*Laporte,* 150, *n.* 2); et elles sont appliquées dans les arrêts cités, soit ci-devant n. 1, soit au texte, alinéas 1o et 2°.

(50*a*) Tels que la complicité, lorsque l'individu accusé comme *auteur* d'un délit, est déclaré non coupable. — V. *arr. rej.* 16 *avr.* 1818, *n.* 53.

(51) Telles que les procès-verbaux. — V. *C-cr.* 341 ; *M. Le Graverend,*

VI. Les jurés se retirent à l'instant dans leur chambre pour délibérer, et ils ne peuvent en sortir qu'après avoir formé leur déclaration. — V. *C-cr.* 343. — V. *aussi arr. rej.* 31 *oct.* 1817, *et* 13 *août* 1818, *n.* 107 *et* 114.

Leur séance commence par la lecture d'une instruction sur leurs fonctions (52); instruction dont il résulte qu'ils né doivent s'attacher qu'à examiner si l'accusé est coupable, et cela uniquement d'après la conviction intime qu'ils ont pu acquérir pendant les débats. — V. *C-cr.* 342 (53)....;

---

ij; 199; *arrêt, ibid.* — Mais il n'est pas besoin de les leur lire. — V. *arr. rej.* 29 *mai* 1817, *B-c. n.* 42.

Observations. 1. Il faut comprendre, dans cette remise, les procès-verbaux dressés par les gens de l'art (v. *ci-dev. p.* 102), lors même qu'ils auraient été appelés aux débats comme témoins. — V. *M. Carnot, art.* 341, *n.* 8; *arr. cass.* 14 *nov.* 1811, *ib.*

2. Autres décisions sur les pièces à remettre...; — V. *arr. rej.* 31 *oct.* 1817 *et* 30 *mai* 1818, *n.* 107 *et* 68.

(52) Cette lecture n'est pas prescrite sous peine de nullité. — V. *arr. rej.* 26 *juin* 1817, *B-c. n.* 53.

(53) *Observations.* 1. Si les jurés pensent que l'accusé est *coupable avec toutes les circonstances* indiquées dans l'acte d'accusation, il faut qu'ils le déclarent, ou que cela résulte de leur réponse. S'ils ne le pensent qu'à l'égard de plusieurs circonstances, ils doivent le déclarer *coupable avec telle circonstance*, et ajouter *qu'il n'est pas constant qu'il ait commis le crime avec telle autre.* Enfin, s'ils pensent qu'aucune circonstance n'est prouvée, ils doivent le déclarer coupable, *mais sans aucune des circonstances.* — V. *arr. cass.* 8 *mars* 1816, *B-c. n.* 12.

2. Il résulte de là qu'ils peuvent mettre des restrictions à leur réponse, et lors même que la restriction change le caractère du délit indiqué dans l'arrêt d'accusation, la Cour d'assises est obligée d'y conformer le sien. — V. *arr. cass.* 15 *oct.* 1813, *n.* 221.

3. Il en résulte encore qu'ils peuvent diviser leur déclaration en autant de réponses qu'il y a de circonstances caractéristiques et aggravantes. — V. *M. Le Graverend, ij,* 204. — V. *aussi M. Carnot, art.* 345, *n.* 9; *arr.* 26 *déc.* 1811, *ib.*

Mais il faut que les circonstances sur lesquelles ils s'expliquent se lient aux questions proposées, car ils ne peuvent étendre leur déclaration à une question qui ne leur a point été soumise. — V. *arr.* 22 *janv. et* 29 *avr.* 1819, *n.* 5 *et* 54.

A l'égard des *faits moraux*, v. ci-dév. p. 68, note 14, n. 2.

4. Au reste, ils ne sont pas astreints à suivre telle ou telle formule;

En un mot, hors les cas où des lois spéciales donnent a des procès-verbaux, foi jusqu'à inscription (*ci-devant p.* 109), la loi ne soumet la conviction des jurés à aucun genre particulier de preuve. — V. *arr. cass. 4 sept.* 1813, *n.* 199.

VII. Les jurés forment leur déclaration à la pluralité des voix (*C-cr.* 347), sauf les modifications suivantes.

1° S'il y a partage, l'avis favorable à l'accusé prévaut. — V. *d. art.* 347 (54).

2° S'il n'y a qu'une majorité simple, c'est-à-dire la moitié des voix plus une, ou bien sept jurés contre cinq pour sa culpabilité, quant au fait principal (55), la Cour délibère; on joint les voix des juges (il y en a cinq) à celle des jurés, et l'avis favorable à l'accusé prévaut encore s'il est adopté par la majorité des juges, quoique l'acquittement, dans ce cas, puisse ne résulter

---

une réponse générale et claire ; ne consistât-t-elle qu'en une simple affirmation, s'applique a toutes les parties de la question proposée. — V. *arr. rej.* 26 *juin,* 10 *juill. et* 27 *déc.* 1817 *et* 18 *nov.* 1819 ; *n.* 53 , 70 , 122 *et* 120.

(54) Comme il n'y a pas de termes sacramentels pour la déclaration, dire que les jurés sont six contre six, c'est déclarer que l'accusé n'est pas coupable. — V. *arr. cass.* 23 *juin* 1814, *n.* 27.; *ci-dev. p.* 89, *n.* 9.

(55) *Observations.* 1. Lorsqu'il y a grande majorité (8 contre 4) pour la culpabilité, quant au fait principal , la simple majorité (7 contre 5) suffit pour la culpabilité, quant aux faits accessoires (telles qu'une non provocation) et aux circonstances aggravantes ; et alors la Cour ne doit pas délibérer. — V. *réqu. et arr. cass.* 15 *oct.* 1813, *n.* 223, *et rép. xv,* 431, *mot juré ; autres, ibid.,* et à *vj,* 687 *et suiv.,* note, *h. v.;* et *M. Laporte, mot fait principal.* — V. *aussi arr.* 21 *août et* 10 *oct.* 1817, 8 *janv.* 1818 *et* 19 *janv.* 1821 , *B-c. n.* 75 , 92 , 4 *et* 116.

2. Mais cette majorité ne suffit pas lorsqu'il s'agit d'une circonstance essentielle pour constituer la criminalité. — V. *à ce sujet, arr. cass.* 30 *avr.* 1812, 2 *févr.* 1815 , 22 *août* 1816 , *et* 22 *août* 1821, *n.* 108 , 7 , 55 *et* 110. — V. *aussi arr. rej.* 22 *juin* 1815 , *avoués, xiv,* 5; *répert. xv,* 432, *h. v., n.* 22.

3. Le président est tenu d'avertir les jurés qu'ils doivent indiquer leur majorité lorsqu'elle est simple. — V. *C-cr.* 341. — Ce n'est que dans ce cas, qu'ils sont obligés d'énoncer à quel nombre de voix s'est formée leur décision. — V. *arr.* 27 *déc.* 1817 *et* 22 *juin* 1820, *n.* 22 *et* 92.—Autres questions analogues... — V. *arr.* 3 *avr.* et 16 *juill.* 1818 *et* 14 *sept.* 1820, *n.* 49, 111 *et* 122.

que de la minorité du nombre total des voix (huit sur dix-sept) des juges et jurés. — V. *L. 24 mai 1821, qui modifie à cet égard, C-cr. 351 (56).*

3° S'il y a grande majorité des jurés (huit contre quatre) pour la culpabilité, les juges peuvent encore, lorsqu'ils sont unanimement convaincus que les jurés se sont trompés au fond, surseoir au jugement et renvoyer l'affaire à une nouvelle session. — V. *C-cr.* 352 (57).

VIII. Hors les deux cas précédens (ceux des n°ˢ 2 et 3), la déclaration du jury, lue à l'audience et signée (58), est irrévocable et n'est sujette à aucun recours. — V. *C-cr.* 350; *arr. cass. 22 janv. et 12 mars* 1813, *et 23 juin* 1814, *n. 5, 50 et 27.*

Elle seule peut servir de base à une condamnation, car les juges ne peuvent statuer que sur la qualification des faits qu'elle présente comme constans, et

---

(56) Avant cette loi, la simple minorité des juges (2) jointe à la majorité des jurés (7), formant la pluralité du nombre total (9 sur 17) suffisait pour la condamnation. — V. *réqu. et arr. cass. sect. réun. 8 janv.* 1814, *n. 2, et rép. xv,* 433.—V. *aussi id. 29 avr. et 26 août* 1813, *n.* 87 *et* 185, *etc.*

Dans notre 1ʳᵉ édition, nous observâmes que cette règle, était en contradiction avec les principes de la loi. En effet, disions nous (*p.* 128, *note* 56), si l'on a trouvé qu'une majorité de deux voix parmi les jurés (7 contre 5) est insuffisante pour la condamnation, comment, à la seconde épreuve, se contente-t-on d'une majorité d'une voix (9 sur 17)!.. D'autre part, si le nombre de 5 jurés a paru suffisant pour rendre douteuse la décision des 7 autres, comment devient-il insuffisant lorsque l'opinion des mêmes cinq jurés est fortifiée de celle de la majorité des juges (3 sur 5)?

(57) Le renvoi n'a pas lieu lorsque la déclaration du jury est en faveur de l'accusé, mais seulement lorsqu'elle est contre lui. —V. *arr. cass.* 13 *mars* 1812, *et 23 juin* 1814, *n.* 57 *et* 26.—V. *aussi id. 22 janv.* 1813, *n.* 5; *M. Le Graverend, ij, 217; arrêts, ibid.*

(58) *Observations.* 1. La lecture et la signature forment le complément de la déclaration. —V. *arr. 2 nov., ci-apr. note* 60, *n.* 2, *p.* 149.

2. Ce n'est point une irrégularité que de faire la lecture avant d'apposer la signature. —V. *arr. cass. 2 oct.* 1812, *n.* 217.

3. Questions sur les ratures de la déclaration... V. *arr. 27 août* 1819 *et 22 juin* 1820, *n.* 98 *et* 92.

l'application de la loi à ces faits. (v. *arr. cass.* 18 *avr. et* 30 *mai* 1812, *et* 17 *août* 1820, *n.* 98, 133 *et* 114), et il ne leur appartient point de l'expliquer. — V. *arr. cass.* 2 *mai,* 13 *juin et* 11 *oct.* 1816, *et* 15 *juin* 1820, *n.* 27, 32, 73 *et* 83 (59).

Néanmoins, si elle est irrégulière, incomplète, obscure ou contradictoire, la Cour peut et doit renvoyer les jurés dans leur chambre (et non pas les questionner à l'audience), pour en rédiger une nouvelle. — V. *rép. vj*, 691 *à* 696, *mot juré*, § 4, *n.* 21 *à* 24; *réqu. et arr. rej.* 9 *mai* 1811, *ib.; autres, ib.; autres,* 15 *juin et* 14 *sept.* 1820, *n.* 83 *et* 120 (60). — Et il faut dans ce cas, constater la première déclaration, pour s'assurer si en effet elle a quelqu'un de ces vices. — V. *arr. cass.* 18 *nov.* 1819, *n.* 119.

IX. Le président est chargé personnellement de diriger les jurés dans l'exercice de leurs fonctions, et de présider à toute l'instruction. Il a la police de l'audience.... Il est investi d'un pouvoir *discrétionnaire*, en vertu duquel il *peut prendre sur lui* tout ce qu'il

---

(59) *Observations.* 1. De même, une comparution faite au greffe par le président et plusieurs jurés, pour l'expliquer, est sans effet. —V. *d. arr.* 13 *juin.*

2. La déclaration du jury ne peut servir de base à une condamnation, qu'autant qu'elle contient l'affirmation claire et précise d'un fait punissable d'après les lois pénales. —V. *arr. cass.* 27 *avr.* 1815, *n.* 28.

3. On ne peut non plus après sa lecture, poser de nouvelles questions. —V. *au surplus, arr. cass.* 16 *juin* 1820, *n.* 84.

(60) *Observations.* 1. V. aussi, pour ces divers cas, d. arr. 13 juin 1816; autres, 6 mai 1813, 27 avr. et 18 août 1815, 2 mai et 10 oct. 1816, n. 93, 28, 46, 27 et 72; M*rs* Bourguignon et Carnot, art. 350.

2. *Voir* en particulier, pour des exemples de déclarations *incomplètes*, d. arr. 6 mai; autres, 10 avr. et 13 août 1818, 4 juin 1819, 25 mai et 15 juin 1820, n. 42, 114, 65, 76 et 83...

Pour iid. de déclarations *contradictoires* ou non, arr. 20 mars et 4 juin 1812, 25 juill. 1817, 29 avr. et 2 oct 1819, 7 juin 1821, n. 68, 135, 68, 54, 108 et 107.

Pour iid. de déclarations *irrégulières*, rép. d. p. 693; arr. cass. 2 nov. ib.; 21 mai et 23 juill. 1812, n. 123 et 168.

Pour iid. de déclarations *obscures*, arr. 9 sept. 1819 et 20 janv. 1820, n. 99 et 9.

croit utile à la découverte de la vérité, appeler, par exemple, de nouvelles personnes, se faire apporter de nouvelles pièces, empêcher que les débats ne se prolongent inutilement.... — V. *C-cr.* 267 à 270 (60*a*).

ARTICLE III.

Du Jugement.

I. On fait comparaître l'accusé, et le greffier lit la déclaration du jury (61). — V. *C-cr.* 357.

S'il est déclaré *non coupable*, le président prononce qu'il est acquitté de l'accusation (62), et ordonne qu'il soit mis en liberté. Dès-lors il ne peut plus être repris ni accusé à raison du même fait. — V. *C-cr.* 358, *in pr.*, 360. — Ce qui est une conséquence de la maxime

---

(60*a*) *Observations.* 1. Nous avons déjà cité des exemples de cas où la jurisprudence a consacré l'application de ce pouvoir, mais quelquefois en lui donnant, suivant nous, trop de latitude. —V. *arr., ci-dev.* p. 140, *note* 39, *n.* 5; *p.* 142, *note* 44 *b.* —V. aussi *arr.* 14 *août et* 23 *oct.* 1817, 16 *mai* 1819 *et* 27 *juill.* 1820, *n.* 72, 106, 58 *et* 106.

2. M. Carnot (*p.* 265 *de l'examen cité ci-dev. p.* 11, *note* 13) en rapporte avec détails un autre (l'arrêt qui y statue n'a pas été inséré au bulletin), au sujet duquel il observe judicieusement que le pouvoir *discrétionnaire* n'est pas le pouvoir *arbitraire.*

(61) *Observations.* 1. Elle a été lue auparavant par le chef des jurés, et signée et remise en leur présence. —V. *C-cr.* 348, 349 *et ci-devant* p. 148.

2. La présence de l'accusé à cette première lecture, n'est pas prescrite. —V. *arr. rej.* 11 *avr.* 1817, à *B. C.* 1818, *n.* 1.

(62) *Observations.* 1. Il le prononce seul et sans consulter les juges. —V. *M. Carnot, art.* 358, *n.* 1 *et* 2.

2. Ce n'est que dans ce cas seulement. Si l'accusé est déclaré coupable, quoique à raison de ce que le fait n'est pas prévu par une loi pénale, il doive être absous (v. *ci-apr.* p. 153), il ne peut l'être que par la Cour elle-même, et par un arrêt délibéré. —V. *M. Carnot, sup. et art.* 364; *rép. viij*, 829, *mot ordonnance; arr. cass.* 14 *nov.* 1811, *ib. et B-c. n.* 140; *autres,* 21 *janv. et* 2 *juill.* 1813, *n.* 4, 142 *et* 143. — Et il en est de même lorsqu'il est déclaré coupable du fait *sans les circonstances,* puisqu'il faut que la Cour examine si le fait ainsi *dégagé,* est un délit. —V. *arr.* 24 *mai* 1821, *n.* 80.

L'ordonnance d'acquittement et l'arrêt d'absolution ont, à la vérité, le

non bis in idem, précédemment rapportée. —V. *p.* 23, *et notes ib.* (63).

La Cour statue ensuite sur les dommages respectivement réclamés; ou bien elle renvoie cette question à une autre audience, où elle prononce sur le rapport d'un juge.—V. *au reste d. art.* 358, *et ci-dev. p.* 29, *n.* 2,

L'accusé peut aussi poursuivre en dommages, ses dénonciateurs. Il les poursuit devant la Cour, s'il parvient à les connaître avant la fin de la session (64),

---

même effet, quant à la chose jugée en faveur de l'accusé (v. *d p.* 153); mais ils diffèrent en ce que l'arrêt est susceptible d'annullation par rapport à l'accusé absous, ce qui conduit celui-ci à une nouvelle condamnation pénale, tandis que l'ordonnance n'est passible de cassation que dans *l'intérêt de la loi* (v. *ci-apr. tit.* 4 , *art.* 3 *et* 4).

3. La même ordonnance ne peut être prononcée sur une déclaration de jury contradictoire, et d'où résultent également la culpabilité et la non culpabilité de l'accusé. —V. *d. arr.* 2 *juill. n.* 142.

(63) *Observations.* 1. Ajoutons qu'elle n'est applicable que relativement au fait sur lequel a porté l'accusation, et non pas relativement à un autre fait, ou à des caractères de criminalité sur lesquels il n'y a eu ni accusation ni déclaration de jury.—V. *à ce sujet, arr. rej.* 29 *oct.* 1812, *rép.* xv, 470.

2. D'où il résulte que l'acquitté peut être remis en jugement pour des délits connexes sur lesquels il n'a pas été posé de question, *suiv. arr. rej.* 28 *déc.* 1816, *Jalbert,* 1817, 340.

(64) *Observations.* 1. Le jugement de la question des dommages est réservé à la Cour, de sorte qu'elle peut en refuser à l'accusé acquitté, et même en adjuger contre lui. —V. *ci-dev. p.* 31.

2. Si l'accusé a connu son dénonciateur, il forme sa demande en dommages, avant le jugement. —V. *C-cr.* 359. — Or, c'est la former avant le jugement que la former même après la déclaration du jury, mais avant l'ordonnance d'acquittement. —V. *arr. rej.* 31 *mai* 1816, *Jalbert,* 513.

3. Une simple réquisition à l'audience suffit. —V. *d. arr.* 31 *mai.*

4. On peut même demander des dommages et en obtenir contre un témoin dénonciateur présent à l'audience, quoiqu'il n'y ait pas eu de citation, s'il s'est défendu sur ce point, *suiv. arr. rej.* 23 *juill.* 1813, *rép.* xj, 572, *mot réparat. civile,* § 7.

5. La condamnation par *défaut* du dénonciateur à des dommages, peut être attaquée et rétractée par la voie de l'opposition. —V. *arr. rej.* 29 *avr.* 1817, *B-c. n.* 34.

6. Cette opposition peut être portée à la session suivante de la Cour d'assises. —V. *d. arr.* 29 *avr.*

7. Si, dans ce cas, l'arrêt est rétracté, l'accusé peut être condamné aux dépens sur ce chef. —V. *d. arr.* 29 *avr.*

sinon il les actionne au Tribunal civil, et cette dernière règle s'applique également aux tiers lésés qui n'ont pas été parties civiles avant une condamnation. — V. *C-cr.* 359; *ci-dev. p.* 29 à 31; *arr. cass.* 16 oct. 1812, *n.* 222.

Si l'on a imputé à l'accusé un autre délit, et si la partie publique a fait des réserves à cet égard, avant la clôture des débats, le président le renvoie en état de mandat de comparution ou d'amener (65), devant le juge instructeur du lieu où siége la Cour. — V. *C-cr.* 361.

II. S'il est déclaré *coupable*, le ministère public requiert l'application de la peine, et le plaignant, ses dommages (66). L'accusé peut encore se défendre, mais seulement par rapport à la peine et aux dommages. — V. *C-cr.* 362, 363.

Les juges délibèrent ensuite. Ils peuvent, pour cet objet, se rendre à la chambre du conseil (67), mais il faut que le jugement soit prononcé, et le texte de la loi qu'il applique, lu à l'audience. — V. *id.* 369.

---

8. Le dénonciateur non calomniateur, c'est-à-dire, qui avait de justes motifs de croire coupable l'accusé qu'on a ensuite acquitté, est-il passible de dommages ?... Non. — V. *à ce sujet, rép. xj,* 542 *et suiv.,* sup., § 2; *et réqu. et arr. rej.* 30 *nov.* 1813, *ibid.; arr. cass.* 28 *janv.* 1819, *n.* 9; *surtout id.* 23 *mars* 1821, *n.* 42.

9. Mais le calomniateur en est passible, même lorsqu'ils est *plaignant* et non pas simplement dénonciateur. — V. *réqu. et arr. rej.* 12 *nov.* 1813, *rép. xv,* 70 à 80, *add. à calomniateur.*

10. Celui qui a porté, contre un particulier, une accusation *capitale* jugée *calomnieuse,* est *indigne* de lui succéder. — V. *C-civ.* 727, ℣. 2.

(65) *Observations.* 1. Ainsi, au défaut de *réserves,* l'accusé ne peut être retenu pour ce délit; mais rien n'empêche qu'il ne soit poursuivi au moyen d'une nouvelle procédure et même sur la dénonciation de la Cour au magistrat compétent. — V. *M. Carnot, art.* 361, *n.* 7; *arr. cass.* 30 *mai* 1812, *n.* 133.

2. Bien plus, on ne peut pas poser une question sur ce délit lorsqu'il n'est pas connexe, comme on l'a vu, *ci-dev. p.* 145, 2°.

(66) Le plaignant qui est partie civile. — V. *ci-dev. p.* 29.

(67) Les juges doivent être continuellement présens pendant l'instruction, tandis que le procureur de Roi peut, dans la même cause (même au civil), se faire remplacer par un autre membre du parquet, parce que la loi du 20 avril 1810, art. 7, ne concerne que les juges, *suiv. arr. rej.* 15 *avr.* 1815, *Jalbert,* 1816, 368.

Si le fait dont l'accusé est convaincu, n'est pas défendu par une loi pénale, la Cour prononce son absolution. — V. *C-cr.* 364; *ci-dev. p.* 150. — Et alors, comme l'accusé acquitté, il ne peut plus être remis en jugement pour le même fait. — V. *M. Carnot, d. art.*, *n.* 6, *et d. p.* 150.

Si le fait est défendu, elle applique la peine, même lorsqu'il n'est pas de sa compétence (68). Dans ce cas et le précédent, elle statue sur les dommages-réclamés et sur les restitutions d'effets dérobés (68*a*), et condamne au dépens, la partie qui succombe. — V. *C-cr.* 365, 366, 368.

Après avoir prononcé l'arrêt, le président avertit le condamné qu'il peut recourir en cassation. — V. *C-cr.* 371.

Enfin, pour constater l'observation des formes prescrites, le greffier dresse un procès-verbal de la séance, qu'il signe avec le président. — V. *C-cr.* 372 (69).

III. Dans les vingt-quatre heures après le délai du pourvoi, ou après la réception de l'arrêt qui le rejette,

---

(68) Il suffit que les débats n'aient eu pour objet que les faits indiqués par l'acte d'accusation, faits qui, pendant la discussion, ont pu être reconnus comme de simples délits ou contraventions, tandis qu'ils étaient présentés comme des crimes par cet acte. —V. *arr. rej.* 19 *juin* 1817, *B-c. n.* 47; *ci-dev. p.* 52.

(68*a*) Donc lorsque ces effets ont été déposés au greffe, le président ne peut seul en ordonner la restitution. —V. *arr. cass.* 1 *juill.* 1820, *n.* 96.

(69) *Observations.* 1. Le défaut de signature de l'un ou de l'autre, est une nullité. —V. *arr. cass.* 3 *mars* 1815, 2 *mai,* 29 *août,* 6 *sept. et* 23 *déc.* 1816 *et* 17 *avr.* 1818, *n.* 13, 26, 58, 61, 86 *et* 138.

2. La signature suffit; de sorte que le procès-verbal peut être imprimé. —V. *arr.* 1817, *n.* 42; 1818, *n.* 15, 72 *et* 90; 1820, *n.* 99; 1821, *n.* 64.

3. Les formalités de l'examen et des débats non constatées dans cet acte sont réputées omises. —V. *arr. cass.* 6 *et* 12 *sept.* 1816, *n.* 61 *et* 63 ; *autres,* 26 *sept. et* 9 *oct.* 1817, *n.* 86 *et* 90; 17 *sept.* 1818, *n.* 121 ; 7 *janv.* 1819, *n.* 1 ; *surtout* 4 *janv.* 1821, *n.* 1.

4. Mais le défaut de signature sur la minute du jugement n'annulle pas, d'autant que la signature n'y est exigée que pour les jugemens définitifs. —V. *C-cr.* 370; *d. arr.* 29 *mai.*

le jugement est exécuté (70). L'exécution est sursise, lorsque, pendant les débats, on a imputé au condamné, des délits qui méritent une peine plus grave que ceux dont il était accusé. — V. *C-cr.* 375 à 379.

---

(70) *Observations.* 1. Le greffier doit y assister, en dresser procès-verbal, et envoyer à l'officier de l'état civil, la liste des noms, profession, domicile, etc., de l'exécuté à mort, afin qu'il rédige son acte de décès. —V. *C-cr.* 378; *décr.* 18 *juin* 1811, *art* 52; *C-civ.* 83 *et* 79. — On ne fait point mention, dans cet acte, de son genre de mort, et son corps est rendu à sa famille, si elle le réclame. —V. *L. janv.* (*décret du* 21) 1790; *C-civ.* 85.

2. Le condamné, chevalier de la légion d'honneur, doit préalablement être dégradé. En lui prononçant son arrêt, le président lui déclare qu'il a cessé d'en être membre, etc. — V. *décr.* 24 *vent. xij, art.*5 *et* 6. — Mais l'omission de cette prononciation n'annulle pas l'arrêt. —V. *arr. rej.* 14 *avr.* 1815, *avoués, xj,* 286.

3. Les arrêts de condamnation à des peines afflictives ou infamantes, sont imprimés par extrait, et affichés. —V. *C-pén.* 36, *et ci-dev. p.* 61, *note* 11 , *n.* 2.

APPENDIX

De quelques Procédures particulières:

INDÉPENDAMMENT des formes ci-devant exposées, plusieurs sortes d'affaires en exigent de particulières, dont nous allons dire un mot (1).

§ Ier *De la Procédure du Faux.*

I. Dans les règles particulières établies pour la procédure du faux principal ou du faux incident criminel (2), on s'est en général proposé pour but, de s'assurer de la pièce arguée de fausseté, d'en constater l'état, d'en faire l'examen par voie de comparaison. Elles sont à peu près semblables à celles du faux incident civil, que nous avons déjà exposées (3). Ainsi,

---

(1) ☞ Nous sommes forcés, vu l'espace étroit de tems consacré à l'enseignement du droit criminel, de nous réduire à un simple coup-d'œil pour tout ce qui n'est pas relatif à la procédure *commune* criminelle.

(2) *Observations.* 1. Quant à leurs définitions, v. *rép.*, t. 5, *p.* 109, *h. v.*; *cours de procéd. p.* 273 ; et pour quelques décisions sur des cas de faux, *d. cours, p.* 66 *note* 2 (il y est question du faux des greffiers..., v. *aussi arr. cass.* 22 août 1817, *n.* 79); *p.* 78, *note* 43; *p.* 84, *note* 66; et une foule d'autres au *rép. ib. et t.* 15, *p.* 308, *eod. v.*

2. *Faux-témoignage.* On a parlé des caractères de ce délit, *ci-dev. p.* 13, *note* 20; du renvoi d'un procès qu'il peut faire opérer, d'une session à une autre, *p.* 139, *n.* 2...

Ajoutons qu'en général il doit être instruit avant de reprendre la procédure principale. — V. *arr. cass.* 20 *mai* 1813, *n.* 107. — 2°. que s'il y a eu un jugement sur cette procédure principale, il en fait surseoir l'exécution, et peut en faire opérer la révision. — V. *à ce sujet, ci-apr. art. de la révision, p.* 171.

3. *Faux-incident à la police simple ou au correctionnel...* Voir pour le sursis, l'examen des moyens, la conversion du faux-incident en faux principal (lorsque l'auteur présumé est vivant), etc. etc., *arr. cass.* 28 *fév.* et 26 *mars* 1818, et 6 *avr.* 1821, *n.* 18, 35 et 56.

(3) *Observations.* 1. On doit, en matière criminelle, comme en matière civile (v. *C-proc.* 215, et *cours procéd. p.* 276), faire une sommation au

la pièce est remise au greffe, décrite, paraphée et vérifiée; on fait un corps d'écriture, etc. — V. *C-cr.* 448
à 464, *et cours de procédure, p.* 273 *et suiv.*

L'action criminelle relative au faux, a l'effet de produire un sursis au procès civil, pendant le cours duquel elle est intentée, lorsqu'elle a pour objet un acte
dont la vérité ou la fausseté doit influer sur le jugement de la question civile, à quelque Tribunal que
cette question soit soumise. — V. *d. cours, p.* 31, 32
et 281. — Et lorsque l'accusation pour le faux est portée,
l'exécution de l'acte est également sursise. — V. *id.,
p.* 91.

§ 2. *De la Procédure de Contumace.*

On appelle *contumace,* l'action de faire défaut dans
une procédure de grand-criminel (4).

On publie une ordonnance qui enjoint au *contumax*
de se présenter dans dix jours (5). Au bout de ce temps,

porteur de la pièce suspectée, de déclarer s'il entend s'en servir. — V. *C-cr.*
458. — Mais au criminel, cette sommation n'est pas exigée du ministère
public, partie principale. — V. *arr. rej.* 20 *juin* 1817, *B-c. n.* 148.

2. Celui qui, après avoir produit au civil une pièce (même privée) fausse,
a renoncé à s'en servir, et l'a retirée, d'après la sommation précédente,
n'est pas moins passible de poursuites comme auteur du faux, d'après *C-
pén.* 150 *et* 151, parce que l'action du ministère public ne saurait être paralysée par le fait que la pièce est aux mains de cet individu ou a été
détruite. Tout ce qui résulte de ce fait, c'est que la preuve du crime
sera moins facile. — V. *réqu. et arr. cass.* 28 *oct.* 1813, *n.* 231, *et rép.
xv,* 343, § 3 *bis.*

3. *Prescription* du faux. Quant à son effet, *v. p.* 79, *note* 3, *n.* 3.

4. Si le jury déclare que le faux n'est pas constant, est-on encore obligé
de faire vérifier la pièce pour s'en servir comme titre?... V. *les autorités
citées à cours procéd. p.* 281, *note* 50.

(4) Les défendeurs non comparaissans aux tribunaux correctionnels ou
de police, y sont jugés par *défaut,* comme en matière civile. — V. *ci-dev.
p.* 108, 116 *et* 118; *rép. iij,* 137, *mot contumace,* § 1, *n.* 2; *avis cons. d'État*
18 *févr.* 1806.

(5) *Observations.* 1. L'accusé *contumax* ne peut pas actionner en justice.
— V. *C-Pr.* 464; *C-cr.* 465. — Mais il peut être actionné. — V. *rép., sup.
n.* 4; *arr. rej.* 10 *niv. xiv, ib.*

on procède à son jugement, qui se rend sans audition
de témoins, ni assistance de jurés, ni défense pour le
contumax, sur les actes écrits de l'instruction (6),
et après avoir examiné si l'ordonnance et sa publication ont été régulières. L'arrêt statue sur la peine et
les intérêts civils, est exécuté par effigie à la diligence
du procureur-général, et ne peut être attaqué en cassation, que par ce magistrat et la partie civile. Les biens
du contumax sont séquestrés (7), sauf à accorder des
secours à sa famille si elle est dans le besoin.... Enfin,
lorsqu'il se représente (8) et est absous, il supporte

---

2. Le condamné par contumace à une peine emportant la mort civile,
ne peut, au contraire, ni actionner ni être actionné. — V. *C-civ.* 25; *d.
arr.* 10 niv.; *cours procéd. p.* 197, 198.

(6) S'il se trouve hors de France ou dans l'impossibilité de se présenter,
ses parens ou amis peuvent proposer ou plaider son excuse.—V. *C-cr.* 468.

(7) Ces biens sont régis par l'administration de l'enregistrement, et leurs
fruits, jusqu'à la condamnation, perçus au profit de l'Etat. Les fruits
échus depuis, sont mis en réserve pour être rendus, soit au contumax,
s'il se représente dans les vingt ans, soit à ses héritiers, s'il ne se représente pas dans ce délai. — V. *rép. xij*, 489.—V. *aussi avis cons. d'État*, 20
sept. 1809 à *rec. alph.*, iv, 596.

(8) *Observations.* 1. Peut-il, en se représentant, et déclarant acquiescer
à l'arrêt, être admis à subir sa peine?... *Non;* il faut qu'il soit jugé de
nouveau, à moins que la peine ne soit éteinte par la prescription, *suiv. réqu.
et arr. cass.* 29 *juill.* 1813, *n.* 164, *et rép. xv*, 161 à 176.
L'auteur de la jurisprudence du Code civil (*xxj*, 230), trouve cette décision trop rigoureuse. Il observe, entr'autres, que l'arrêt de contumace
devant être présumé rendu plutôt à charge qu'à décharge, puisque le contumax n'a pas été défendu, on ne saurait non plus présumer qu'une instruction subséquente doive lui faire infliger une peine plus conforme à l'intérêt de l'ordre public. On pourrait ajouter qu'un jugement de défaut est
un véritable jugement qui a tous les effets d'un jugement contradictoire
(v. *cours procéd. p.* 257),et est, comme celui-ci, susceptible d'acquiescement; que le ministère public y a déjà acquiescé en le faisant exécuter
par effigie; qu'il ne devrait être relevé de son acquiescement que par une
attaque du condamné, dirigée contre le jugement, tout comme en matière
civile, l'intimé n'est relevé de l'acquiescement résultant de la signification
de la sentence, que par l'appel du condamné (v. *d. cours, p.* 362, *note*
10); que lorsque le condamné contumax déclare acquiescer, le contrat
judiciaire, loin d'être rompu, est au contraire ratifié, etc.
Néanmoins la décision de l'arrêt du 29 juillet 1813 a été adoptée depuis
dans deux autres (27 *août* 1819, *B. c. n.* 95, *et* 1er *juil.* 1820, *aussi n.* 95),

les frais de la contumace. — V. *C-cr.* 465 *à* 478. — V. *aussi pour ces questions et autres analogues, arr. rej. 27 oct.* 1815, *Jalbert,* 1816, 345; *autres,* 19 *févr.,* 19 *mars et* 9 *avr.* 1818, *n.* 27, 33 *et* 50; 18 *févr.* 1819, *n.* 24, 20 *oct.* 1820, *B-c.* 1821, *n.* 11.

§ 3. *De la Procédure pour les délits des Juges* (9).

Les délits correctionnels commis par les juges inférieurs (tels que membres des Tribunaux de paix, de commerce et de première instance), par les officiers du ministère public près les Tribunaux inférieurs et par les officiers de police judiciaire (9 *a*), sont jugés en premier et dernier ressort, par la chambre civile de la Cour royale. — V. *C-cr.* 479 *et* 483; *décr.* 6 *juill.* 1810, *art.* 4 (10.) — V. *aussi arr. cass.* 2 *mai* 1818, *n.* 69, *et ci-dev. chap. des Tribunaux,* § 3, *n.* 4, *p.* 51.

A l'égard de leurs crimes, les premier président et procureur - général ou les officiers qu'ils désignent, remplissent les fonctions de juge instructeur et pro-

---

dont le premier offre, il est vrai, quelque différence quant à son hypotèse (le contumax en se représentant, avait formé opposition à l'arrêt de contumace).

2. Au reste, la représentation du contumax n'anéantit que les actes postérieurs à l'ordonnance qui lui enjoint de se représenter : l'acte d'accusation et l'arrêt de renvoi à la Cour d'assises sont maintenus. — V. *réqu. et arr. rej.* 16 *janv.* 1812, *rép. iij,* 141, *mot contumace,* § 3; *plus, autres, dans Laporte, h. v., n.* 3.

(9) A l'égard, 1.° de leurs fautes contre la *discipline,* voyez cours procéd. p. 20; surtout, répert. iij, 708, h. v. — 2.° des cas où ils peuvent être *pris à partie,* même au criminel, voyez d. cours, p. 467 et note 7, ibid.

(9 *a*) *Observations.* 1. Cela comprend par conséquent un garde champêtre de particulier, *suiv. arr. cass.* 21 *févr.* 1821, *n.* 22. — V. *ci-dev. p.* 94, *note* 8, *n.* 3.

2. M. Le Graverend, *i,* 472, soutient que les délits des greffiers sont soumis aux mêmes règles de procédure.

(10) *Idem,* les délits correctionnels des grands-officiers de la Légion d'honneur, généraux, prélats, etc. — V. *ci-dev. p.* 38 *et* 39.

cureur du Roi. — V. *C-cr.* 480, 484. — V. *aussi arr. cass.* 27 *août* 1818, *n.* 108 (11).

Si les crimes sont imputés à des juges ou officiers du ministère public de Cours supérieures, ou à des Tribunaux inférieurs (en masse), l'instruction est plus compliquée. — V. *sur tous ces points, C-cr.* 481 *à* 503 (12).

§ 4 *à* 7. *De quelques autres Procédures.*

Le Code criminel détermine aussi quelques formes particulières pour les circonstances ou matières suivantes :

I. Instruction et jugement des délits contraires au respect dû aux autorités constituées, tels que les troubles causés et les outrages commis pendant leurs séances.— — V. *à ce sujet, C-cr.* 504, 505 *à* 509 (13), *et cours de procéd. p.* 29.

II. Manière de recevoir les dépositions des Princes et grands fonctionnaires de l'Etat — V. *C-cr.* 510 *à* 517.

---

(11) *Observations.* 1. Pour les crimes de ces fonctionnaires, c'est le premier président qui seul a le droit de décerner des mandats. —V. *arr. rej.* 18 *avr.* 1816, *Jalbert*, 451.

2. Sauf le droit de délégation, le premier président n'a dans ces cas, que les pouvoirs d'un juge instructeur; et il en est de même de ses délégués. — V. *d. arr.* 27 *août.*

(12) V. aussi réqu. et arr. cass. 29 juin 1813 et 2 juin 1814, rép. xij, 174, mot rivière, et xv, 403, mot juge, n. 14;. arr rej. 2 mai 1816, Jalbert, 507. — V. toutefois, M. Le Graverend, i, 480.

(13) *Observations.* 1. S'il ne s'agit que de contraventions ou de délits simples, les juges peuvent, séance tenante, les punir, savoir, les contraventions, sans appel, et les délits, sauf l'appel, dans le cas où ils sont réprimés par des juges de première instance. —V. *d. art.* 505.

2. Mais, lorsqu'ils n'ont pas été ainsi jugés, ils ne sont pas pour cela impunis; ils doivent être poursuivis selon les formes ordinaires. —V. *M. Carnot, ib., n.* 9; *réqu. et arr. cass.* 19 *mars* 1812, *B-c. n.* 63, *et rép. xv,* 536, *mot opposition, n.* 4.

3. etc. Pour d'autres décisions sur la même matière, v. *M. Le Graverend, ij,* 325, 326, *note* 13.

III. Reconnaissance de l'identité d'un individu condamné, qui s'est évadé et qui a été repris...... Elle se
fait sans assistance de jurés. — V. *C-cr.* 518 *à* 520 (14).

IV. Manière de procéder en cas de destruction
ou d'enlèvement des pièces ou du jugement d'une
affaire (15).... On y supplée par les expéditions authen-
tiques, ou par les minutes; ou bien l'on recommence
l'instruction. — V. *C-cr.* 521 *à* 524.

---

(14) Le banni qui est rentré et n'a pas été saisi, ne peut être jugé et condamné à la déportation, puisqu'on ne peut reconnaître son identité. — V.
arr. rej. 6 *mars* 1817, *Jalbert*, 167.

(15) Les soustractions de pièces produites sont défendues, même au
civil. — V. *cours de procéd.* p. 234, *note* 77, *et* p. 233, *note* 73, *n.* 3.

TITRE IV.

Des voies de Recours contre l'Instruction et le Jugement.

Les voies de recours tendent, ou à faire renvoyer l'instruction à d'autres juges (telles sont les demandes en réglement et renvoi), ou à faire annuller et casser l'instruction et les jugemens (telles sont les demandes en nullité, en cassation et révision); nous dirons un mot des unes et des autres.

ARTICLE PREMIER.

Des Réglemens de Juges.

I. Les cas où l'on peut demander un réglement de juges en matière criminelle, et les Tribunaux qui doivent en connaître, sont déterminés et désignés en général d'après les mêmes principes qu'en matière civile. — V. *C-cr.* 526, 527, 539, 540; *cours de procéd.* p. 338 *et suiv.* (1). — Ainsi, en cas de conflit, soit positif, soit négatif (v. *id. p.* 12, *n.* 6; *M. Carnot, art.* 129, *n.* 7); il faut porter le réglement au Tribunal immédiatement supérieur au Tribunaux entre lesquels il y a conflit, et qui tout à-la-fois comprend l'un et l'autre dans son ressort. — V. *des exemples à d. p.* 338, *note* 4 (2).

---

(1) V. aussi M. Carnot, i, 367, n. 8 à 10; ij, 604, n. 3 et 4; répert. xj, 183, mot réglement, § 2, n. 2, et ib., p. 178, §. 1, n. 2. — Et pour plusieurs questions, d. §. 2, n. 3 à 6, p. 185, où sont plusieurs arrêts; autre, 13 oct. 1815, avoués, xiv, 257; autres, dans M. Laporte, 319, et suiv., h. v., et dans M. Le Graverend, ij, 422 à 424, aux notes.

(2) *Observations.* 1. Il suffit que ce tribunal supérieur comprenne dans

II. L'instruction est faite et la décision donnée sommairement, sur de simples mémoires. — V. *C-cr.* 525; *M. Carnot, ibid.*

III. Lorsque la demande est portée à la Cour de cassation (et même à tous autres Tribunaux, *selon M. Carnot, art.* 540, *n.* 2), on observe aussi les règles suivantes.

On présente une requête avec les pièces à l'appui, et la Cour peut, ou juger tout de suite, ou ordonner la communication à la partie. — V. *C-cr.* 528.

---

son ressort les tribunaux du conflit quoiqu'ils soient indépendans de lui, quant à leurs actes (-*v. M. Carnot, art.* 540, *n.* 3 *et* 7). Ainsi quoiqu'une Cour royale ne connaisse pas des appels des tribunaux de police, elle est juge de leurs conflits, lorsqu'ils sont placés dans le territoire de deux tribunaux civils de son ressort (*idem,* en matière civile... *v. d. cours, d. note* 4). Telle est la décision littérale de l'art. 540. — V. *aussi M. Carnot, d. n.* 3 *et* 7.

M. Le Graverend, *ij,* 432, se trompe donc lorsqu'il attribue à la Cour suprême le réglement du conflit dans cette dernière hypothèse. Les arrêts des 27 novembre 1812 et 14 mars 1816, qu'il cite, ne le décident point et n'auraient pu le décider sans contrevenir à l'art 540.

2. Lorsque les tribunaux du conflit, quoique dépendans du ressort de la même Cour royale, ont donné une décision en dernier ressort, ou ayant force de chose jugée, il faut s'adresser à la Cour suprême. —V. *M. Le Graverend, ij,* 421; *M. Laporte,* 320, *n.* 5; 4 *arr. de* 1812 *et* 1813, *ib.* ; *autre,* 26 *mars* 1813, *B-c. n.* 55.

3. Telle est l'hypothèse où, soit une chambre du conseil par une ordonnance à laquelle on n'a pas formé opposition (*ci-dev. p.* 105, *n.* 4.), soit une chambre correctionnelle, en réformant un jugement correctionnel (*ci-dev. p.* 50 *et* 121, *n.* 2) ont renvoyé des causes au tribunal de police parce qu'elles n'envisageaient le fait imputé, que comme une contravention, et où ensuite ce tribunal l'envisageant comme délit ou crime s'est déclaré incompétent. —V. *arr.* 7 *nov.* 1812, *Laporte, sup. n.* 1; *d. arr.* 26 *mars* ; *réqu. et arr. régl.* 29 *févr.* 1812, *rép. xj,* 185, *sup.,* n. 4; *d. arr.* 13 *oct.* 1815 (M. Carnot, *d. art.* 129, *n.* 6 à 8, pensait qu'en cas de conflit entre une chambre du conseil et un tribunal de police du ressort de la même Cour royale, le réglement devait être porté à cette Cour). —V. *aussi ci-dev. p.* 52, *n. iv.*

4. Telle est aussi celle où la même chambre du conseil, ou bien celle d'accusation, ont renvoyé un délit au tribunal correctionnel, qui s'est également déclaré incompétent. —V. *arr.* 4 *déc.* 1812, *et* 5 *fév. et* 1 *avril* 1813, *Laporte, n.* 2 *et* 5; *autres,* 14 *déc.* 1820, *B-c., n.* 154 *et* 155; 8 *mars et* 27 *avr.* 1821, *n.* 32 *et* 68.

5. Même règle, s'il y a conflit entre cette chambre et la Cour d'assises. —V. *arr.* 19 *mars, ci-dev. p.* 159, *note* 13, *et rép. xj,* 185, *n.* 3.

6. Autres hypothèses analogues... V. *arr.* 18 *juill.* 1817, 13 *févr.* 1819 *et* 12 *janv.* 1821, *n.* 67, 23 *et* 68.

Dans le premier cas, on peut, sous trois jours, former opposition à l'arrêt; la Cour y statue. — V. *C-cr.* 533, 535 (3).

Dans le dernier cas, on présente les moyens sur le conflit, et l'arrêt (4) n'est point passible d'opposition. — V. *C-cr.* 531, 537.

Dans l'un et l'autre cas, il y a sursis au jugement et à la procédure, à l'exception des actes conservatoires et d'instruction. — V. *C-cr.* 531, 534 (5).

La Cour, en jugeant le conflit, prononce en même temps sur tous les actes faits par le juge qu'elle dessaisit. — V. *C-cr.* 536.

ARTICLE II.

Des Renvois.

I. La Cour de Cassation peut, sur la réquisition du procureur-général, ordonner le renvoi d'un Tribunal, ou d'un juge instructeur à un autre (6), s'il y a défaut de sûreté publique, ou bien suspicion légitime (7), et

---

(3) Cette opposition doit être notifiée dans trois jours à la partie adverse. —V. *C-cr.* 533 *conféré avec* 418; *M. Carnot, art.* 533, *n.* 4.

(4) Celui qui est rendu après l'arrêt de soit communiqué et son exécution. —V. *C-cr.* 537.

(5) Il y a également sursis quoique l'opposition n'ait pas été notifiée dans le délai indiqué à la note 3. —V. *M. Carnot, art.* 534, *n.* 2 ; *arr. rej.* 27 *mars* 1811, *ib.*

(6) Il ne faut pas confondre ces renvois avec ceux que font les chambres du conseil et d'accusation (v. *ci-dev. p.* 105 *et* 124) aux juges compétens pour connaître des délits dont elles ont examiné les procédures préliminaires.

(7) *Observations.* I. Il y a *suspicion légitime* lorsque tous les membres d'un tribunal sont récusables, ou que, d'après diverses circonstances, on présume que le tribunal ne jugera pas avec impartialité. L'appréciation de ces circonstances, considérées surtout dans leur ensemble, est abandonnée à la conscience des magistrats de cassation, qui doivent alors agir comme des jurés. —V. *cours procéd. p.* 337; *réqu. et arr. régl.* 28 *mars*

dans ce dernier cas, elle le peut aussi sur la réquisition des parties (non des simples plaignans, ni des simples dénonciateurs), ou des procureurs du Roi. — V. *C-cr.* 542 *à* 544; *cours de procéd.*, *p.* 337; *arr. cass.* 10 *juin* 1819, *n.* 66.

II. L'instruction du renvoi se fait à peu près comme celle du réglement; mais le rejet de la demande (8), n'empêche pas d'en former une seconde pour des faits postérieurs. — V. *C-cr.* 545 *à* 547 *et* 552. — V. *aussi arr. rej.* 10 *oct.* 1817, *n.* 91 (9).

ARTICLE III.

Des Nullités.

Il faut distinguer si les nullités ont été commises en matière criminelle, ou bien en matière correctionnelle et de police.

1811, *rép. xj*, 523, *mot renvoi*, *n.* 4; *M. Carnot*, *art.* 542, *n.* 6, 7 *et* 9; *M. Laporte*, *p.* 63 *et* 64; *plus. arr. ib.*

2. *Insuffisance de nombre.* Si elle provient de ce que plusieurs des jüges sont frappés de récusation, le renvoi, en matière criminelle, doit être porté à la cour de cassation, tandis qu'en matière civile, c'est au tribunal qui doit connaître des réglemens. —*V. réqu. et arr. régl.* 22 *et* 23 *juin* 1814, *rép. xv*, 262, *mot évocation; arr. de* 1811, 1812 *et* 1813, *Laporte*, 64, (*n.* 2), *et* 320, *n.* 3; *cours de procéd. p.* 336.

Si l'insuffisance provient d'autres causes, telles que maladie, mort, démission, etc., c'est à ce dernier tribunal. —V. *rép.*, *sup.*, *d. p.* 262.

(8) *Observations.* 1. Il n'est pas nécessaire de former *directement* une demande en renvoi; il suffit que le tribunal entier ait été récusé, ou que tous ses membres aient déclaré s'abstenir. — *M. Carnot*, *ij*, 630, *n.* 6; *arr. cass.* 18 *janv. et* 8 *fév.* 1811, *ib.*

2. Néanmoins, la comparution volontaire de la partie intéressée. devant le tribunal saisi, la rend non-recevable dans la demande en renvoi qu'elle ne fonde que sur des faits antérieurs à sa comparution. — *M. Carnot*, *art.* 543, *n.* 1; *d. arr.* 8 *févr.*

(9) *Observations.* 1. Le tribunal auquel la cour a renvoyé, ne peut, sous aucun prétexte, renvoyer lui-même à un autre tribunal. —V. *M. Carnot*, *ij*, 630, *n.* 5; *arr. cass.* 12 *sept.* 1811, *ib.*

2. Si le rejet a été fait sur le vû des motifs exposés dans la déclaration remise au greffe par le réclamant, son opposition au rejet n'est pas admis-

I. *Matières criminelles.*—En cas de condamnation, l'accusé et le ministère public (10) peuvent réclamer l'annullation de l'arrêt, lorsque dans cet arrêt, ou dans celui de mise en accusation (11), ou dans la procédure de la Cour d'assises, on a omis ou violé une forme prescrite, sous peine de nullité. — V. *C-cr.* 408, *in pr.* (12).

Il en est de même, 1° lorsqu'il y a incompétence. —V. *d. art.* 408, ℣. 2.

2° Lorsqu'on a omis ou refusé de statuer sur une de leurs demandes relatives à l'observation d'une forme, même non prescrite, sous peine de nullité. — V. *d.* ℣. 2 (13).

---

sible, et elle ne peut être convertie en demande nouvelle quand il n'y a pas de faits postérieurs. —V. *d. arr.* 10 *octobre.*

(10) *Observations.* 1. Selon M. Carnot, *art.* 408, *n.* 3, l'annullation obtenue dans ce cas par le ministère public profite à un condamné qui n'a pas recouru et auquel il n'a pas notifié son recours.

2. La *partie civile* peut aussi recourir dans le même cas, *suiv. id., d. art., n.* 2, *par arg. de C-cr.* 373 *et* 374 *combinés.* — Mais ce ne peut jamais être que dans son intérêt et pour ses dommages. —V. *id., art.* 373, *n.* 14.

(11) La connaissance des nullités de cet arrêt est réservée à la Cour de cassation. —V. *ci-dev. p.* 131. —Quelles sont ces nullités, et dans quel délai peut-on les faire valoir?... V. *p.* 126 *à* 128, *et notes ibid.*

(12) M. Bourguignon, *art.* 408, *note* 1, indique ces formes.
L'annullation ne doit être prononcée que lorsqu'il y a violation formelle de la loi, « de sorte que si les termes de la *loi ne sont pas clairs*, il n'y en a » pas violation ouverte, ni, par conséquent, matière à cassation » — M. Carnot, *ib., n.* 36. —V. *aussi cours procéd. p.* 476.

(13) *Observations.* 1. Exemples. Si l'on a omis de statuer sur la réquisition du conseil de l'accusé, tendant à faire sortir deux témoins de l'auditoire, ou à en entendre deux (*ci-dev. p.* 140), l'un en présence de l'autre. —V. *arr. cass.* 1 *juill.* 1814 *et* 11 *janv.* 1817, *n.* 99 *et* 3.

2. Si le procès-verbal n'énonce pas la décision, elle est présumée n'avoir pas été prise. —V. *d. arr.* 1 *juill.*

3. Il suffit, toutefois, qu'elle soit constatée par ce procès-verbal, l'art. 370 relatif à la minute de l'arrêt, n'étant pas applicable à ce cas, *suiv. arr. rej.* 14 *déc.* 1815, *Jalbert*, 1816, *p.* 1, *par arg. de C-cr.* 277.

4. Il suffit également que la Cour ait statué sur cette demande, quand

3° Lorsqu'on a prononcé une peine autre que celle de la loi. — V. *C-cr.* 410, 411. — V. *aussi arr. cass.* 13 *juin* 1816, *n.* 34, *et arr rej.* 29 *août* 1817, *Jalbert*, 511.

En cas d'absolution, fondée sur l'inexistence d'une loi pénale, quant au fait imputé, le ministère public peut demander l'annullation si cette loi existe (14). En cas d'acquittement, il ne le peut que dans l'intérêt de la loi (v. *ci-apr. p.* 168, *et arr. cass.* 29 *avril* 1819, *n.* 55).... Dans l'un et l'autre cas, la partie civile ne le peut que pour un *ultrà-petita* dans les dommages auxquels on l'a condamnée. — V. *C-cr.* 409, 410 (℣. 2), 374 *et* 412; *et ci-dev. p.* 150, *note* 62, *n.* 2; *M. Carnot, dd. art., n.* 1 *et* 2 (15).

II. *Matières correctionnelles et de police.* Toute partie peut indifféremment demander, dans tous les cas précédens(16), l'annullation des arrêts ou jugemens rendus en dernier ressort. — V. *C-cr.* 413, 177, 215 (17).

---

même elle l'aurait rejetée, *suiv. arr. rej.* 2 *févr.* 1815, *Jalbert*, 325. —V. *aussi id.,* 11 *avr.* 1817, *B. C.* 1818, *n.* 1.

5. Au surplus, l'omission de statuer sur une demande relative à un droit non accordé par la loi, tel que l'assistance du conseil au tirage du jury (*ci-dev. p.* 132, *note* 23), ou la citation de quelque témoin, en vertu du pouvoir discrétionnaire, n'opère pas une nullité. —V. *arr. rej.* 31 *janv. et* 27 *juin* 1817, *B-c. n.* 8 *et* 54; 14 *août* 1818, *n.* 116, *et d. arr.* 11 *avr.* 1817. — Mais v. aussi *ci-dev. p.* 137, *note* 34, *n.* 4.

(14) Ce n'est que dans ce cas seulement; de sorte que son recours ne peut être fondé sur les vices de l'instruction antérieurs à l'arrêt d'absolution. — V. *M. Carnot, art.* 410, *n.* 3; *arr. rej.* 25 *juin* (irrégularité dans un mandat de dépôt) *et* 22 *juill.* 1819, *n.* 74 *et* 84; *surtout arr.* 31 *oct.* 1817, *n.* 107.

(15) A l'égard des nullités de l'arrêt de renvoi, ou postérieures à cet arrêt, v. *ci-dev. p.* 112, 113, 116 *et* 117, *et notes ibid.*

(16) Néanmoins, l'accusé peut seul faire valoir l'inobservation des formes prescrites pour sa défense. —V. *C-cr.* 413, ℣. 2.

(17) *Observations.* 1. On ne peut agir en cassation, lorsque les jugemens ou arrêts sont passibles d'opposition, *suiv. M. Carnot, d. art.* 413, *n.* 22 *et* 23. —V. aussi *cours procéd. p.* 394, *note* 8.

2. Les nullités commises en première instance et qu'on n'a pas opposées en appel, ne peuvent plus servir de moyens de cassation. —V. *I.* 29 *avr.*

ARTICLE IV.

De la Cassation.

On vient d'indiquer, à l'article 3, les moyens sur lesquels on peut fonder le recours en cassation; il reste à parler de ses délais et formes, et des règles relatives à l'arrêt qui y statue (18).

I. *Délai.* En cas de condamnation, le délai de pourvoi est de trois jours francs, à dater de la prononciation du jugement, au coupable (19).... En cas d'acquittement ou absolution, le ministère public et la partie civile n'ont que vingt-quatre heures (20); et celle-ci, on vient de le voir, ne peut réclamer que relativement à l'action civile, tout comme le ministère public ne peut ré-

---

1806, *art.* 2; *réqu. et arr. rej.* 27 *août et* 2 *sept.* 1813, *rép. xiij*, 448, *mot témoin*, § 2, *n.* 10; *arr.* 13 *août et* 11 *sept.* 1812, *et* 18 *juin* 1813, *Laporte*, 14 (*n.* 14), *et* 261, *n.* 5. — V. aussi *ci-dev. p.* 118, *note* 9, *et d. cours procéd.*, *p.* 477, *note* 20, *n.* 3.

(18) Pour l'organisation de la Cour de cassation, *v. cours. procéd.* p. 64.

(19) C'est le délai général de pourvoi contre tous les jugemens ou arrêts ; sauf celui d'accusation contre lequel on a cinq jours, si le pourvoi est fondé sur certaines nullités, comme on l'a vû ci-devant p. 131, n. ij. — V. *aussi arr. rej.* 20 *juin* 1820, *n.* 129.

Observations. 1. Ce délai est de rigueur. —V. *M. Carnot, art.* 417, *n.* 1 ; *arr. rej.* 28 *juin* 1811, *ib.*

2. Même délai, quant à certains arrêts de la chambre d'accusation. — V. *ci-dev. p.* 126 *et* 127, *et notes ibid.*

3. Ce délai peut être anticipé. —V. *réqu. et arr.* 7 *nov.* 1812, *rép. xv*, 332, *mot faux*, *sect.* 1, § 33.

4. On ne peut recourir d'un jugement correctionnel de première instance, mal-à-propos qualifié en dernier ressort; il n'est passible que d'appel. —V. *réqu. et arr. rej.* 26 *nov.* 1812, *rép. xv*, 81, *mot cass.*, § 3, *n.* 1; *cours proc. p.* 411.

(20) *Observations.* 1. En cas d'acquittement par la Cour d'assises (ce qui peut avoir lieu dans un procès par contumace), le délai est de trois jours, *suiv. réqu. et arr. rej.* 21 *nov.* 1812, *rép. xv*, 97, *sup.*, *n.* 10 *ter.*

2. C'est sans doute par inadvertance que M. Le Graverend, *ij*, 385, dit

clamer, en cas d'acquittement, que dans l'intérêt de la loi (21). — V. *C-cr.* 373, 374, 409, 412.

Observez toutefois que les jugemens préparatoires et d'instruction ne sont attaquables qu'après le jugement définitif. — V. *C-cr.* 416 (21 *a*).

II. *Formes.* Le condamné n'a besoin que de faire au greffe, par lui-même, ou par un avoué, ou un procureur spécial, une déclaration (22); sauf à l'appuyer

---

que le ministère public a *trois jours* pour attaquer les arrêts d'absolution, puisqu'il résulte de la combinaison des articles 374, 409 et 412, que le délai n'est que de 24 heures. —V. *M. Carnot, art.* 374.

(21) *Observations.* 1. Ce n'est que dans le cas d'acquittement par ordonnance du président (v. *ci-dev. p.* 150), qu'il peut recourir dans l'intérêt de la loi.—V. *d. réqu. et arr.* 21 *nov.; autres,* 3 *déc.* 1812, *rép. xv,* 90 et 556; 1 *déc.* 1814, *Jalbert,* 1815, 93; 24 *août* 1815 *et* 27 *mars* 1817, *B-c. n.* 47 *et* 28. — Et, par conséquent, il ne peut attaquer, de cette manière, ni un arrêt de condamnation, ni un jugement correctionnel en dernier ressort. —V. *dd. arr.* 24 *août* 1815 *et* 27 *mars* 1817.

2. Et cette faculté n'appartient qu'au ministère public de la Cour d'assises et au procureur-général de la Cour de cassation.—V. *dd. arr.* 24 *août et* 27 *mars.*

3. Le droit de casser dans *l'intérêt de la loi,* n'appartient aussi qu'à la Cour de cassation. —V. *cours procéd. p.* 474, *note* 8, *n.* 3; *M. Carnot, art.* 442, *n.* 9; *arr. cass.* 16 *nov.* 1811, *ib.*

4. L'arrêt qui casse dans l'intérêt de la loi, n'a aucun effet par rapport aux parties. —V. *d. cours, d. note* 8, *n.* 1, *p.* 473.

5. On a conclu de-là que l'accusé est non-recevable, par défaut d'intérêt, à y former tierce-opposition. —V. *M. Merlin, à d. n.* 1; *M. Bourguignon, art.* 409, *note* 1; *arr. rej.* 16 *term. xj, cité par eux.* — M. Carnot, *d. art., n.* 6 *et* 7, *et t.* 3, *p.* 247 *et* 248, combat avec force cette décision : il demande, entre autres, si l'accusé n'a aucun intérêt à faire rétracter un arrêt qui porte atteinte à sa réputation et à son honneur?... Nous partageons entièrement son avis.

6. Il résulte de la même règle, qu'on ne peut remettre en jugement un prévenu acquitté par un arrêt qui a été ensuite cassé dans l'intérêt de la loi. —V. *arr. cass.* 17 *janv.* 1813, *n.* 13.

7. Au reste, le ministère public peut se pourvoir contre un arrêt, quoique conforme à ses conclusions, ou à celles de son substitut. —V. *réqu. et arr.* 1813 *et* 1811, *ci-dev. p.* 24, *note* 23, *n.* 1.

(21 *a*) Mais on ne doit pas leur assimiler ceux qui préjugent une question de droit d'où dépend la décision définitive du procès. —V. *arr. cass.* 15 *oct.* 1819, *n.* 111.

(22) *Observations.* 1. V., pour diverses questions relatives au mode de la déclaration, à l'avoué et au pouvoir spécial, *arr. rej. ci-dev. note* 19, *n.* 1,

ensuite, d'une requête contenant les moyens.—V. *C-cr.* 417, 422 *à* 424.

Le ministère public et la partie civile doivent en outre lui notifier leur recours.—V. *id.* 418, 419 (23).

Enfin, le sien n'est reçu qu'autant qu'il s'est constitué prisonnier, s'il a été condamné à une peine emportant privation de la liberté. — V. *C-cr.* 421 ; *arr. cass.* 2 *août* 1816, *n.* 52, *et rej.* 20 *août* 1818, *n.* 115 (24).

III. *Arrêt.* L'arrêt de cassation doit être rendu dans un mois, après les délais de recours et d'envoi de pièces. — V. *C-cr.* 425, 426.

Si la Cour de cassation annulle, elle renvoie l'affaire et le condamné à d'autres Cours ou Tribunaux. — V. *à ce sujet, C-cr.* 427 *à* 435 (25). — En cas de second

---

p. 167 ; *autres,* 1 *déc.* 1814 *et* 21 *nov.* 1812, *rép. xv,* 91 *et* 92, *et* 28 *janv.* 1813, *ib.* 90, *et x,* 118 ; *plus., id., xv,* 94, *n.* 3.

2. Si le greffier refuse de recevoir, et un huissier de lui notifier le recours, on peut le faire devant un notaire. — V. *rép. xv,* 93 ; *arr.* 3 *janv.* 1812, *ib., et Jalbert,* 1816, 144.

3. Il peut être fait au greffe de première instance, si l'accusé est détenu dans les prisons de ce tribunal. —V. *rép. xv,* 332.

(23) Mais le défaut de notification ne fait pas encourir la déchéance. — V. *réqu. et arr. rej.* 7 *juin* 1811, *rép. xv,* 96 *et* 97 ; M. *Carnot, art.* 418, *n.* 4, *et arr. rej.* 8 *oct.* 1811, *ib.* ; *autres,* 18 *avr.* 1817, *Jalbert,* 344, *et* 15 *oct.* 1819 ; *B. C., n.* 111. — Il reste alors au défendeur le droit de s'opposer à l'arrêt qui a statué sur le recours. —V. *au reste, aux dd. n.* 4 *et p.* 97, comment on justifie cette décision qui est bien défavorable au défendeur.

(24) *Observations.* 1. S'il recourt pour incompétence, il lui suffit de se constituer prisonnier au lieu où siége la cour de cassation. —V. *d. art.* 421, *in f.*

2. Lorsqu'ayant été acquitté ou mis hors d'accusation, il intervient sur le recours, il n'a pas besoin de se constituer prisonnier. —V. *arr. rej.* 6 *mars* 1817, *Jalbert,* 167.

3. Sauf l'observation de ces règles, le recours a toujours un effet suspensif. —V. *C-cr.* 373 ; *rép. ij,* 68, *mot cassation,* § 6, *n.* 5 *et* 6 ; *arr.* 30 *brum. xiv, ib.*

(25) *Observations.* 1. On peut casser pour une partie, et maintenir pour le surplus. —V. *arr. cass.* 27 *sept.* 1816, *n.* 70. — Par exemple, lorsque l'arrêt condamne à deux peines, dont l'une est mal appliquée, on le casse quant à celle-ci, et l'on en ordonne l'exécution quant à l'autre. —V. *arr. cass.* 17 *août* 1815, *n.* 45.

pourvoi, on suit les mêmes règles qu'en matière civile.
— V. *C-cr.* 440; *cours de proc. civ.*, p. 63.

Lorsque la Cour reconnaît qu'il n'y a pas de délit,
ou que l'action est éteinte, ou qu'il y a chose jugée, et
lorsqu'il n'y a pas de partie civile, elle casse, sans ordonner de renvoi. — V. *à ce sujet, C-cr.* 429, *in f.; arr. cass.*
21 *janv. et* 12 *mai* 1814, 17 *août* 1815, 2 *août* 1816,
n. 8, 22, 45 *et* 52; *cours de procéd.*, p. 483, *note*
38 (26).

Si elle rejette, on est déchu de tout recours ulté-
rieur. — V. *C-cr.* 438 (27).

---

2. Quant les choses sont entières, la Cour peut revenir sur l'indication
du tribunal auquel elle avait renvoyé. —V. *réqu. et arr.* 12 *août* 1813,
rép. xj, 522.

3. Si la partie civile a fait casser, quant à ses intérêts civils (v. *ci-dev.*
p. 166 *et* 167), et sans réclamation du ministère public, il ne reste plus
qu'une action civile à juger, et, en conséquence, on renvoie l'affaire à un
tribunal civil (autre que celui du juge instructeur), et sans conciliation.
—V. à ce sujet, *C-cr.* 429; *M. Carnot, id.,* n. 5 à 7, *et art.* 412, *n.* 5; *arr.
cass.* 14 *août* 1817, *B-c. n.* 73, *p.* 190, *à la fin.* —V. aussi *ci-dev.* p. 23,
note 20, *n.* 2.

4. Le renvoi fait par la Cour de cassation à un tribunal (tel que celui
de police), donne à celui-ci le pouvoir de procéder à tous les actes d'instruction nécessaires, comme de vérifier un local hors de son territoire.
—V. *arr. rej.* 25 *janv.* 1821, *n.* 17.

(26) *Observations.* 1. Exemples de cassation sans renvoi... V. *arr.* 26
sept. 1817, *n.* 85; 19 *et* 27 *mars* 1818, *n.* 33 *et* 36; 8 *juin*, 26 *oct. et* 9 *nov.*
1820, *n.* 80, 139 *et* 142; 19 *juill.* 1821, *n.* 115.

2. Mais s'il y a une partie civile, la Cour renvoie, dans ce même cas
à un tribunal civil. —V. *ci-dessus, note* 25, *n.* 3; *d. arr.* 26 *sept.; autre,*
23 *mars* 1821, *n.* 42.

(27) Même contre un arrêt d'accusation. —V. *arr. rej.* 10 *oct.* 1817,
n. 91.

Plusieurs auteurs, pour indiquer que la Cour a *rejeté* un pourvoi fait
contre un arrêt, disent qu'elle a *confirmé* l'arrêt. Cette expression n'est
pas exacte. Confirmer un jugement, c'est en ratifier les dispositions sur
le *fond* de l'affaire, et celui-là seul peut confirmer qui a le pouvoir de
réformer. Or, ce pouvoir est réservé au juge d'appel, par rapport au jugement de première instance : la Cour de cassation, au contraire, ne peut
statuer sur le fond de l'affaire ; lorsqu'elle annulle, elle doit renvoyer ce
fond à l'examen d'un tribunal du même genre que celui dont elle annulle
la décision. C'est le terme *maintenir* qu'il faudrait employer au lieu de
celui de *confirmer.*

La partie civile qui succombe dans le sien, est en outre condamnée à une indemnité de 150 francs envers le défendeur acquitté, absous ou renvoyé. — V. *C-cr.* 436; *arr.* 28 *janv.* 1813, *Laporte*, 230, *n.* 1 (28).

IV. A l'égard des amendes et des recours d'office du procureur-général de cassation. — V. *C-cr.* 419 *à* 421, 437, 441, 442 (29).

ARTICLE V.

De la Révision (30).

Les demandes en révision d'arrêt sont admises dans trois circonstances.

1. Condamnations inconciliables de deux accusés, pour le même crime. — V. *C-cr.* 443 (31).

2. Condamnation pour homicide d'un individu dont on reconnaît ensuite l'existence. — V. *C-cr.* 444.

3. Condamnations pour faux témoignage, contre

---

(28) Même quand elle succombe par fin de non-recevoir. —V. *arr.* 29 *avr.* 1813, *Laporte*, *ib.*, *n.* 2, et pour d'autres *questions*, *id.*, *n.* 3.

(29) *Observations.* 1. L'amende est de rigueur, excepté, 1° quant aux condamnés en matière criminelle, et aux agens publics, pour les affaires intéressant l'administration et les domaines ou revenus de l'état; 2° quant aux indigens. —V. *C-cr.* 420, 421; *arr. cass.* 2 *août* 1816, *n.* 52. —Voyez aussi, pour d'autres questions sur l'amende et le certificat d'indigence, *arr. rej.* 12 *oct. et* 2 *nov.* 1815, *Jalbert*, 1816, 366, 367; *et plus. arr. dans Laporte*, *p.* 31 *et* 54; *autres*, 20 *août* 1818, 7 *mai* 1819 *et* 13 *oct.* 1820, *n.* 115, 59 *et* 134.

2. Quant aux cas et mode du *recours d'office*, on peut voir *M. Carnot*, *d. art.* 442; *le rép. xij*, 771, *mot souveraineté*, § 8.

3. Le procureur-général peut aussi, d'après les ordres du ministre de la justice, dénoncer à la Cour, et celle-ci annuller tous les actes ou jugemens contraires à la loi. —V. *d. art.* 441. — C'est de ce pouvoir que parle l'arrêt du 19 juillet, *cité à note* 21, *n.* 2, *p.* 132.

(30) A l'égard des motifs des règles établies dans cet article, v. *le discours de M. Berlier*, *au rép. xij*, 99, *mot révision.* — Quant à l'effet de la grâce, v. *ci-dev. p.* 83, *note* 14.

(31) Voyez un exemple contraire dans un *arr. rej.* 23 *oct.* 1812, *rép. sup.*, *xij*, 102.

un des témoins qui ont déposé à la charge d'un accusé.
—V. *C-cr.* 445, 446. — Et les poursuites exercées contre
ce témoin, suffisent lorsqu'il y a un mandat d'arrêt décerné ou un arrêt d'accusation prononcé contre lui,
pour faire surseoir à l'exécution du jugement rendu
après sa déposition. — V. *d. art.* 445 (32).

Ces demandes sont portées à la Cour de cassation (33), qui peut annuller les arrêts, et renvoyer
devant les Tribunaux compétens, les causes sur lesquelles ils ont statué. — V. *au reste, C-cr.* 443 *à* 447.

---

(32) Cet article se réfère à deux cas; 1° à celui où le témoin a été arrêté pendant les débats ; 2° à celui où l'on n'a connu le faux témoignage
qu'après l'arrêt de condamnation. —V. *au surplus, arr. cass.* 20 *août*
1819, *n.* 93.

(33) Il faut que ce soit par une réquisition du procureur-général, faite
d'après les ordres du ministre de la justice. —V. *arr. rej.* 21 *nov.* 1817,
n. 112.

FIN DU COURS DE DROIT CRIMINEL.

APPENDICE AU COURS DE DROIT CRIMINEL.

---

§ 1. Table *des articles du Code d'instruction criminelle cités dans le Cours de droit criminel.*

N. B. La lettre *à* placée entre deux articles, annonce que la série dont ils sont les premier et dernier termes a été citée le plus souvent en bloc ; les autres articles sont cités séparément.

Art.	Pages.	Art.	Pages.
1.—20, 25.		80.—95.	
2.—78.		91.—7, 100, 101.	
3.—28, 30.		93, 94.—101.	
4.—27.		93.—*Id.*	
5, 6.—36.		95, 96.—100.	
7.—35.		95 à 112.—101.	
8.—91.		96, 98.—101.	
9.—93, 95.		97.—101.	
10.—95.		99.—101.	
11 à 21.—94.		106.—99.	
22.—3, 7, 18, 92, 96.		108.—101.	
23, 26.—92.		113 à 126.—105, 106.	
27.—93.		115, 118.—106.	
29.—96.		127.—49.	
30.—97.		127 à 136.—104.	
31.—97, 98.		128.—51, 104, 105.	
32.—98.		129.—105.	
32 à 44.—103, 104.		130 à 132.—104, 105.	
34.—95.		132.—51.	
40.—99, 100.		133.—104, 105, 124.	
41.—7, 98.		134.—104, 105, 126.	
45.—100.		135.—51, 105, 124.	
46.—98.		136.—105.	
47.—96, 99.		137, 138.—8, 47.	
48 à 54.—93, 94.		139 à 144.—48.	
50.—93.		141.—107.	
55 à 58.—94.		144.—21, 112.	
59.—96, 98.		145.—21, 25, 107, 108, 112.	
60, 61.—103.		146.—108.	
63, 64.—25, 97.		147.—107.	
65.—98.		149 à 151.—108.	
66, 67.—74, 97.		152.—107.	
68.—98.		153.—25, 108, 109, 116.	
69.—92, 97.		154.—109, 110.	
71 à 90.—104.		155, 156.—111.	

§ 2. *Table des articles du Code pénal cités dans le Cours de Droit criminel.*

N. B. La lettre *à* placée entre deux articles, annonce que la série dont ils sont les premier et dernier termes a été citée le plus souvent en bloc; les autres articles sont cités séparément.

§ 3. TABLE *alphabétique des matières du Cours de Droit criminel.*

N. B. On a indiqué par le signe *disc.* (discussion), plusieurs des questions sur lesquelles on a émis une opinion motivée.

Calomnie : ses caractères, 10 et v. diffamation ; par qui se pour-suivait, 18 ; qu. div., 152.

Carcan : 60 ; fait courir la peine, 63.

Cassation : arrêt d'accusation, cas, délais, etc., 126, 131, 153 ; pourvoi, procédure, délais, formes, arrêt, effets, 167 et suiv.

Caution de l'élargi, 105, 106 ; quid, s'il a d'abord fait défaut, ibid. ; du jugé, 88. — V. vagabond.

CHAMBRE D'ACCUSATION : jurisdiction, 50, 128 ; pouvoir, 50, 51 ; composition et procédure pour l'accusation, 123 et suiv. ; décisions qu'elle prend, 124 ; leurs effets, 125 ; recours, 126 ; nouvelles charges, 105 ; ne décide que d'après des indices graves, mais les doit tous examiner, 125.

— Quest. div. : excuses, 72 ; prescription, 80 ; autres, 85, 98, 114, 170 ; compétence d'appel, 51, 95, 103.

Chambre civile : jurisdiction, 51.

Chambre du conseil : jurisdiction, 49 ; décisions qu'elle prend, 104 ; appel de ses décisions, 51 ; annullation d'actes, 103 ; qu. div., 80, 98, 105, 124, 162. — V. opposition.

Chambre correctionnelle : jurisdiction, 50, 54 ; quest. div., 85, 162.

Chambre des pairs : jurisdiction, 55.

Chambres réunies : jurisdiction, 50.

Charges d'un délit : 100, 104 ; nouvelles, 124 ; qui doit en faire l'instruction ?. 105.

Charte : a abrogé les tribunaux spéciaux, 45.

Chasse : poursuites, 18 ; des militaires, 37 ; lois, 44, 81 ; prescription, 81.

Chemins vicinaux : réparation, 8 ; rue servant de route, 47.

Cheminées : ramonage, 2.

Chien : morsure, 3 ; clôture, 9.

Chose jugée : quest. div., 31, 35, 52, 125, 150, 153, 170... v. non bis.

Circonstances aggravantes d'un délit : quest. div., 16, 61, 67, 144, 147.

Citation : en police, délai de id., 107, 108 ; correctionnelle, 115.

Civil : tient le criminel en état, 32.

Clémence : recommandation à id., 83.

Code d'instruction criminelle, ou criminel, 43 ; table des passages où sont cités ses articles, 173 et suiv.

Code pénal, 43 ; articles de id. abrogés, ib. ; table des passages où sont cités ses articles, 177 et 178.

Code de procédure : applicable aux récusations, 88 ; non aux procédures criminelles, 87, 114, 108.

Code rural : but, 10 ; époque, effet, etc., 44.

Colléges : élèves, délits, peines, jurisdiction, 38.

Colombiers : ouverture est-elle un délit ?.. 5... v. pigeons.

Comestibles gâtés : exposition est une contravention, 5, 43.

Commencement de preuve par écrit : 88.

Commissaire de police : fonctions, 21, 94 et suiv. ; remplacement, 94 ; verbaux, 93 ; quest. div., 110, 135.

Commissions militaires : supprimées, 54.

Communes... v. responsabilité. — Quest. div., 83.

Commutation de peine : qui l'ordonne, etc., 83.

Compétence : règles générales, 46 ; pour la police judiciaire, 92 ; quest. div., 124, 125, 153.

Complicité : caractère, peines, appréciation, etc., 66 ; tentative, 65 ; quest. div., 78, 145.

Concussion : crime ; cas, 12, 56... quest. div., 39.

Condamnations : effets civils, 73 et suiv..

Condamnés : incapacités, prestations, etc., 73, et suiv...—Disc. div....V. résistance, testament.

Confiscation : spéciale, 58 ; générale, 60.

Conflit : positif et négatif, etc., 161 et suiv. — Disc... V. réglement.

Connexité : de délits, règles à suivre, 46, 52, 89, 124, 152.

Conseil de l'accusé : choix ; communication avec l'accusé, 129 ; mode de id., disc. ib., note 17 ; présence aux débats, ib. et 137, et disc., 129, d. note 17 ; au tirage ; disc. 132, 133, note 23, et v. tirage.

Conseil de guerre : permanent, maritime, etc., 53.

Conseil de préfecture : jurisdiction, 47.—V. voirie.

Conseil : de commettre un délit, 67.

Consorts : appel, 106, 118.

Contrainte : exclut le délit, 6.

CONTRAVENTIONS : définit., espèces, 8 et suiv. ; peines, 58 et suiv. ; prescription, 80 ; quest. div. 115 et 120.

Contrefaçon : délit, poursuites, 15, 18.

Contributions : non autorisées, perception, 12.

Contributions indirectes, ou Droits réunis... V ce mot, et 44.

Contumace et *Contumax :* prescription ; disc., 79, note 3 ; effet de id., 82 ; procédure, arrêt, séquestre, incapacité, etc., 156 ; le contumax peu t-il acquiescer à son jugement ?.... Disc., 157, note 8.

Costume : fonctionnaire qui n'en a pas, outrage, 13, 110.

COUR D'ASSISES : organisation, 128 ; jurisdiction, 51 et suiv. ; 143, 151 et suiv. ; procédure, 128 et suiv. ; avant l'examen, 129 et suiv. ; examen, 132 et suiv. ; questions, 143 ; réunion aux jurés, 147 ; lecture de leur déclaration et jugement, 150 et suiv. ; procès-verbal, 153 ; exécution, 154 ; quest. div. : dommages, 31 ; excuses, 72 ; récidive, 66. — Disc.... v. récidive.

Cour de cassation : jurisdiction, 55, 131, 161 et suiv....V. cassation.

Injures verbales : peine, 5; contravention, 10; jurisdiction, 47; quest. div., 77, 110.

Injures graves : quest. div., 10, 13, 18, 19.

Instituteurs :... V. responsabilité.

INSTRUCTION : 102; des délits ou de police judiciaire, ses règles, 102 et suiv.; son résultat, 104; actes préliminaires, régularité ou annullation, 93, 103; quest. div., 98.

Instruction près des Tribunaux de police : 107 et suiv.; correctionnels, 114 et suiv.; criminelle, 123 et suiv.

Insuffisance de nombre : mode d'y pourvoir, 164.

Intention : nécessaire au délit, 6; exception, 71. — V. volonté.

Interdiction : de droits, peine, 59; des condamnés, 74.

Intérét de la loi : cassation, 55, 166, 168.

Interprète : cas, nomination, serment, 130.

Interrogatoire d'accusé : 129; de prévenu, 99 et suiv.

Intervention : où, quand admise, etc., 97.

Ivresse : n'excuse pas d'un délit, 71.

JET de choses nuisibles : est une contravention, 10.

Jeunesse... v. mineur.

Jonction d'actes d'accusation : 132.

Jouissance... v. quest. préjudicielle.

Jour : durée, 63; férié, 88, 120.

Juge de commerce : juré, 135.

Juge instructeur ou *d'instruction* : où peut siéger, 49 (disc., ib., note 14), 51; sa compétence, 92; ses fonctions, nomination, etc., 94 et suiv.; appel de ses décisions, ib.; quest. div., 159.

Juge de paix : 45; officier de police, 93; quest. div., 112, 101.

Juges : délits, 39 et 158; récusation, 88; pouvoir au criminel, 89, 149; assistance aux audiences, 121; nombre, ib. — V insuffisance.

JUGEMENT : de police, 111; correctionnel, 115; de défaut, opposition et dépens de id., 117; id. d'appel, 120; criminel, motivé, et sur quoi basé, 90, 148 (v. aussi motifs); mal qualifié, 48, 167, 113; préparatoire et d'instruction, 168.

JURY, JURÉS : formation et notification de la liste, nombre, tirage, récusation, tableau, qualités, remplacemens, suppléans, incompatibilités, etc., 132 et suiv.; serment, 137; notes; 142, communication et clôture, 138; délibération (partage, majorité, grande et simple), réunion des juges et jurés; déclaration (régulière ou non) et effet, 146 et suiv.; lecture, etc., 150; quest. div. : faits moraux, 68; excuse, 71; liste et nombre, 90, 114, 124; autres, 64, 66. — Majorité simple et juges appelés; disc., 148, note 56. —Autres disc.... v. questions, tirage, volonté.

Manquement aux fonctionnaires : délit, 12, 159.

Marchés : tranquillité, réglement, 8.

Mari... v. responsábilité, et 83.

Maritime : tribunal et délits, 55 ; prescription, 82.

Marque : peine afflictive, 60.

Mendicité : circonstance aggravante, 61, 62.

Mesures : fidélité, réglemens, 8.

Meublés.... v. question préjudicielle.

Meurtre : caractères, 14 ; quest. div., 27.

Militaires : délits, 36 ; Tribunaux.... v. ce mot ; quest. div., 52, 74.

Mineur : de 16 ans, délinquant, qui a agi avec ou sans discernement, peine, etc., 69 ; serment, 103 ; délits d'eaux et forêts, disc., 69, note 1 ; acquitté, doit-il les dépens ? id., 70, note 3.

MINISTÈRE PUBLIC : qui l'exerce dans les divers Tribunaux, 21, 112 ; a l'action publique, 20 ; effet de son appel ou de son défaut d'appel, ou de réquisition, quant à cette action, 22 ; peut attaquer le jugement conforme à ses conclusions ; disc., 24, note 23, et p. 168 ; peut conclure pour et contre, 24 ; ne doit pas les dépens, 75 ; récusation, 89 ; sa présence est nécessaire, 23, 112, 115, 152 ; droit d'opposition, 105 ; id. d'appel, 118 ; recours contre l'arrêt de n'y a lieu à accusation, 127 ; fonctions aux assises, 132 et suiv. ; quand peut recourir, 127, 131, 165 et suiv.

Ministres des cultes : délits, 12.

Ministres : crimes, 56 ; circulaires, leur effet, 83.

Mois : durée quant à la peine, etc., 63, 81.

Monnaie : refus, 10 ; fausse, confiscation de biens, 60.

Mort : peine, 60, 73 ; effet sur les actions publique et civile, 78.

Mort civile : quand opérée ; son effet sur le testament, etc. ; disc., 73, note 1 ; quest. div., 35.

Motifs des jugemens, 89, 111, 112, 118.

NOMBRE de juges (insuffisance de) : réglement, 164.

Non bis in idem : effet de cette maxime, 23, 124, 153 ; id. et exception, 151. — V. chose jugée.

Notifications : leur caractère, 119 ; qui les fait, 87, 119 ; des noms des jurés, 133. — Disc... v. témoins.

Nuit : arrestations sont prohibées, 161.

NULLITÉS : d'accusation, ou antérieures, cas, délais, etc., 131 ; matières criminelles, correctionnelles, etc., cas, jurisdiction, etc., 164 et suiv. ; de 1re instance, 166 ; légales ou substantielles, 90 ; couvertes, ib. et 93 ; quest. div. 102, 117, 131.

OFFENSE à la loi : loi sur cet objet, abrogée, 12.

Office (procédure d'), 96 ; (recours d'), 171.
Officiers disponibles : de qui justiciables, 37.
Officiers de l'état civil : poursuites, etc. , 39.
Officiers de police judiciaire; leurs fonctions, etc., 92 et suiv. ; quest. div., 97.
Officiers de police auxiliaires : fonctions, etc., 93 et suiv.; quest. div. 97, 103.
Officiers de santé : appelés aux recherches, etc., 103; verbaux, 146.
Omission de statuer sur une demande, 165, 137.
Opposition ordinaire : cas, 108, 119, 120, 151, 163, 164, 169 : effet quant au recours en cassation, 166; dépens, 117.—V. partie civile.
Opposition aux ordonnances de la chambre du conseil, 51; règles, nature, 105, 106 ; quest. div., 162.
Ordonnance de prise de corps : sa nature, quand décernée, 105, 101 ; effet, 126.
Outrages aux fonctionnaires publics, 10, 12, 159.
Ouvrages dangereux ou immoraux, publication, 13.

Pairs.... v. chambre. — Leurs délits et arrestation, 56.
Paix publique : délits contre id., 12, 13.
Paille (toit de), 9.
Parcours (droit de), servitude, 9.
Parenté : de juges et jurés, 129, 136 : de témoins, 139.
Parricide : n'est jamais excusable, 72.
Partage d'opinions : se vide en faveur de l'accusé, 89, 147.
Partie civile : action, 25 ; quand peut obtenir des dommages, 29 et suiv., et 74 ; et les dépens, 74 ; qui l'est et comment, 97 et suiv.; citation, 108, 114; sa défense, 115; droit de recours, 128, 164, 166, 169, 190 ; son appel n'ôte pas au défaillant le droit d'opposition, 117.
Passage : par un terrain ensemencé, 3 ; dans les rues, etc., 8.
Pâturage dans les bois : est un délit, 20.
Pêche : quand passible de poursuites, 18 ; prescription, 81.
Peine : prononcée contre un délit, 3; omise par la loi, 4 ; par quel Tribunal applicable, 5, 153; sur quels faits, 46 ; ne peut l'être par induction, 4; sert à distinguer les délits, 7, 46 ; afflictive ou infamante, 7, 60; effets et autres règles, 61 et suiv., 73 et suiv.; modération, 46, 72; récidive, 65; modifications, 69 et suiv.; extinction, 78 et suiv.; mal appliquée, 166.—Disc. div.... v. emprisonnement et femme.
Peines de police : 58 et suiv. ; quest. div., 4.
Peines correctionnelles : 58 et suiv.
Peines des crimes : 58 et suiv.
Percepteurs concussionnaires, 39.

Procédure criminelle : définit., but, 1 ; règles générales, 87 et suiv. ; id., proprément dite, ou des crimes, 123 et suiv.

Procédure de police... v. police correctionnelle, judiciaire, etc.

Procès-verbaux des délits ; formes, 102 ; écriture, affirmation, 110 ; produits aux débats, disc., 130 ; de police, foi, etc., 110, 147 ; correctionnels, 115 ; d'assises, 153, 137, 141, 165 ; quest. div., 146.

Processions : tapisseries, 9.

Procureur-général : a l'action publique, 21 ; surveille les officiers de police, 92 et suiv. ; fonctions pour l'accusation, 123 et suiv. ; droit d'appel au correctionnel, 118 ; id. de cassation, 171. — Quest. div., 105.

Procureur du Roi : a l'action publique, 21 ; est chargé de la police judiciaire ; règles à cet égard, 92 et suiv. ; remplacement, compétence ; cas de flagrant délit, 99 et suiv. ; communication à id., 103 ; quest. div., 97, 98.

Procureur spécial : quand supplée la partie, 118, 119, 168.

Propriété... v. question préjudicielle.

Provocation : à un délit, 67 ; violente, excuse, 71.

Prudhommes : jurisdiction de police, 47.

Publicité : débats, instruction, 89, 108.

Qualifié (jugement mal)... v. jugement.

Qualités des jurés : erreurs de iid. dans leur liste, effet, disc., 134, note 24 ; défaut de id., effet, disc., 136, note 29.

Question d'Etat, 32 et suiv. ; incidente, 32.

Question préjudicielle : caractères, de propriété (non de jouissance, ou de meubles) ; quand fait surseoir, 32 à 34.

Questions aux jurés : position, et sur quels faits et circonstances prescrite, réclamation, division, solution, termes, etc., 143 et suiv. ; la réclamation de l'accusé contre la position peut-elle être écartée?... disc., 144, note 46. — Quest. div., 152.

Rapt : quand passible de poursuites, 19 ; et prescriptible, 80.

Rebellion : caractères, 12 ; disc... v. résistance ; quest. div., 79.

Recel : d'un détenu, 4 ; ou criminel, 12, 67 ; d'objet d'un crime, 67 ; quest. div., 126.

Récidive : nature, cas, peine, etc., 65 ; effet quant à la réhabilitation, disc., 65, note 3 , n. 3 ; quid, si le crime n'est plus qu'un délit? Id., ib., n. 4 ; quest. div., 60, 67, 83, 86.

Réclamation contre la position des questions : disc... v. questions.

Reclusion : peine afflictive, 60, 74.

Récoltes (vol de) : caractères, disc., 15, note 27.

Recours... v. cassation, nullités, office, réglement, renvoi, révision.

Récusation de juges, règles, 88, 89 ; de jurés, 134.

Réglement de juges : cas, Tribunaux qui les jugent, instruction, jugement, etc., 161 et suiv. ; entre deux Tribunaux de police, qui en connaît, disc., 162, note 2.

Réglement des jeux, enchères, commerce, arts, etc., 14.

Réglement de police : de qui émane, mode, effets, exécution, etc., 8 et suiv.. v. aussi ci-après, p. 200, n. 1 et 2.

Réhabilitation : cas, mode, effets, etc., 85 ; par qui examinée, disc., ib., note 2 ; autre disc... v. récidive.

Réintégrande : question, 34, note 58.

Rejet de pourvoi : son effet, 170.

Renvoi à un autre juge : cas, qui en connaît, etc., 163 ; id., après cassation, 169 ; son effet sur la compétence, ib. ; quand n'est pas ordonné, 170.

Renvoi à une autre session d'assises : 128, 148.

Renvoi sous la surveillance de la haute police : 59.

Réparation d'honneur : peine, quand applicable, 60.

Réplique de l'accusé, peut-elle être refusée ? disc., 143, note 45.

Repris de justice (condamné) : définition, 106.

Reproches de témoins : 16, 73, 111, 125, 139 ; quest. div., 119, 120.

Requéte d'appel au correetionnel : 119.

Réquisitionnaire fuyard, est-il militaire ?. 36.

Réserve de poursuivre un délit : 152.

Résistance : de nuit à la force armée, etc., disc., 102, note 13 ; d'un condamné à son exécution, blessures à lui faites, disc., 62, note 14.

Respect... v. manquement de...

RESPONSABILITÉ : civile des condamnations, dont sont tenus les pères, maîtres, instituteurs, artisans, aubergistes, communes, maris, femmes, 76. — Quest. div., 23.

Restitution d'effets dérobés : 74, 75, 153.

Résumé du président d'assises, ne peut être interrompu, 143 ; quid, s'il y présente des faits nouveaux, etc. ?. ib.

Retenue du fond : quand a lieu, 123, 117, 121, surtout, 200, n. 3.

Révision d'arrét : cas, juridiction, mode, etc., 171.

Rixes : contraventions, 8.

ROI : attentats contre lui, 12 ; droits de grâce, amnistie, commutation, extradition... V. ces mots.

Rues : nétoiement et éclairage, 2, 8 ; passage, 8. — V. chemins.

SAISIES : qui les fait au criminel, 87.

Scellé (bris de): crime, 12.

Séances d'autorités ; délits pendant leur tenue, 159.

Séditieux (cris ou actes): délits, 12.

Tribunaux correctionnels : jurisdiction, de id, 48, 52; quest. div., 66, 125, 127. —V. procédure correctionnelle et police correctionnelle et ci-après, p. 200, n. 3.

Tribunaux de *chef-lieux* de département : jurisdiction, 49.

Tribunaux criminels : actions dont ils connaissent, 28 et suiv.; jurisdiction, 45 et suiv.

Tribunaux maritimes : espèces, jurisdiction, 54.

Tribunaux militaires : espèces et jurisdiction, 53 ; effets des jugemens, condamnations civiles, ib.; justiciables, 36; quest. div., 66.

Tribunaux de police : jurisdiction de premier et dernier ressort, etc., 47... V. police simple. — Disc... v. réglement.

UNIVERSITÉ : délits des élèves ; discipline des membres de id., 38.
Usage : de pièce fausse, 62, 92, 156.
Usure... V. délit complexe.

VACANCES : Tribunaux criminels n'en ont pas, 88.
Vagabonds : condamnés, réclamés par les communes, 83; caution, on n'en reçoit point, 106.

Vaisseaux : délits commis sur id., 35.

Vendanges (Bans de); prescription, 81.

Vérification : de pièce déclarée non fausse, est-elle nécessaire ? 156, note 3, n. 4.

Vieillesse.... V. septuagénaire.

Violence : délit, 14; qui provoque au délit, 71.

Visa de mandat de dépôt et d'arrêt, 101.

Voie de fait : légère, 11; grave, 14; quand permise, 34.

Voirie : délits de id., à qui soumis, 47. —V. conseil de préfecture.

Voix : pluralité, ou majorité, grande, simple, 147. — Disc., V. jurés.

VOL : définit., espèces, etc., 15, 16 ; avec escalade, 62 ; à force ouverte, avec armes, etc., 4; de pommes de terres, pêches, épis, 15; quest. div., 76. — V. aussi récoltes et soustraction.

Volailles : à l'abandon, 5; dégats de id., ib. et 10.

Volonté : est nécessaire au délit; celle qui exclut la démence ne doit-elle pas être constaté par le jury? Disc., 6, note 14.

TABLE DES MATIÈRES

DANS L'ORDRE DU COURS DE DROIT CRIMINEL.

SECONDE PARTIE.

PROCÉDURE CRIMINELLE.

ADDITIONS.

Décisions publiées pendant l'impression.

1. *Page* 5, *note* 10, *n.* 1, *lig.* 6 (PIGEONS)... après 117 et suiv. , *ajouter,* *id. B. C.* 27 *sept.* 1821, *n.* 153. — D'où il résulte que l'autorité administrative ne peut non plus établir de peine à cet égard.

2. *P.* 8 *et* 9, *et notes ibid...* Aux caractères qu'on y assigne pour que les réglemens de police soient obligatoires, *ajouter* qu'il faut 1° qu'ils soient *généraux*, ou au moins concernent une certaine classe, et non pas seulement un simple particulier. —V. *B. C.* 24 *août* 1821, *n.* 136. — 2° qu'ils aient été publiés, ou bien envoyés officiellement, avant la contravention, aux intéressés.—V. *id.* 31 *août, n.* 141. — Mais il n'est pas nécessaire qu'il l'aient été au tribunal de police. —V. *id., ib., n.* 142.

3. *P.* 117, *n.* 4, *p.* 120, *note* 15, *n.* 3 ; *surtout p.* 121, *note* 17, *n.* 1 (RETENUE DU FOND)... L'annullation des jugemens correctionnels de première instance ne doit donner lieu à un renvoi devant une autre autorité que dans le cas où l'on aurait déclaré l'incompétence à raison du lieu du délit ou de la résidence du prévenu (v. *ci-dev. p.* 92); ou bien dans celui où le fait imputé serait un crime ou une contravention... Dans les autres cas, le tribunal d'appel doit retenir et juger le fond. —V. *à ce sujet B. C.* 21 *sept.* 1821, *n.* 152 ; *autorités citées, ibid.*

ERRATUM.

P. 57.. au lieu de SECTION PREMIÈRE, *lisez* SECTION DEUXIÈME.

9 782013 454476